AF259444

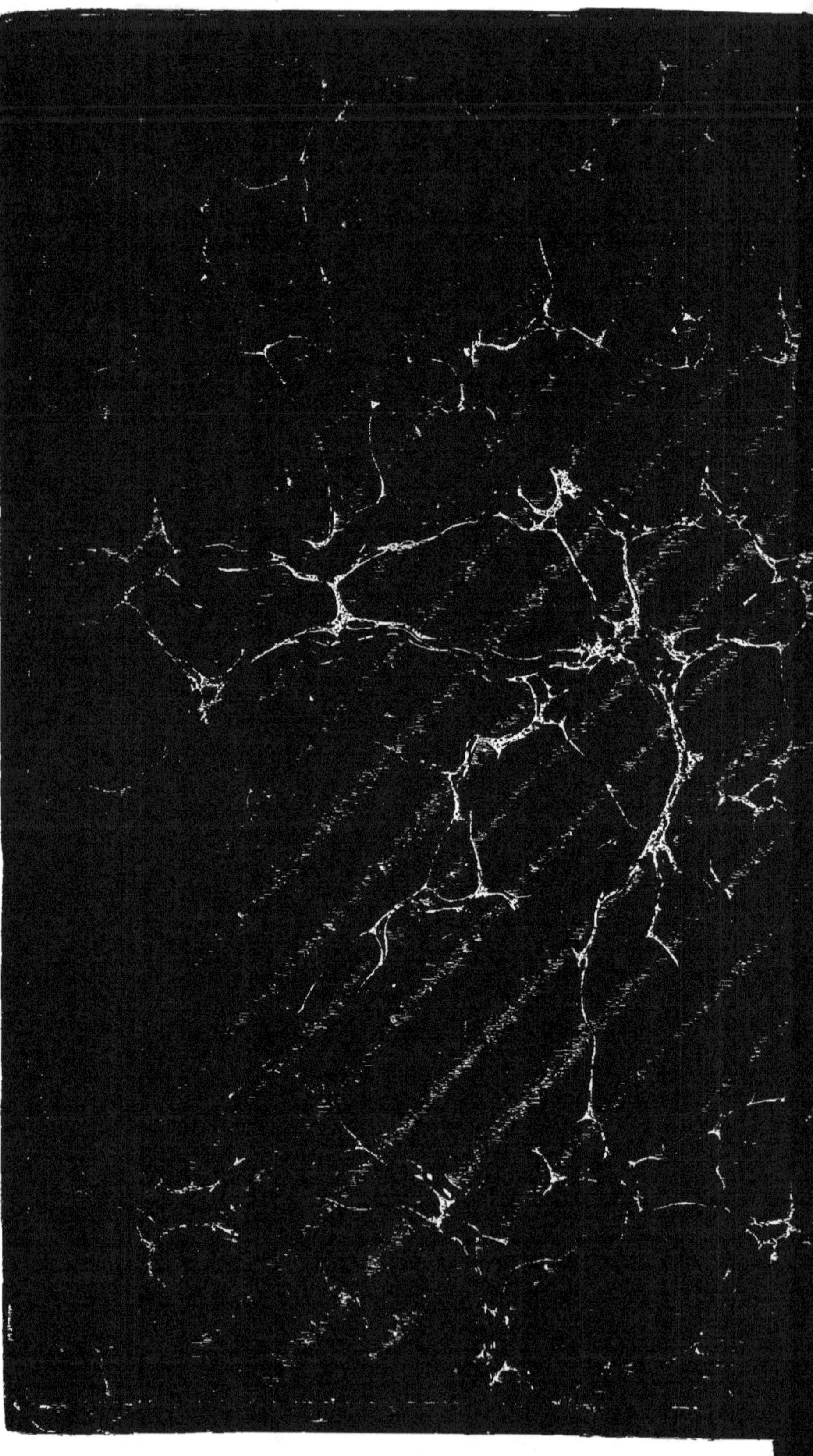

# LE PEUPLE ET LA LANGUE

# DES MÈDES

ROUEN. — IMPRIMERIE E. CAGNIARD, RUES JEANNE-D'ARC
ET DES BASNAGE

# LE
# PEUPLE ET LA LANGUE
# DES MÈDES

PAR

## JULES OPPERT

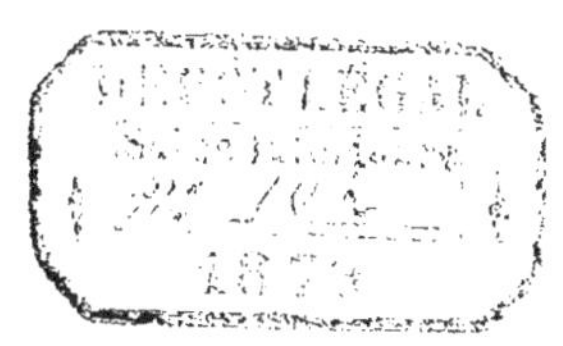

PARIS

MAISONNEUVE ET Cⁱᵉ, LIBRAIRES-ÉDITEURS

25, QUAI VOLTAIRE, 25

—

1879

A

SON AMI ET COLLABORATEUR

JOACHIM MENANT

L'Auteur.

# PRÉFACE

———

Dans ce travail, je présente au public savant ce qui nous reste de la langue des Mèdes, de cette nation puissante qui, selon les données des Anciens, succéda aux Assyriens dans l'empire de l'Asie et y précéda les Perses. Ce n'est pas au peuple qui parla cet idiome que nous en devons les débris exigus; nous sommes redevables de tout ce qui est parvenu jusqu'à nous, à l'esprit politique des vainqueurs achéménides, qui, par respect pour la puissance de leurs devanciers, s'adressaient, dans la langue de Déjocès et de Cyaxare, aux tribus qu'ils avaient subjuguées.

Les textes que l'on désigne sous le nom de la seconde espèce des Achéménides ont été examinés depuis quarante ans : Westergaard, M. de Saulcy, Norris leur ont consacré des travaux importants; Hincks, Holtzmann et M. Mordtmann se sont également occupés de ces documents. Si j'ai entrepris, dans un travail nouveau et indépendant, de donner les résultats de plus de vingt ans de recherches, c'est que j'ai cru que les études antérieures avaient laissé des questions sans réponse, des problèmes sans solution. La langue n'était pas fixée, le déchiffrement n'était pas défini, la grammaire n'était pas assise sur des bases solides, la restitution des textes eux-mêmes n'était nullement complète; enfin l'interprétation n'avait pas toujours acquis cette sûreté qui la mettait à l'abri de la critique. Il y a plus, le caractère ethnographique même de la langue et du peuple mède était encore obscurci par des données mal comprises.

J'ai restitué à l'idiome, et je crois avec justesse, l'ancienne appellation de médique employée par Westergaard et MM. Rawlinson et de Saulcy. La vérité, entrevue dès l'origine, est souvent abandonnée pour quelque temps. J'aime, à cette occasion, à rendre à mes devanciers l'hommage de reconnaissance pour tout ce que je leur dois : je continuerai d'accomplir ce devoir avec d'autant plus de sérénité, que j'espère que mes successeurs me rendront à leur tour la même justice. Il est vrai que maintenant la reconnaissance envers les maîtres se perd de plus en plus; dans ces nouvelles études, l'élève qui a peu découvert est souvent l'ennemi naturel d'un maître plus heureux. Les initiateurs sont exposés à un système de plagiat organisé, et si par hasard on se souvient d'eux, ce n'est que pour instruire le lecteur de leurs erreurs réelles ou présumées. Cette pratique est aussi blâmable que gratuite, car l'on ne gagne absolument rien à être injuste. Celui qui est lésé trouve toujours, tôt ou tard, parmi les élèves de ses successeurs oublieux, un vengeur qui, en rétablissant les faits, juge avec équité les données acquises par les premiers travailleurs, et excuse avec indulgence leurs erreurs.

On trouvera dans ce volume une courte exposition de l'histoire de la Médie, et la démonstration de la justesse du nom de médique appliqué à ces textes. La partie qui est consacrée à la langue expose des principes nouveaux sur la valeur des lettres. La grammaire est une création entièrement nouvelle; elle met en relief un idiome d'un caractère sui generis, appartenant à une famille de langues éteintes, et apparenté seulement au langage qui jadis fut parlé à Suse. L'idiome médique, à cause des particularités qui le rattachent à la grande famille altaïque, est avec le sumérien, et même d'une manière plus complète, le plus antique spécimen qui nous reste de la souche linguistique de la haute Asie.

Les inscriptions appartiennent, par leur contenu et à cause de leurs auteurs, plutôt à la Perse qu'à la

Médie. On ne s'étonnera donc pas en trouvant, dans les notes qui accompagnent les traductions médiques, de nombreuses digressions relatives aux originaux écrits dans la langue arienne des Perses. Il y a trente-deux ans que j'ai publié mes premières études sur les inscriptions des Achéménides, et depuis ce temps déjà éloigné, je n'ai jamais perdu de vue ces premières recherches de ma jeunesse. Aussi, dans ce travail, on trouvera sur bien des points mon dernier mot sur l'interprétation des textes perses; c'est, pour ainsi dire, le prélude d'une édition, préparée depuis longtemps, des originaux, et d'une interprétation nouvelle de ces textes éclaircissant presque tous les points douteux et obscurs. Je me suis surtout attaché à tirer de ce bijou précieux, qu'on appelle l'inscription de Bisoutoun, tous les renseignements qu'il contient et à lui arracher tous les secrets qu'il renferme. Je me suis efforcé d'en faire sortir toutes les indications historiques et chronologiques qu'il peut fournir à celui qui sait lire. Enfin, j'ai terminé mon œuvre par un glossaire aussi complet que possible.

Je dois d'abord remercier mon éditeur, M. Maisonneuve, qui a fait pour ce volume, comme dans d'autres occasions, des sacrifices dans l'intérêt de la science, avec une libéralité qui, appréciée déjà par les auteurs, mérite d'être connue du public.

Je dois aussi mes remercîments cordiaux à mon ami et collaborateur, M. Joachim Menant, qui a constamment surveillé l'impression de cet ouvrage, en mettant libéralement à ma disposition sa science, son expérience et son sens pratique; aussi c'est à lui, qui devient déjà un vétéran de l'assyriologie, que je dédie ce livre.

J'espère que les légères fautes échappées dans la révision d'un texte aussi exceptionnellement difficile seront excusées par le lecteur; elles peuvent s'être glissées dans le livre malgré les retards involontaires qui ont été apportés à l'apparition de ce travail; mais ce retard m'a aussi épargné des erreurs que le public éclairé et indulgent aurait pu y rencontrer.

J. OPPERT.

Saint-Cloud, février 1879.

# I

# INTRODUCTION

---

## I



APERÇU SUR LES PREMIERS TRAVAUX RELATIFS A LA
LANGUE MÉDIQUE.

On sait que les rois de Perse ont écrit leurs inscriptions dans trois langues, et qu'ils disposaient ces textes différents en donnant la place d'honneur à la langue perse, et en mettant au troisième rang la traduction assyrionno.

La place du milieu était réservée aux textes conçus dans une écriture évidemment apparentée à celle des Assyriens, mais qui interprétait un idiome portant quelques-uns des caractères des langues dites *altaïques*.

On se demandait à quel peuple pouvait appartenir cette écriture et cette langue, et quelle nation avait pu prétendre, dans l'esprit des rois Achéménides, à un droit de préséance sur les habitants de Ninive et de Babylone.

Dès les premiers essais d'interprétation des inscriptions trilingues, on avait accepté un original perse, une version faite dans la langue des Mèdes, et une autre conçue dans l'idiome des Assyriens. Au début de ces études, l'écriture du second système fut nommée *médique*. MM. Westergaard, de Saulcy, Rawlinson, s'étaient servi de ce terme. Comme il arrive souvent, le premier mouvement était encore ici le meilleur, car le nom de *médique* est en effet celui qui seul appartient à ces textes obscurs dont nous nous occuperons dans ce livre. Néanmoins, le nom pouvait soulever des objections sérieuses.

En 1852, j'avais dans mon travail sur les inscriptions des Achéménides ([1]), exposé l'opinion que le nom de *médique* ne convenait pas et qu'il fallait lui substituer celui de *scythique*. J'appuyais cette idée par les lignes qui suivent :

« Il est presque sans exemple qu'un peuple de l'an-
« tiquité se soit servi d'une langue étrangère pour former
« ses noms propres. Les peu d'exceptions à cette règle
« ne dérogent en rien à cette dernière, et, s'il y en a,
« elles sont toujours motivées. Nous savons pourquoi
« Moyse a pu porter un nom égyptien, pourquoi le fils de
« Périandre s'est nommé Psammétichus, pourquoi tant
« de Juifs dans la dernière époque de leur existence poli-
« tique se sont appelés Alexandre. Mais nous ne connais-
« sons pas un seul nom propre de Mède qui ne soit aryen ;
« outre les trois noms mentionnés, on peut alléguer ceux
« de Déjocès et d'Ecbatane qui sont du perse le plus pur.

« Il y aurait encore d'autres raisons militant en faveur
« de mon assertion, par exemple, la place que les Mèdes
« occupent toujours dans les inscriptions après les Perses,
« ce qui ne fait guère supposer une race toute étrangère ;

([1]) *Inscriptions des Achéménides*, 1852, page 103. J'ai respecté l'ancienne rédaction, sans y faire les quelques changements de style dont elle aurait besoin.

« ensuite l'identification que font entre les deux peuples les
« monuments sacrés et profanes parvenus jusqu'à nous.
« Si la Perse et la Médie n'avaient pas été un même peuple
« qui changeât simplement de dynastie, et qui, sous la
« dernière, acquit seulement une importance bien autre-
« ment considérable, comment expliquer les termes des
« guerres médiques et tant d'autres ?

« En outre, Strabon dit expressément que les Mèdes
« et les Perses eurent la même langue, et, vraiment, ce
« que nous en savons aujourd'hui, ne fait que confirmer
« jusque dans ses derniers détails, l'expression du
« géographe grec.

« Reste à savoir à quel peuple appartient ce dialecte
« mystérieux dont M. de Saulcy vient de donner une
« analyse si ingénieuse. Je crois qu'il est l'idiome de ces
« Scythes qui, avant d'être chassés par Cyaxarès, ont
« régné sur la Médie pendant vingt-huit ans, et qui cer-
« tainement n'ont pas manqué de laisser quelques traces
« de leur terrible domination. Je suppose, en outre, que
« l'usage d'écrire en plusieurs langues est plus ancien
« qu'on ne l'a cru, et qu'il date, non pas du grand Cyrus,
« mais réellement de Cyaxarès.

« Je remplace pour cela dorénavant le nom de texte ou
« traduction *médique* par celui de *scythique*. »

A cette époque, je partageais les idées alors répandues
dans le monde savant et surtout parmi les représentants
de la philologie comparée, à savoir : que la langue était
toujours le critérium de la race, et que les nations étaient
toutes, ou indo-européennes, ou sémitiques, ou touraniennes.
Depuis cette époque, le progrès des études philologiques
a montré la fragilité de ces théories, et je suis un des pre-

miers qui aie soutenu, dans les discours prononcés à l'ou-
verture de mes cours, que la langue ne prouve que la
présence d'un seul élément entrant dans la composition
ethnographique d'une nation, sans préjuger pour cela la
question de la race à laquelle le peuple doit appartenir.

Il y a vingt-deux ans, on ne se doutait pas que de tout
temps les peuples se soient formés par des mélanges tout
comme de nos jours ; et, puisque la langue du second système était une langue touranienne, je concluais par là
qu'elle ne pouvait pas avoir été celle des Mèdes aryens.

Ces vues ont été acceptées, en 1853, par M. Edwin Norris, qui adopta le terme de scythique. Le savant, dont la
science regrette la perte récente, publia les textes de la
seconde espèce et donna à son livre le titre de *Scythic version of the Behistun inscription*. Cet ouvrage conscien-
cieux et presque complet, peut être regardé à l'heure qu'il
est, comme l'ouvrage fondamental sur les inscriptions du
second système des Achéménides.

Les fac-simile exacts de l'inscription de Bisoutoun, in-
sérés dans cet ouvrage, se remplaceront difficilement par
une transcription. L'analyse des textes est faite avec soin,
l'aperçu grammatical dénote un vrai philologue, et le glossaire, aussi détaillé que possible, fournit aux successeurs
de M. Norris, un répertoire précieux et indispensable à
leurs études, facilitées par les labeurs de l'érudit anglais.

M. Norris a reconnu la ressemblance de beaucoup de
caractères médiques avec des signes assyriens. L'auteur a
également exprimé (page 52), l'opinion que le syllabaire
de cette langue était « originairement concerté *(con-
trived)*, pour un langage scythique. » Cependant il n'en
donne pas les raisons, en disant que c'est avec résistance

*(reluctance)*, qu'il ose émettre cette hypothèse « sans preuve, » et « en opposition avec toute notion préconçue sur cette matière. » Le caractère agglutinatif de la langue médique, avait seul engagé le savant anglais à hasarder *(venture)* cette opinion, sur laquelle il n'a eu garde d'insister.

Malgré les qualités du travail de M. Norris, son déchiffrement et l'analyse grammaticale établis par lui, se ressentaient d'une imperfection originelle. Bien que le regrettable érudit eût comparé quelques signes médiques aux caractères assyriens similaires, ce que, du reste, M. de Saulcy avait déjà pu faire, la base fondamentale lui avait manqué.

Il n'avait pas reconnu qu'il ne s'agissait pas de quelques signes semblables, mais du système entier de l'écriture médique dans toutes ses particularités, et identique au système assyrien. Les lettres syllabiques sont toutes semblables à celles de Ninive, et ce qui est plus important, il y a en médique les mêmes signes idéographiques et les mêmes idéogrammes composés. Pour n'avoir pas entrevu ce principe, M. Norris s'était privé d'un puissant instrument, contribuant au déchiffrement et à l'interprétation des inscriptions médiques et d'un secours efficace, dans tous les cas où les signes n'étaient pas directement expliqués par leur présence, dans un nom propre quelconque.

L'identité des écritures médique et assyrienne avait déjà été exposée par moi en 1854. Depuis 1851, sur les ruines de Babylone même, je m'occupais, guidé par les publications de M. Rawlinson, des textes babyloniens ; j'avais entrevu l'origine touranienne de l'écriture cunéiforme. En examinant le syllabaire assyrien du savant britannique, j'étais frappé du désaccord régnant entre la valeur des signes employés comme syllabes d'une part, et la prononciation du mot sémitique qu'ils exprimaient. Le fait suivant était irrécusable : les syllabes *an, at, ut, tur,* signifiaient *an* Dieu, *at,* père, *ut,* jour, *tur,* fils, et se prononçaient *il, abu, yum, habal,* dans le langage sémitique des Assyriens. Les connaissances que j'avais de l'écriture égyptienne me suggéraient l'idée que, dans la langue des inventeurs des cunéiformes, ces quatre notions devaient avoir eu une expression ressemblant aux quatre syllabes. En Allemagne, j'avais étudié le finnois, et j'avais parlé le turc à Bagdad ; je me décidais donc à admettre l'origine « scythique » de l'écriture cunéiforme. J'exposai cette théorie immédiatement après mon retour de Babylone, dans l'*Athenœum français,* du 20 octobre 1854. Dans l'*Expédition de Mésopotamie* (tome second, page 59 jusqu'à 86), je crois avoir démontré l'origine hiéroglyphique des cunéiformes et l'origine touranienne de leurs inventeurs. Je nommais ces derniers les *Casdo-Scythes,* c'est le peuple qui, aujourd'hui, est reconnu comme devant s'appeler le peuple *sumérien.* Je prouvais que la langue des inventeurs était alliée à l'idiome du second ordre des textes trilingues.

Tout en prouvant (l. c., page 83), la parenté du *Casdo-scythique* et du *Médo-scythique* avec les langues oura-liennes, j'avais dans l'intervalle, sur ce dernier point, dû faire une concession à l'ancienne opinion de MM. Rawlin-son, Westergaard et de Sauley. Le mot de « pays » se dit *Mada* en sumérien, et j'y reconnaissais le nom même de la Médie.

De plus, Hérodote nous a transmis (L. I, chap. 101), les noms des six tribus mèdes, qui se nomment les *Buses*, les *Parétacènes*, les *Struchates*, les *Arizantes*, les *Budiens*, les *Mages*. Je formulais donc dans la nouvelle évolution mon opinion ainsi qu'il suit : (l. c., page 70).

« La langue de la seconde catégorie des inscriptions,
« demeurée longtemps mystérieuse, est, selon nous,
« l'idiome que parlaient les Mèdes non ariens. Il est vrai
« que la caste, qui domina en Médie, longtemps avant la
« chute de l'empire des Sémites, était sûrement d'origine
« indo-germanique ; nous pourrions même dire plus, c'était
« la même nation qui peuplait la Perse, et qui l'habite
« encore aujourd'hui. Mais, tout comme de nos jours, une
« fort grande partie de la population appartenait alors
« à une autre race *allophyle*, qui s'était maintenue en
« Médie, surtout dans la partie septentrionale, et c'est la
« langue de ces tribus qui a été conservée sur les rocs de
« Bisoutoun et de Persépolis.

« On pourrait déjà conclure l'origine arienne des Mèdes,
« de la forme des noms mèdes, que rapporte Hérodote.

« Les Mages, Μάγοι, *Magu* en Perse, signifient les
« grands ; le nom des Arizantes, Ἀρίζαντοι, se laisse di-
« rectement reconnaître dans le mot arien *Ariyazantu*,
« sanscrit *aryaĝantu*, de la race des Aryas. Les Buses,
« Βοῦσαι, nous rappellent le mot *Buza*, sanscrit *buĝa*,
« traduction de « autochthones, » et les Struchates,
« Στροὺχατες, portent un nom dont l'origine sanscrite
« est *ćatravat*, « vivant dans les tentes. »

« Mais ces deux derniers noms de peuplades, quoique
« essentiellement ariens, peuvent n'être que la traduction
« perse de leurs propres noms touraniens, de sorte que

« celui des Buses ne serait, en réalité, que le mot indo-
« germanique pour « agriculteurs », et le nom des Stru-
« chates, celui de « nomades ». Cette opinion acquiert une
« grande vraisemblance, par la considération des autres
« noms, ceux des Mages et des Arizantes. La dernière
« qualification surtout, indique que les tribus portant ce
« nom, se distinguaient comme descendues de la race
« arienne, des autres Mèdes qui ne l'étaient pas.

« Nous sommes donc d'avis que le second système d'écri-
« ture des Achéménides, appartient à la langue des tribus
« agricoles et nomades de la Médie, en un mot, aux abo-
« rigènes touraniens.

« Nous nommons ce système d'écriture *Médo-Scy-*
« *thique.* »

Ce nom était néanmoins mauvais, malgré les rectifica-
tions que nous avons pu faire à l'endroit mentionné, au
sujet du déchiffrement des syllabes et des idéogrammes
médiques. Depuis, j'ai ajouté les idéogrammes dont, à
cette époque, je n'avais pas reconnu l'identité. Cependant la découverte principale s'y trouve déjà consignée ;
c'est celle du signe postpositif, indiquant que le groupe
précédent forme un idéogramme, ainsi que les expressions identiques à l'assyrien, des notions de *cheval* et de
*chameau* (¹), dont le premier, et partant le second, est
confirmé par la traduction médique de l'inscription de
Suez.

______

(¹) Voyez aussi dans le *Syllabaire assyrien* de M. Ménant, où la
forme médique est ajoutée, t. I, p. 180 et suiv., t. II, p. 6 et suiv.,
et au sujet des idéogrammes, t. I, p. 399.

## II


### SUR LE NOM DE LA LANGUE MÉDIQUE.


Il me reste maintenant à établir pourquoi la dénomination de *médo-scythique* doit céder à celle de *médique*.

Hérodote nous a transmis un précieux renseignement dans le passage suivant (VII, p. 62) :

« Les Mèdes s'appelaient anciennement, dans la bouche
« de tous, Ariens; mais depuis que Médée, la Colchienne,
« était venue d'Athènes chez les Ariens, ceux-ci chan-
« gèrent de nom et ils s'appellent aujourd'hui Mèdes. »

Ce texte curieux revèle évidemment une tradition *arienne* reposant sur le besoin de maintenir l'ancienneté de la race *indo-européenne*, et d'établir l'origine plus récente des populations touraniennes de la Médie. Nous sommes hors d'état de décider, laquelle des deux souches a, la première, pris possession du sol de l'Iran ; mais nous serions très-enclins à accepter comme vraie la donnée d'Hérodote, que les Ariens aient précédé les Mèdes. En tous cas, depuis des temps très-reculés, les Iraniens habitaient le pays. Cela résulte du nom ancien : *Airyanem vaêĝo*, berceau arien, qui se trouve dans le *Vendidad* de Zoroastre. Dans ce livre antique, le nom de la Médie ne se trouve pas encore, et pourtant la plupart des noms géographiques, mentionnés dans le *Zendavesta* et dans les auteurs anciens, se sont conservés jusqu'à nos jours.

Il y eut donc, dès les époques très-éloignées, une po-

pulation indo-européenne qui imposa à toutes les autres
ses coutumes et ses pensées par la supériorité de ses qualités. On peut sans danger maintenir l'opinion d'Hérodote,
tout en avouant que de pareilles questions ne peuvent
pas être tranchées définitivement à l'aide des renseignements dont nous disposons actuellement.

Il est permis, d'autre part, de supposer que les Aryens
ont trouvé dans le pays une population non *aryenne*
qu'ils maîtrisèrent pendant quelque temps. Quoiqu'il en
soit, il se dégage deux faits : la présence très-antique dans
la Médie des Aryas, et le non-aryanisme du nom des
Mèdes. La légende de l'arrivée de Médée venant d'Athènes
est évidemment une fable hellénique; mais elle n'en indique pas moins que, pour les Aryas, les Mèdes étaient
des étrangers en Médie. En effet, ceux-ci appartenaient
à Touran.

Il n'y a aucune étymologie aryenne qui explique le nom
de *Mãda* : celles qu'on a tentées sont loin d'être satisfai-
santes (¹). Le mot en lui-même est très-antique, puisqu'on
le rencontre déjà dans la table généalogique de la Génèse,
parmi les fils de Japhet (Génèse, X, 2).

Mais le nom, malgré son antiquité, n'a guère subsisté
que dans les temps ou l'aryanisme n'avait pas encore
imposé sa domination exclusive à l'Iran, et il a cessé
d'être employé quand les Indo-Européens eurent recouvré toute leur influence. De là s'explique le silence du
Zendavesta à son égard, et la disparition presque
complète du nom de Médie, depuis la résurrection du

---

(¹) Nous savons fort bien qu'on a proposé quelques calembourgs sans-
crits, avec une conviction digne d'une meilleure cause. Mais tout ne
peut pas être sanscrit ou sémitique.

Mazdéisme sous les Sassanides. Aujourd'hui, le nom touranien de la Médie est inconnu en Iran, et tout ce qui rappelle ce mot est oublié ; les savants qui lisent le Livre des Rois de Firdousi, connaissent seuls le nom du pays *Mâh*, sans se douter que c'est la terre même sur laquelle s'élève, de nos jours, le trône de Téhéran. La langue sumérienne a conservé l'étymologie du nom. Le mot *mada*, veut dire « pays » et Nabuchodonosor, pour désigner le pluriel, dit *madamada*, pour le prononcer par le mot sémitique, exprimant cette idée (*Exp. en Més.*, II, p. 80). Le nom de Médie est donc un nom touranien, et il importe de lui conserver ce caractère. Il reste maintenant à établir que ce nom de médique doit également être appliqué à la langue des inscriptions trilingues de la seconde espèce.

Après le nom de scythique, adopté également par M. Spiegel, on a proposé d'autres dénominations. M. Mordtmann et un jeune savant anglais, M. Sayce, ont employé celle d'*élamite*, ce serait donc l'idiome de l'Élymaïde ou de la Susiane ; mais cela est contraire à la réalité des faits.

D'abord le nom d'*Élam*, ou bien de l'Élymaïde, comporte une teinte sémitique étrangère à la langue qui nous occupe. Puis, les textes de Suse ne sont pas rédigés dans cette langue, bien que le susien soit également de souche touranienne, et apparenté à la langue médique.

Dernièrement, on a voulu introduire le nom de *Proto-Médique*, mais ce barbarisme ne peut alléguer aucune raison pour son excuse. Le proto-médique serait plutôt le Zend ou le Perse.

Le mot de Médique est seul celui par lequel le traducteur antique de l'inscription perse de Bisoutoun a désigné la langue de la seconde espèce.

Dans ce texte curieux, chaque peuplade est nommée par le nom que les Touraniens lui donnaient. Ainsi, la Susiane est nommée *Habirdi*, Arbèle, *Harbéra*, la ville de Pasargades est rendue par un nom inconnu ailleurs. La Médie, par contre, conserve son nom de *Mada*. C'est donc également le nom touranien. Ou bien le nom du pays est indiqué par le pluriel, *Madapē*, tandis que le Mède, l'homme, se dit *Mada* tout seul. Cela constitue une notable différence de l'usage grammatical observée au sujet des autres pays. Le Perse, l'Arménie, la Babylonie s'appellent *Parsa*, *Harminiya*, *Babilu ;* le Perse, l'Arménien, le Babylonien, se nomment *Parsarra*, *Harminiyarra*, *Babilurra*. Seul le nom de la Médie « du pays par excellence » fait exception, car le langage de la seconde espèce est celui de ces « contrées ». C'est ce que nous allons prouver directement par différentes raisons.

Dans le texte de Bisoutoun, la situation de toutes les villes est toujours précisée d'une manière uniforme :

« Dans tel pays, il y a une ville de tel nom ; » pour citer une localité qu'on peut identifier maintenant, on lit (Texte perse, III, 78) : « Il y a un endroit nommé Dubala (aujourd'hui dit *Dibleh*) en Babylonie. » Dans toutes les trois versions, quatre villes très-connues font exception : on pouvait, sans craindre de n'être pas compris, parler de Babylone, de Pasargades, d'Ecbatane et d'Arbèle. Dans les textes perse et assyrien, la ville de Rhages, en Médie, n'a pas le rang des quatre villes citées ; et on y lit « qu'il existe en Médie » une ville de ce nom. La traduction de la seconde espèce, au contraire, parle tout simplement de Rhages *(Raggan)*, comme d'une localité fort connue du lecteur ; on ne pouvait pas lui faire l'injure de lui enseigner le nom de sa capitale : c'est donc pour les habitants de ce pays que la traduction a été faite. La ville était, d'autre part, assez éloignée de la Perse et de l'Assyrie pour qu'elle pût être inconnue aux habitants de ces contrées. (Texte Médique, II, 73.)

Cette manière de préciser les localités est surtout pratiquée par le texte médique. La ville d'Arbèle même est citée en ajoutant la phrase usuelle; on lit (Texte Médique, II, 66) : « dans la ville Arbèle de nom », sans pourtant ajouter la contrée.

Ce dernier mot était superflu pour les Assyriens qui connaissaient la cité consacrée au culte de leur déesse Istar, et il est également omis dans l'original perse.

La circonstance que nous venons de discuter n'est ni la seule, ni la plus importante des raisons qui rattachent la ville de Rhages à l'idiome de la seconde espèce. La cité, nommée *Ragā*, en perse et en assyrien, porte en médique le nom de *Raggan*; cette déformation insolite du nom de la ville dénote qu'elle avait un nom spécial dans le pays où l'on parlait la langue de la seconde espèce.

Il est encore une autre considération, tirée des textes médiques et qui vient corroborer l'indice que nous venons d'exposer. Nous avons vu plus haut, qu'il y avait en Médie le double élément des Mèdes et des Ariens. Aussi, le roi Darius ne manque-t-il pas de faire accentuer cet antagonisme en face de ses lecteurs touraniens. Dans l'inscription funéraire de Nakch-i-Roustam, il s'intitule « Perse, fils de Perse, Arien, de race d'Arien. » Il n'insiste pas dans la version assyrienne sur cette dernière qualité qui à Babylone et à Ninive n'aurait guère ajouté à sa considération ; là, il était avant tout roi babylonien. Mais la version médique souligne cette dernière qualité en laissant subsister jusqu'au terme perse de cette qualification. L'original *ariya-čithra* est simplement transcrit et non pas traduit, comme il aurait pu l'être.

Voici un autre indice : Dans le texte de Bisoutoun, Darius atteste solennellement qu'il a toujours eu la « protection d'Ormazd et des autres Dieux qui existent. » La traduction médique seule ajoute, les deux fois que cette assurance est répétée, les mots significatifs : « d'Ormazd, Dieu des Ariens. » Et ce qu'il y a de frappant dans cette formule, c'est l'emploi du génitif pluriel perse, *Ariyanam*, au lieu du médique *Harriyapinna*. Chose évidente, le monarque affirme sa religion en sa qualité d'Arya, ce qu'il omet dans les textes perse et assyrien (*Bisoutoun.* Texte Médique, III, 77 et 79). C'est par là qu'il constate l'opposition entre l'Arien et le Mède, entre le Perse et le rejeton de Tour.

A la fin de l'inscription de Bisoutoun, dans un passage dont la version médique seule est conservée, Darius dit, en y insistant, qu'il avait fait d'autres inscriptions en arien *(harriyava)*. Nous n'avons plus l'original perse ; mais il est évident que Darius n'a pas pu, dans l'original arien, employer ce mot qui aurait été tout-à-fait déplacé. Le roi n'avait pas besoin de dire qu'il avait écrit d'autres monuments dans sa propre langue ; cela s'entendait de soi-même. Mais il insistait sur ce fait devant les lecteurs non ariens, et mêlés d'éléments ariens, pour lesquels il fit graver cette magnifique inscription de Bisoutoun sur le territoire même de la Médie.

Ce mot d'Arya, nous le répétons, était d'autant moins déplacé en Médie, que les Mèdes, selon la précieuse donnée d'Hérodote (VII, 62), s'appelaient primitivement Ariens, et qu'une tribu des Mèdes portait le nom des Arizantes ou

« hommes de race arienne » pour les distinguer de ceux qui étaient d'origine touranienne. Il était donc fort à propos que le texte rédigé pour les habitants de la Médie même consignât cette distinction spéciale du « dieu des Ariens, » précision inutile pour les Perses et pour les Assyriens.

Tous ces indices se réunissent pour écarter les noms autrefois proposés, et pour conserver celui de médique. Nous avons mentionné le nom d'*Élamite*; à cette occasion, nous pensons fournir une autre preuve :

Nous avons des documents *élamites*, du moins des textes provenant du pays d'Élam, et écrits dans un langage assez voisin du médique. Ce sont les inscriptions de Suse, qui pour cela, sont appelées plus correctement *susiennes*. La langue susienne n'est pas la langue médique ; on ne saurait comprendre les textes de Suse, parce qu'ils présentent un langage différent du médique, mais celui-ci a contribué à écarter le voile qui les couvrait naguère.

Or, dans ces débris de Suse, nous lisons les noms géographiques, tels que l'Euphrate et le Tigre. Dans le langage susien, le Tigre s'appelle *Tiglat*, et l'Euphrate *Purat ;* ce sont les désignations des pays limitrophes des deux grands fleuves. Le médique, au contraire, appelle le Tigre *Tigra*, comme en Perse, et l'Euphrate *Uprato*, dérivé de l'appellation perse *Ufrātu*. Cela indique clairement que le pays où l'on parlait l'idiome de la seconde espèce des inscriptions trilingues, était loin des fleuves qu'il désignait par les noms aryens. Cette contrée ne peut donc pas être la Susiane, mais doit être la Médie.

Les textes de Suse connaissent les différentes parties de la Susiane ; on y lit les noms de *Kussi*, les Cosséens, de *Hussi*, les Ouxiens, le *Khouzistan* moderne, de *Nima,*

*Nimma* (Elam) des Assyriens; puis *Habirdi*, le nom qui, dans les inscriptions médiques, traduit le perse *Uvaža*, le pays même de l'Élymaïde. La contrée des *Habirdi*, dans laquelle M. Norris a déjà reconnu les Amardes des Grecs, est précisément la plus voisine de la Médie.

Les inscriptions de Suse militent donc en faveur d'une opinion imposée d'ailleurs par le sens commun.

La seule nation dont le glorieux passé pût permettre aux rois Perses d'accorder à son idiome une préséance constante sur celui de Ninive, c'était le peuple Mède. La situation exiguë de la Susiane ne donnait à celle-ci aucun titre justifiant un pareil honneur.

La Médie, voisine de la Susiane, au nord, touchait les confins de l'Assyrie du côté occidental. Aussi la langue des Mèdes a-t-elle, pour désigner la contrée limitrophe, un mot *médique* se terminant par la syllabe *an*, *Assuran*, comme le même idiome distingue la Perse par le terme *Parsan*. Cette circonstance n'est nullement sans valeur, elle ne peut s'appliquer qu'à une contrée voisine des deux pays ; la Médie remplit la condition voulue.

Les Touraniens de la Médie portaient jadis seuls le nom de Mèdes. Les Aryas de ce pays s'appelaient Ariens

Plus tard, le mot de *Mada* est devenu un terme géographique, qui a englobé tous les habitants de cette contrée, et c'est alors que le mot de *Mède*, opposé à celui de *Perse*, dans le sens territorial, a compris toutes les individualités originaires de l'Iran actuel.

C'est par cette raison que nous constatons parmi les Mèdes la présence de tant de noms purement aryens ; il paraît même que l'aristocratie du pays était justement formée des *Arizantes* d'Hérodote.

## III

### LA DYNASTIE DES ROIS MÈDES.

Mais pourquoi ce nom touranien des Mèdes a-t-il prévalu sur celui des Ariens, et pourquoi l'empire puissant et vainqueur de Ninive a-t-il pris le nom de médique ?

On a cru que les rois mèdes, cités par Hérodote, étaient des Aryas. Nous prouverons que ces monarques étaient des Touraniens qui, à cause de leur origine, ont légué à la postérité le souvenir de la domination médique et perpétué dans l'histoire le nom anarien de leur race. Cette opinion paraîtra paradoxale et pourrait même être taxée de téméraire, si de puissants arguments ne l'établissaient pas.

Les noms royaux de Déjocès, Phraortès, Cyaxarès, Astyage, semblent être aryens au premier chef, et ils le sont, en effet, si l'on ne considère que l'apparence extérieure de ces noms. Mais rendent-ils la forme originale ? Nous croyons pouvoir démontrer qu'ils ne le font pas.

Les quatre noms que nous venons d'énumérer sont donnés par Hérodote, et la véracité de l'historien d'Halicarnasse est attestée par une autorité que personne n'oserait contester ; elle est confirmée par Darius Ier, fils d'Hystaspe.

Contre les données transmises par le père de l'histoire, se dressent celles de Ctésias. Cet auteur certes n'a jamais égalé en autorité son prédécesseur ; mais, surtout pour l'histoire de la Médie et de la Perse, il a le droit d'être écouté avant d'être condamné. Ctésias, l'historien de Cnide, le médecin d'Artaxerxès II, a puisé dans les annales de l'empire Perse des renseignements très précieux, et, malheureusement pour la plus grande partie, ces données sont perdues pour nous.

Lui aussi a laissé, par l'entremise de Diodore de Sicile (Liv. II, ch. 33), une liste des rois Mèdes ; elle est ainsi composée :

| | |
|---|---|
| Arbace régna. | 28 ans. |
| Mandaucès | 30 » |
| Sosarmès. | 20 » |
| Artycas | 50 » |
| Arbianès. | 22 » |
| Artée. | 40 » |
| Artynès | 22 » |
| Astibaras. | 40 » |
| Aspadas | 35 » |

D'après cet écrivain, Astibaras correspond au Cyaxare des Grecs, et il dit expressément que, par les historiens de sa patrie, le roi Aspadas était nommé Astyage.

Il est contraire au bon sens historique de rejeter, comme dépourvues de valeur, les assertions d'un écrivain qui fut capable de se renseigner et qui a joui dans l'antiquité d'une autorité incontestable. Une pareille faute d'appréciation a été souvent commise ; en effet, il est plus facile de répudier un témoignage embarrassant, que d'en expliquer l'existence. Pourquoi donc Ctésias aurait-il gratifié du nom d'Astibaras un roi qu'il connaissait aussi sous celui de Cyaxare ? Ce dernier est vérifié par l'inscription de Bisoutoun même, où il paraît sous la forme de *Uvakhsatara*. Hérodote, ainsi corroboré par Darius, a évincé l'autorité du médecin d'Artaxerxès, et on a conclu de ce fait que le renseignement fourni par l'historien de Cnide était nul et

sans valeur. Il nous paraît, au contraire, que ce raisonne-
ment est faux. Plus le nom de Cyaxare était connu en
Perse, plus il était difficile à Ctésias de lui en substituer un
autre sans une raison péremptoire. Il n'était même pas
possible de se tromper sur le nom d'un monarque qui
s'était illustré par la prise de Ninive et par le renversement
de l'empire assyrien. L'Astibaras de Ctésias doit donc avoir
sa raison d'être. Il en est de même de l'existence du double
nom attribué au dernier monarque mède, Astyage-Aspadas.
La seule solution qui puisse être donnée au sujet de ce pro-
blême, nous conduit tout droit à l'origine touranienne de
ces rois.

Voici le mot de l'énigme : les noms d'Hérodote repré-
sentent les formes aryanisées des noms touraniens, dont
Ctésias nous a donné la traduction perse.

Commençons par le premier nom, celui de Déjocès.
Hérodote (I, 95 et 96), dit qu'un homme de ce nom, fils
de Phraortès, changea en Médie l'anarchie en royauté.

Après la défection des Mèdes du joug de Ninive, il s'était
établi, sur le sol de la Médie, un grand nombre de tribus
indépendantes, il y existait une absence de loi (ἀνομίη) que
Déjocès fit cesser en établissant un régime légal ; plus
tard, il réunit toutes les tribus sous son sceptre et se for-
tifia dans sa capitale, qu'il entoura de sept murailles de
différentes couleurs.

Cette capitale fut nommée Ecbatane, lieu de réunion ;
tel est, en effet, le sens du perse *Hagmatāna*, aujour-
d'hui *Hamadân*. Ce mot est complétement aryen, et
étranger à Touran ; les textes médiques ne le connaissent que sous la forme aryenne. Le nom de Déjocès
lui-même s'interprète à merveille par la langue perse ,

où il se disait probablement *Dāhyuka*, « le réunisseur des pays. » M. Smith a déjà fait observer que ce nom se retrouvait dans les inscriptions de Sargon, sous la forme de *Dayaukku ;* il se lit ainsi dans les annales du roi assyrien (Botta, salle II, 14 et V, 18) [1]. Le pays appartient sûrement à la Médie, il est limitrophe d'Ellip, qui formait précisément l'ouest de la Médie. Il se peut que *Bit-Dayaukku* exprime précisément le district d'Ecbatane, car la construction de cette ville coïncide avec l'époque de Déjocès, et c'est dans la neuvième année de Sargon, 713 av. J.-C., qu'on trouve la citation de ce lieu. Nous admettons l'identification en question, et nous y reconnaissons un nom médique, *daya* « autre », et *ukku* « loi », le mot composé *Dayaukku*, veut dire « changeur de loi », ce qui cadré bien avec le nom du fondateur d'Ecbatane. Ctésias, conservé dans Diodore (L. II, ch. 33, ss.), nomme ce roi Artée ; or, ce mot dit la même chose ou quelque chose d'approchant. Il nous rappelle le perse *Artāyu*, d'*arta* « loi », et *āyu* « réunissant ». Nous croyons donc que le mot de Déjocès n'est que l'original médique dont la traduction arienne est *Artée*.

Phraortès fut le successeur de Déjocès, et régna 22 ans (657 à 635 av. J.-C.). Il soumit pour la première fois les Perses, qui jusqu'alors avaient été indépendants de la Médie. Le dernier chef de ce peuple avait été Achéménès, dont les rois de Perse se glorifiaient plus tard d'être les descendants. Ce nom est arien, et les cinq prédécesseurs d'Achéménès, dont parle l'inscription de Bisoutoun, mais dont la nomenclature est malheureusement inconnue, por-

[1] Voyez mon *Dour-Sarkayan*, page 33.

taient certainement des noms offrant le même caractère linguistique.

Tel est aussi le cachet du nom de Phraortès ; le texte célèbre que nous venons de citer en a transmis la forme perse, *Fravartis*, portée ou usurpée par un homme qui fomenta et soutint une terrible révolte entreprise par les Mèdes, contre le joug de Darius. Le fils de Déjocès vit avec effroi les progrès des Assyriens, qui, sous la conduite de leur roi Sardanapale VI *(Assurbanihabal)*, avaient annexé un pays après l'autre ; il résolut donc d'attaquer Ninive, mais il fut battu par le monarque assyrien, et laissa sa couronne et sa vie dans les plaines du Tigre. Si nous possédions les annales du roi assyrien, jusqu'à une époque dépassant de deux années seulement celle que nous connaissons par les textes, nous aurions le récit de la victoire de Sardanapale, et en même temps la forme du nom royal tel que le transcrivait le peuple sémitique.

L'homonyme du roi infortuné porte dans le texte babylonien de l'inscription de Bisoutoun le nom de *Parruvartis* et dans le texte médique il se nomme *Pirruvartis*. Dans les deux cas, le nom n'est pas exactement transcrit, et cette altération fait supposer un terme médique différent. On pourrait penser à *pirru* qui veut dire en médique « combat » ( N. R., l. 27), de sorte que l'appellation touranienne pourrait signifier « celui qui aime le combat, » « le belliqueux. » Dans Diodore, il figure sous la forme d'Artynès et règne également vingt-deux ans. Ce nom s'expliquerait par le mot zend *Harthra*, ou par un mot perse *harthruna* qui pourrait signifier belliqueux.

Nous n'insisterons pas sur l'absolue justesse de ce rapprochement, puisque nos connaissances exiguës de la

langue médique ne nous permettent pas d'analyser avec
certitude le dernier élément du nom propre. Mais, ici encore, nous reconnaissons un mot aryanisé dans le nom de
*Fravartis*, forme perse, équivalente au zend *Fravasi* et qui
indique une espèce d'ange feminin, nommé en persan moderne *Ferver*. La modicité de notre savoir à l'endroit de
la langue perse nous interdit de nous étonner de l'attri-
bution de ce nom divin à un être humain mâle ; mais
nous le croyons, avec quelque raison, également substitué
à un nom touranien.

Le vaincu de Ninive fut suivi par un roi bien plus
illustre et qui, selon Hérodote, résume en lui seul presque
toute la gloire militaire des Mèdes.

Cyaxarès (¹) s'apprêtait à venger la mort de son père et se
préparait à la guerre contre l'Assyrie, lorsque les Scythes,
poussés par la migration des Cimmériens celtiques, enva-
hirent l'Asie occidentale et enlevèrent au roi de la Médie
tout pouvoir effectif. Ce ne fut que vingt-huit ans plus
tard (an 606 av. J.-C.) que Cyaxarès, s'étant débarrassé
du joug de ces intrus prit, aidé des Babyloniens, une
revanche aussi complète que décisive. Il détruisit Ninive,
conquit l'Assyrie et mit fin pour toujours à l'empire de
cette grande nation. Aussi, son nom resta-t-il célèbre dans
les annales de l'Orient. Les Perses l'appelaient *Uvakhsatara*, ce qui veut dire « celui qui a de beaux mulets. » Ce
nom peu royal est également une déformation d'un mot
touranien. Dans le texte assyrien de Bisoutoun, on lit le
nom d'*Uvakistar*, et dans le texte médique, il y a *Vakis-*

---

(¹) Le nom de Cyaxarès, en perse *Uvakhsatara*, en grec
Κυαξάρης, s'écrit aussi Οξαυρας dans Polyène; cela montre la
difficulté de saisir la vraie forme du nom.

*tarra*. On conviendra que ces noms sont assez différents du nom perse. Or, *vak* paraît être le médique *vaggi*, « porter » et *istarra* (¹) répond exactement au mot médique *izdirra* qui exprime le mot perse *arsti*, « lance. » Nous avons donc dans ce nom le sens de « porteur de lance. » Or, cette idée est exprimée dans la langue de Cyrus par *arstibara*. Souvenons-nous du nom donné par Ctésias au destructeur de Ninive ; c'est *Astibaras*, précisément le nom qui traduit en perse le sens de *vakistarra*. C'est ainsi que le personnage de Cyaxarès n'est autre que l'Astibaras de Ctésias.

Le dernier roi des Mèdes est le fameux Astyage, le prétendu grand-père de Cyrus qui, selon Ctésias, n'avait pourtant aucun lien de parenté avec le conquérant achéménide. L'historien de Cnide nous dit que son nom était Aspadas (Diodore, liv. II, l. c.), et dans les extraits de Photius, nous lisons que le nom d'*Astyage* était altéré de la forme *Astyïgès*. Ce dernier nom peut facilement s'expliquer par la langue perse ; *arstiyuga* veut dire « joignant des lances » ou « combattant avec des lances. » Tel est la vraie forme du nom royal sur lequel bien des conjectures ont été émises.

Les Arméniens, qui puisaient l'histoire orientale en majeure partie aux sources grecques, ont changé le nom d'Astyage en *azdehak*; de là, des savants européens sont partis pour l'identifier au zend *ažidahāka*, « le serpent mordant, » le fameux roi impie Zohak de la légende persane. Un pareil nom, cependant, s'exclut lui-même par son caractère néfaste ; le vrai prototype nous est donné d'ailleurs par la transcription de Ctésias.

(¹) Le *t* et *d* en médique changent continuellement, comme on le verra.

Ce nom semble être une altération d'un mot touranien dont *aspadas* fournit une image plus ou moins fidèle.
Le mot perse peut être expliqué comme signifiant « donneur
de chevaux, » *açpada* ; mais une étymologie bien plus probable, appuyée par des documents perses, nous détermine
à proposer une orthographe toute autre. On connaît le
mot *çpāda*, l'origine du mot moderne *sipāh*, d'où l'anglais
*ceapoy* est dérivé, signifiant soldat. Le texte de Bisoutoun
a conservé encore le nom propre de *Takhmaçpāda*, « fort
guerrier », et il se peut que le nom de Ctésias recouvre
un ancien terme analogue. Nous pouvons enregistrer
des noms tels que : Ortospadès *(Varthraçpāda)*, Par-
thamaspatès *(Fratamaçpāda)* et à d'autres.

Le nom peu royal d'*Aspadates* est porté par un
*eunuque* (Ctésias, fr.9), avec la signification de « donneur
de chevaux. » Le nom équivalent à Astyage nous paraît
être plutôt comparable à *Takhmaçpāda*, *Druvaçpâda*,
*Ucpāda* et plusieurs autres. Ce dernier mot signifiant,
« ayant de bons soldats », nous semble, en effet, le prototype
de l'Aspada de Ctésias. Or, le guerrier, l'homme fort, se
dit en médique (*Inscript. de Bis., Méd.*, III, 82) *uggi ;*
*arse* traduit le perse *vazraka*, « grand ». *Arse-uggi* rend
parfaitement le perse *uçpāda*. Nous avons donc encore
ici la preuve que par la langue touranienne des Mèdes, on
explique suffisamment le nom aryanisé d'Astyage.

S'il n'y avait qu'un seul des noms royaux prêtant à
l'interprétation proposée par nous, la présomption en faveur de sa justesse serait peu considérable ; mais une suite
de quatre noms s'interprétant d'après une méthode constante, emporte par elle-même un résultat concluant. Nous
résumons donc la thèse ainsi :

Les rois de la dynastie médique portent des noms touraniens de leur race ; ces noms ont reçu par eux une forme
arienne qui ne correspond pas à leur signification première. Le sens est rendu, en perse, par la forme de
Ctésias. Le tableau suivant donnera l'aperçu général des
résultats que nous avons obtenus :

| Forme médique. | Forme aryanisée. | Traduction perse. | Sens du médique et du perse. |
|---|---|---|---|
| *Dayaukku* | *dāhyuka* | *artāyu* | législateur. |
| *Pirruvartis* | *fravartis* | *harthruna* | belliqueux. |
| *Vak–istarra* | *uvakhsatara* | *arstibara* | lancier. |
| *Arse–uggi* | *arstiyuga* | *uçpāda* | fort guerrier. |

Depuis très-longtemps, on a vu que deux des noms de
la liste de Ctésias étaient appliqués à deux personnages
identiques à Artée et à Artynès. Ce sont les noms
d'Artycas et d'Arbianès. Ces deux noms sont des mots
médiques :

| Forme médique. | Forme aryanisée. | Sens du médique. |
|---|---|---|
| *Hartaukku*, de *harta*, établir | *artuka* | législateur. |
| *Varbiyana*, de *varbi*, tout | *haruviyana* | réunisseur. |

Le nom d'Arbacès s'explique par *arbek*, *erbek*, le
premier. Les noms de *Mandauces* ou *Modaces* et de
*Sosarmus* ne sont pas encore interprétés.

La conclusion forcée et naturelle est celle-ci : Si les
rois Perses ont admis la langue du pays de *Rhages*,
l'idiome de la Médie, aux honneurs de la seconde place,
immédiatement après l'original perse, c'est parce que cet
idiome était celui des rois Mèdes, celui qui était usité
par ces derniers pour perpétuer leurs propres exploits.

C'est dans ce langage que Vakistarra aura célébré la prise de Ninive.

Les Ninivites et les Babyloniens ont bien gardé le souvenir de Uvakistar, et n'ont pas connu Uvakhsatara. Ce conquérant n'appartenait probablement pas à la tribu des Arizantes ou des Aryas, mais à celle des *Buses*, des indigènes qui dans le passage d'Hérodote figurent, en effet, en premier lieu parmi les castes des Mèdes.

La domination des Perses ramena le règne des tribus ariennes, et ainsi tous les noms des Mèdes qui figurent sous Darius et plus tard, portent le cachet irrécusable de leur origine non touranienne. C'est le cas des Mèdes qui figurent comme indépendants dans les inscriptions assyriennes. Le roi Assarhaddon cite deux Mèdes, *Eparna* et *Sitirparna* qui ont bien les noms perses *Aïfranā* et *cithrafranā*, ce qui veut dire « à l'arme de fer » et « à l'arme multiple. » Voilà des *Arizantes* ou des *Boudiens* ou des *Mages*. Mais ils n'étaient pas de la race des Déjocès.

Nous pouvons alléguer en faveur de l'aryanisation usuelle des noms touraniens de curieux exemples tirés du texte perse de Bisoutoun.

Il ne s'agit pas de Mèdes, mais d'une race apparentée, celle des Susiens. Un homme originaire de ce peuple se révolte, il se nomme Assina, à ce qu'attestent les textes médique et babylonien. L'original perse en fait Athrina, « sacré au feu. » S'il s'était nommé ainsi, les Babyloniens ne lui auraient pas marchandé cette appellation. Son père s'appelle *Umbadara* et le perse en fait *Upadarma*, qu'on peut lire à la vérité, *Umpadarama*. Un autre imposteur se nomme *Vartia*, peut-être l'élément qu'on trouve dans celui de Phraortès ; les Perses en font Martiya, ce qui veut dire « homme » et n'a guère été un nom propre en perse.

Le père de ce rebelle s'appelle Issainsakris, ce qui veut dire « fils d'*Issain* » (sens inconnu)[1]. Les Perses en ont fait Cincikris, ce qui veut dire « acheteur » de *činči* [2], sens également inconnu. Le mot *Immanesu* est le nom d'un roi susien et persianisé en *Imanis*, du mot touranien transformé en terme perse. Nous n'avons pas voulu laisser dans l'ombre des faits aussi concluants et prouvant la tendance du peuple perse à façonner les mots étrangers d'après son propre idiome, tendance qui se retrouve chez beaucoup de nations de toutes les époques et de tous les pays.

Et pour revenir aux noms vraiment médiques, citons un dernier exemple, tiré de ce même texte de Darius. Pendant le siége de Babylone, la Médie fut arrachée au sceptre du roi perse par un indigène qui, pendant plus de deux ans, depuis le commencement de 520 av. J.-C., jusqu'au milieu de 518, résista à trois généraux de Darius, et ne put être défait que par le roi Darius lui-même. Le texte perse de Bisoutoun dit qu'il se nommait, en réalité, Phraortes, mais qu'il prétendait être *Khsathrita*, Xathrites, de la race royale de Gyaxarès. Si ce nom de *khsathrita* avait été le nom original, on lirait dans le texte médique la transcription régulière de *Iksatrita*, comme on lit au lieu de *Khsayārsā*, Xerxès, *Artakhsathra*, Artaxerxès, *Bagabukhsa*, Mégabyzus, en médique *Iksersa, Artaksassa, Bagabuksa*. Mais la version médique a pour ce nom de *Mède* une forme toute différente : elle le nomme

---

[1] Ce mot se trouve dans les textes susiens.

[2] Marchand d'une chose quelconque, évidemment employé pour jeter le ridicule sur l'extraction de ce personnage qui peut être ne fût pas même un imposteur.

*Sattarritta*, nom que la transcription perse n'exprime nullement. Et quoique notre connaissance imparfaite de la langue médique ne nous permette pas de comprendre le sens du mot, nous voyons pourtant que la forme en appartient à la langue du second système, et que ce fut le vrai nom du personnage dans la langue même de ses compatriotes et sujets.

Tout ce qui précède n'est pas infirmé, nous le répétons, par l'usage des Grecs, confondant les Mèdes et les Perses, et parlant, par exemple, comme un philosophe grec, « de la Médie et de tout le peuple arien. »

Le nom du pays de la Médie est donc un mot touranien, devenu nom géographique ; les Ariens (¹) l'ont accepté comme étant celui de leur sol natal. La France porte un nom germanique, mais, malgré cela, tous les Français ne sont pas des Germains. La Russie a un nom qui est scandinave, et pourtant les Russes ne le sont pas. Dans toute l'histoire, les faits analogues abondent, et nous ne nous lasserions pas de les énumérer.

Les rois Mèdes étaient décidément des Touraniens, ce sont eux qui ont écrit dans l'écriture et dans la langue non aryenne du second système ; c'est là qu'ils ont puisé leurs noms connus dans l'histoire. C'est par ces raisons énumérées l'une après l'autre, que nous croyons avoir administré la preuve que les inscriptions du second ordre des textes trilingues ne doivent s'appeler ni *scythiques* ni *médo-scythiques*, mais que le seul nom qui convienne à ce système est celui de *médique*.

(¹) Nous écrivons *arien* quand il s'agit des Iraniens, et nous choisissons l'orthographe assez mauvaise d'*aryen* comme équivalent d'indo-européen.

# II

# LA LANGUE MÉDIQUE

## I

## DÉCHIFFREMENT.

Pour pouvoir développer le caractère de la langue médique, il faut d'abord établir le déchiffrement de la seconde espèce des inscriptions trilingues. Cette opération s'obtient par deux moyens :

1° Par l'examen des noms propres et des mots transcrits en perse ;

2° Par l'application du principe de l'identité des écritures médique et assyrienne.

Le premier moyen de déchiffrement est celui qui a été tenté par mes prédécesseurs. Le second, ordonné pour tous les signes qui ne se trouvent pas dans les noms propres, peut seul faire arriver à une solution : c'est celui qui compare les signes assyriens. Pour avoir ignoré ce principe, M. Mordtmann a livré au public un travail inférieur à celui de son prédécesseur, M. Norris.

La comparaison de l'écriture de Ninive a surtout produit l'identification des idéogrammes d'une manière décisive pour la question de l'origine commune.

J'ai établi cette identité dans mon *Expédition en Mésopotamie* (t. II, p. 71 et s.). Je ne reviendrai pas sur cette
question; les formes babyloniennes sont indiquées dans la
première colonne où elles sont désignées par leurs transcriptions.

Mais quant à la prononciation, la question est bien plus
difficile à résoudre qu'elle ne l'est pour le système armé-
niaque et susien.

La transcription des signes assyriens peut être maintenue dans les deux cas ; il n'en est pas de même pour le
syllabaire médique. Cela tient à l'énorme difficulté résul-
tant d'un fait qui devrait contribuer, au contraire, à la
solution du problème. Je veux parler de l'obscurité que
répandent sur la valeur des signes les noms propres et les
autres termes perses, transcrits par les Mèdes.

Dans ces imitations des sons entendus, les auteurs des
textes médiques ne font aucune distinction entre les articulations des mêmes organes ; tout au plus s'ils expriment
les voyelles.

Une même classe d'articulations rend le *k, g, kh*, des
Perses. Le *p*, le *b*, le *f*, ne sont pas indiqués avec plus de
précision. IL EST IMPOSSIBLE DE SAVOIR S'IL FAUT TRANS-
CRIRE *t* ou *d ;* à cela se joint le vice originel de l'écriture
anarienne, à savoir : la confusion du *m* et du *v*. Le *s* et
le *ch* sont identiques, ainsi le *č (tch)*, le *ǧ (dj)*, le *ž*, le *ts,*
le *dz* et le *z* sont tous les six confondus entre eux.

Ainsi la lettre *da*, forme qui est identique au babylonien
*da*, rend à la fois les noms perses *Dārayavus, Dādarsis,
Frāda, Dāduhya, Viñdafranā, Tigrakhaudā, Çapar-
da, Gañdāra, Çuguda, Auramazdā*, les mots *dahyāu,
dainidātar*, et d'autres.

Mais ce même signe remplace le *t*, dans *Utāna*, *Vistāçpa*, *Khsathrila*, *Gaumāta*, *Nabunaita*, *Hagmatāna*, *Haldita*, *Thatagus*, et le mot *framātāram*.

Dans les termes *Vahyazdāta* et *ardastāna*, le même signe sert pour le *d* et le *t*. De même les noms *Bardiya*, *Bagayādis*, *Nadiñtabaira*, *Haldita*, sont écrits par la syllabe qui rend, *ti* en *Tigra*, *Martiya*, etc.

L'assyrien *tu* se met dans les noms *Hiñdus*, *Katapatuka*. Le *du* babylonien, au contraire, se montre dans les noms de *Marduniya*, *Dāduhya*, *Dubāla*, *Gañdumava*, mais remplace *tu* en *Katpatuka*, et *thu* en *Thukhra*.

La même observation s'impose à nous par rapport aux labiales, le *ba* babylonien remplace le perse *ba* en *Bābiru*, *Bākhtris*, *Bāgayādis*, *Arabāya*, *Bagābigna*, *Bagabukhsa ;* mais il exprime le *pa* perse en *Pārça*, *Vistāçpa*, *Uñpadarama*, et dans les mots *paruzanānām*, et *viçpazanānām*.

Le *bi* perse en *Bābiru*, *Bagābigna* est exprimé par le signe *pi*, qui rend également les mots perses *Cispis*, *Kāpisakānis*. Sans entrer dans d'autres détails qui deviendraient fastidieux, nous remarquerons que la même confusion règne pour le *ka*, *ga*, *kha* perse, pour le *ku* et *gu*. La syllabe *go* est rendue par le babylonien *kav*.

Le *ça* et *śa* (cha) sont transcrits par le caractère babylonien *śa ;* le *si* et le *çi* par l'assyrien *si ;* le *çu* et *śu*, par le babylonien *su*. Mais ces mêmes signes rendent aussi quelques fois les lettres palatales.

Le *za* ou *ṣa* transcrit en médique indistinctement le *za* et le *ća* perse ; le *si* anarien rend le *zi* et *ći*, mais le *ṣu* babylonien remplace le *thu* des originaux.

Voici où commencent des difficultés plus grandes encore.

Le *tha* est exprimé par le *śa* babylonien ; mais le *śu* de ce système rend le *z* du perse et, conséquemment, a dû également interpréter la syllabe *ću*.

Les aspirées, telles que *kh*, *th*, *f*, semblent avoir été bannies de la langue des Mèdes où se remarque l'effacement presque général des nuances distinguant les lettres du même organe. Ainsi, on peut constater la disparition du syllabaire médique des caractères qui, en assyrien, expriment *ka*, *ga*, *gu*, *ta*, *bi*, *pu*, *ṭu*, *zi*, *zu*.

D'autre part, il y a des particularités encore plus surprenantes. La lettre assyrienne *nu* a été choisie pour transcrire le *ni* perse, et le *ni* babylonien s'emploie pour rendre seulement le son de *ne*. Nous constatons à côté du *ne*, aussi les syllabes de *be* et *de* assyriennes, et cela nous met sur les traces d'une nouvelle appréciation du syllabaire médique. Les voyelles offrent la même confusion. Le *ha* anarien remplace sûrement l'*a* perse ; l'*a* du système primitif exprime le son de *aï* ou *yi*, et l'*é* pourrait avoir celui de *œ* ou de *ö* (eu). Nous pouvons déjà faire observer que le caractère touranien du médique explique suffisamment la multiplicité des articulations vocaliques et le caractère flottant des consonnes. On peut, à ce sujet, établir des rapports assez curieux avec le turc et même avec quelques langues dravidiennes.

Toutes ces considérations réunies nous obligent à supposer une transformation assez étendue de la prononciation des lettres assyriennes.

Les Mèdes ont accepté les caractères sumériens, et en ont fait un syllabaire en conformité avec leur idiome. L'écriture anarienne n'admettait déjà pas de distinction entre quelques articulations finales ; les Mèdes ont élargi ce principe, en faisant disparaître dans leur prononciation, les différentes nuances que distinguent tant d'autres idiomes. Néanmoins, quelques syllabes ont dû être conservées, telles que le *gi*, combinaisons vocaliques, précisément comme dans tant d'autres langues touraniennes. Mais pour nous, la difficulté de la transcription n'en subsistera pas moins.

Faut-il transcrire *ta* ou *da*, *pa* ou *ba*, *ka* ou *ga*, *ça* ou *sa* (chə), *za* ou *çə* ?

J'avais cru pouvoir trancher la difficulté, en établissant pour principe de transcription la valeur assyrienne ; mais j'ai fini par me heurter contre des impossibilités. Le syllabaire médique ne contient pas seulement les lettres simples, mais il a emprunté au syllabaire anarien également les syllabes complexes, à consonnes initiales et finales. Ainsi, s'il était possible de maintenir la transcription assyrienne dans celle des noms propres, on ne pouvait l'appliquer pour les formes grammaticales, où elle créait une confusion tout à fait inextricable.

Je pouvais bien admettre la valeur de *da*, dans le verbe *hudda*, mais, par exemple, de la même forme dérive un mot contenant la syllabe *tuk*, *huttuk ;* force était de changer l'un ou l'autre des termes issus de la même racine. Cette même difficulté pénétrait tout le système grammatical.

Quoique les améliorations introduites par l'application de l'assyrien au déchiffrement soient assez considérables, elles ne peuvent détruire cet inconvénient capital.

Les formes monstrueuses, il est vrai, avaient été écartées. J'avais découvert des idéogrammes, j'avais pu opérer le changement de *fa* en *ip*, de *pat* en *ban*, de *ro* en *tik*, de *ven* en *h*, de *am* en *git*, de *no* en *vak*, de *cho* en *nu*, de *sen* en *gin*, la substitution éventuelle de *tuk* à *ras*, de *van* à *h*, de *pe* à *bat*. Ainsi j'avais débarrassé la grammaire proposée par M. Norris des formes défiant toute explication philologique.

Bornons nous à quelques exemples frappants, qui démontrent le progrès opéré sur le livre de Norris, copié ou détérioré par M. Mordtmann.

*Tifabapafaraka* devenait *tibba pepraka*.

*Pafatifaba* devenait *Peptippa* de *pepti*, « se révolter ».

*Pafaraska* devenait *peptikka* de la même racine.

*Annappatna*, génitif pluriel de *annap*, « dieu », se lisait *annappanna*.

*Putraska* se lisait, *puttukka*, de *putta*, « fuir ».

Les deux termes conjoints de *Fabakra* et *Israsra* devenaient *Ibbakra* et *Istukra*.

*Tiraska* de *tite*, « mentir », devenait *titekka*.

*Ruvenhu* de *Ruh* devenait *Ruhhu*, comme le nom du père de Mégabyze, *Dāduhya*, était corrigé de *Daduvenya* en *Daduhya*.

Au lieu de *senri*, *sennigit* de *gin*, etc., on lisait *ginri*, *ginnigit*.

De pareils changements s'opèrent dans toutes les phrases.

Mais la grande difficulté sur laquelle on ne s'est pas assez appesanti, n'en subsiste pas moins. Comment faut-il transcrire, non pas pour donner des noms propres plus acceptables, mais pour constituer une grammaire d'une langue possible? Nous sommes obligés de choisir le parti ressortant de l'ensemble des éléments réunis, sans formuler un principe *a priori*. Cette résolution se comprendra encore mieux, quand nous aurons examiné les formes où se trouvent les syllabes complexes.

Pour abréger, nous donnons le tableau suivant :

L'anarien *bat* rend les sons perses *bat, pat.*

| — | *bar* | — | *bar, par.* |
|---|---|---|---|
| — | *pir* | — | *bar, fra.* |
| — | *ban* | — | *ban, pan.* |
| — | *gan* | — | *kam, gan, khan.* |
| — | *kur* | — | *gar, kar, kar.* |
| — | *kar* | — | *gar.* |
| — | *kas* | — | *kas.* |
| — | *tak* | — | *takh.* |
| — | *tur* | — | *dar, tar.* |
| — | *tas* | — | *das.* |
| — | *tar* | — | *dar, tar, dur, thr.* |
| — | *rak* | — | *rakh, rak.* |
| — | *ras* | — | *rus, raz.* |
| — | *sin* | — | *san.* |
| — | *sir* | — | *sar, zar, ćar, žar.* |
| — | *ir* | — | *ar.* |
| — | *dan* est mis en médique pour *tin.* | | |
| — | *gut* | — | *git.* |
| — | *tik* | — | *tuk.* |
| — | *tuk* | — | *tak, tik.* |
| — | *tas* | — | *dus, tus.* |
| — | *nu* | — | *ni.* |
| — | *la* | — | *lu.* |
| — | *am* est mis pour *um.* | | |

Par le tableau précédent, on aura acquis la certitude que ce ne sont pas seulement les consonnes qui offrent des variations, mais que les voyelles ne sont pas employées en médique avec la rigueur commandée par le syllabaire assyrien. Ces fluctuations n'ont pas dû résulter uniquement du caractère incertain que lui aurait imposé le système des signes ninivites. Il faut au contraire, admettre que cette particularité avait sa raison d'être dans la prononciation du peuple même.

La distinction entre les consonnes est moins rigoureusement établie, et il y a également une plus grande variation dans les signes vocaliques. Quoique nous ne retrouvions pas un nombre de lettres suffisant pour pouvoir remplir tous les cadres, il est cependant hors de doute, que ces nuances vocaliques ont existé. Nous reconstruisons ainsi la transcription des lettres médiques, en admettant les principes suivants :

1° Un seul signe désigne les syllabes commençant par la voyelle. . . . . . . . . . . *k, g, kh.*
—      —      *p, b, f.*
—      —      *t, d, th.*
—      —      *s, š.*
—      —      *ć, ǵ, ž, z.*
—      —      *m, v.*
—      —      *h.*
—      —      *ç.*
—      —      *n.*
—      —      *r.*
—      —      *l.*

2° Ces onze classes consonantiques forment des lettres

avec les voyelles, *a*, *e*, *i*, *o*, *u*, et probablement avec *ö* et *ü* (eu) (*u* français).

3° Les consonnes finales se forment comme en assyrien, par les trois syllabes commençant par *a*, *i*, *u* ; mais généralement l'une des trois lettres est seule employée.

Ce système nous donnerait 96 où 132 syllabes simples, si pour chaque classe, on pouvait constater l'existence de toutes ces combinaisons ; mais cela ne peut se faire. Il faut admettre que dans la bouche du peuple, les signes aient eu plusieurs prononciations rapprochées. On pourrait aussi croire que l'*o* et l'*u*, ont comme en turc une même représentation, identique à celle de l'*o* et de l'*ou*. Nous constatons ainsi le système suivant :

### VOYELLES.

*a*,  *e*,  *i*,  *o*,  *u*.

### CONSONNES.

| | | | | | | | |
|---|---|---|---|---|---|---|---|
| *ta,* | *tē,* | *ti,* | *to,* | *tu,* | *at,* | | *ut.* |
| *pa,* | *pē,* | *pi,* | *po,* | *pu,* | *ap,* | *ip,* | |
| *ka,* | *kē,* | *ki,* | *ko,* | *ku,* | *ak,* | *ik,* | *uk.* |
| | | *gi,* | | | | | |
| *sa,* | *sē,* | *si,* | | *su,* | | | |
| *ċa,* | | *ċi,* | | *ċu,* | *aċ,* | *iċ.* | |
| *ma,* | | *mi,* | | *mu,* | *am,* | *im,* | *um.* |
| *ha,* | *hē,* | *hi,* | | *hu,* | *ah,* | *ih,* | |
| *na,* | *nē,* | *ni,* | *no,* | *nu,* | *an,* | *in,* | *un.* |
| *ra,* | | *ri,* | | *ru,* | | *ir,* | *ur ?* |
| *la,* | | *li,* | | *lu,* | | | *ul.* |

Il est bien entendu que le signe qui exprime la lettre *t* rend également le *d* et même le *th* ; qu'enfin chaque ordre rend toutes les consonnes qui y appartiennent.

Nous aurons alors :

*t*, exprimant aussi *d* et *th*.
*p*,  —  *b*,
*k*,  —  *g* et *kh*.
*s*,  —  *š* (*ch*).
*c*,  —  *ǵ, ž, z*.
*m*,  —  *v*.

La question de la prononciation d'une langue morte et aussi peu connue que celle dont nous nous occupons, restera toujours une énigme ; il faut donc se résigner à avouer hautement notre ignorance à ce sujet.

Nous ne savons pas s'il faut transcrire *Dariyavaus*, ou si l'on prononçait *Tariyavaus*, s'il faut rendre le mot de Perse par *Parsa, Barsa, Parša* ou *Barša*. Pour me faire une ligne de conduite, j'ai suivi la forme de l'original, et pour les mots médiques j'ai adopté, en général, la transcription par les sons *durs*.

Nous avons bien quelques indications sur la prononciation, ce sont les noms médiques rendus par les Assyriens. Le nom du pays lui-même, *Madai*, ainsi que ceux de *Ambanda, Dayaukku*, prouvent la présence du *d*, mais le nom de *Kambanda* est rendu par le *Kampada* perse, et la traduction assyrienne dit *Kambada*, la *Cambadène* des grecs. D'autre part, les noms médiques en *t* et *p* ne manquent pas dans les textes assyriens, même dans les noms qui ne sont pas aryens. Mais ce qui prime par-dessus tout, c'est le fait indéniable que *da* et *ta* (¹) ont eu la même représentation.

Les syllabes complexes ne sont pas en grand nombre ; elles ajoutent à la confusion des consonnes, celle des voyelles. Nous nous exposerons beaucoup moins à des erreurs, en admettant quelques fois des syllabes et voyelles indéfinies, telles que sont : *ter*, *tor*, *kor*, surtout quand, selon la loi des langues touraniennes, il est nécessaire d'admettre un adoucissement de la voyelle.

La loi de l'harmonie des voyelles aura pu exister en médique, et nous serions à même d'en signaler quelques cas. Il serait néanmoins dangereux de vouloir modifier le déchiffrement par l'application d'un principe, dont en tout cas on ne saurait prouver la mise en pratique générale. Car, si d'une part, on remarque des formes dominées par cette loi, d'autres flexions grammaticales tendraient à en démontrer la non-existence.

Il ne faudrait donc pas s'exposer à aller au-delà de ce qui nous est raisonnablement permis, en édifiant des théories qui manqueraient d'une base suffisante. Car avec des pétitions de principes semblables, on finit par se faire des illusions et par tromper le lecteur sur l'état de la science. Telle serait par exemple, l'application des lois régissant les langues touraniennes modernes à un idiome antique, et dont il faut, avant tout, prouver le caractère linguistique par d'autres indices.

Dans le déchiffrement, ainsi que dans l'exposition grammaticale qui dépend de celui-ci, il est plus qu'im-

---

(¹) La lettre que j'avais comparé à tort à l'assyrien *ta*, est le *tē* et le *dē*, ce qui ressort des mots perses *Uvadaičaya*, *daina* et d'autres qui contiennent le signe en question.

portant de n'apporter aucune prévention, ni aucune théorie, pour ou contre un système quelconque. Nous laissons la parole aux faits mêmes, tels qu'ils se développent par l'étude des textes. Le résultat sera ce qu'il sera par lui-même ; mais il ne sera pas amené par un développement faussé par une thèse préconçue d'avance.

Nous faisons maintenant suivre le tableau des signes médiques. La première colonne contient la valeur syllabique de la lettre assyrienne, et la colonne suivante, le signe renferme les valeurs médiques, autant qu'on peut les fixer, d'après l'exposé que nous avons fait. Nous avons en général suivi l'ordre assyrien, parce qu'il est plus rigoureux, et parce que les valeurs assyriennes sont en tout cas plus certaines.

Après les signes syllabiques, nous faisons suivre les signes idéographiques et les idéogrammes composés. Nous renvoyons, pour plus amples détails, à notre *Expédition en Mésopotamie* (T. II, p. 76).

Les caractères médiques étant identiques aux assyriens quant à l'origine, nous avons indiqué entre parenthèses la transcription du caractère assyrien correspondant. Nous avons cru pouvoir nous dispenser de la discussion de chaque lettre dans l'état actuel de nos études, d'autant plus que les différentes formes des signes sumériens ont été l'objet d'une comparaison aussi consciencieuse que complète dans le *Syllabaire assyrien* de M. Ménant. Ce travail, consacré au développement de l'écriture anarienne entière, comprend naturellement la nuance de la seconde espèce des textes trilingues.

## CATALOGUE DES SIGNES DE L'ÉCRITURE DES INSCRIPTIONS MÉDIQUES.

(La lettre entre parenthèses indique la valeur de la lettre assyrienne, qui comme caractère est identique au signe médique.

### VOYELLES.

| | | |
|---|---|---|
| 1 | 𒑐 , 𒑐 | (I), i. |
| 2 | 𒌋 | (U), u, yu. |
| 3 | ‹ | (U), o. |
| 4 | 𒂊 | (E), ē. |
| 5 | 𒀀 | (A), yi. Comme idéogramme «eau, fleuve». |
| 6 | 𒅀 | (YA), ya. |
| 7 | 𒄩 | (H, hiatus), ah, ih. |

### CONSONNES.

| | | |
|---|---|---|
| 8 | 𒄩 | (ḤA), ha, a. |
| 9 | 𒄭 | (ḤI), hi. |
| 10 | 𒄷 | (ḤU), hu. |
| 11 | 𒋡 | (QA), ka, ga. |
| 12 | 𒆠 | (KI), ki. |
| 13 | 𒆪 | (KU), ku, gu. |
| 14 | 𒄰 | (KAM), ko, go. |
| 15 | 𒄀 | (GI), gi. |

| 16 | | (AK), ak. |
|---|---|---|
| 17 | | (IK), ik. |
| 18 | | (UK), uk. Voir n° 69. |
| 19 | | (DA), ta, da. |
| 20 | | (TE), tē, dē. |
| 21 | | (TI), ti, di. |
| 22 | | (DU), tu, du. |
| 23 | | (TU), to, do. |
| 24 | | (AT), at. |
| 25 | | (UT), ut, employé pour tt. |
| 26 | | (BA), pa, ba. |
| 27 | | (PI), pi, bi. |
| 28 | | (BU), pu, bu. |
| 29 | | (BE), pē, bē. Voir n° 76. |
| 30 | | (PA), po, bo, valeur conventionnelle. |
| 31 | | (AP), ap. |
| 32 | | (IP), ip, p. |
| 33 | | (MA, VA), ma, va. |
| 34 | | (MI, VI), mi, vi. |
| 35 | | (MU, VU), mu, vu. |
| 36 | | (IM), im, m. |
| 37 | | (UM), um, peut-être ur. |
| 38 | | (NA), na. |

| | | |
|---|---|---|
| 39 | ← | (*NU*), *ni.* |
| 40 | | (*NI*), *nē.* |
| 41 | | (*NAM, NAV*), *nu.* |
| 42 | | (*AN*), *an.* Comme idéogramme il précède les noms divins et religieux. |
| 43 | | (*IN*), *in.* |
| 44 | | (*UN*), *un.* |
| 45 | | (*RA*), *ra.* |
| 46 | | (*RI*), *ri.* |
| 47 | | (*RU*), *ru.* |
| 48 | | (*IR*), *ir, ar, ur.* |
| 49 | | (*LA*), *la.* Ne se trouve qu'une seule fois. |
| 50 | | (*LI*), *li.* Même remarque. |
| 51 | | (*LAV*), *lu.* |
| 52 | | (*UL*), *al, il, ul, l.* |
| 53 | | (*SA*), *ša, sa.* |
| 54 | | (*SI*), *ši, si.* |
| 55 | | (*SU*), *šu, su.* |
| 56 | | (*SE*), *šē, sē.* |
| 57 | | (*AS*), *as.* |
| 58 | | (*IS*), *is, us, s.* |
| 59 | | (*ŚA*), *ça.* |
| 60 | | (*ŚI*), *çi.* |
| 61 | | (*ŞU*), *çu.* |

| | | |
|---|---|---|
| 62 | | ($ZA$, $SA$), $c'a$, $g'a$, $źa$, $za$. |
| 63 | | ($SI$), $c'i$, $g'i$, $źi$, $zi$. |
| 64 | | ($ŚU$), $c'u$, $g'u$, $źu$, $zu$. |
| 65 | | ($AS$), $ac'$, $az$, $aç$. |
| 66 | | ($IS$), $ic'$, $iz$, $iç$. |
| 67 | | ($HAR$), $har$, $ar$. |
| 68 | | ($HAL$), $hal$. Comme monogramme « ville, puis le pays d'Élam ». |
| 69 | | ($HUM$), $hum$, $um$. Même forme que $uk$, n° 18. |
| 70 | | ($GAN$), $kan$, $gan$. |
| 71 | | ($KAR$), $kar$, $gar$. |
| 72 | | ($GUT$), $git$. |
| 73 | | ($KUR$), $kar$, $gar$, avec voyelle indécise. Comme monogramme « montagne ». |
| 74 | | ($KIN$), $kin$, $gin$. |
| 75 | | ($BI$, $KAS$), $kas$, $gas$. |
| 76 | | ($BAT$), $pat$, $bat$. Voir n° 29. |
| 77 | | ($PIR$), $pir$, $bir$ ($par$, $bar$). |
| 78 | | ($BAR$), $par$, $bar$. |
| 79 | | ($BAN$), $pan$, $ban$, voyelle indécise. |
| 80 | | ($MAN$, $VAN$), $man$, $van$. |
| 81 | | semblable à la précédente lettre, $h$. |
| 82 | | ($MAR$, $VAR$), $mar$, $var$. |

| | | |
|---|---|---|
| 83 | | (*MAS, VAS*), *mas, vas.* |
| 84 | | (*MAŚ*), *maç, vaç, mać, vać.* |
| 85 | | (*MUK*), *mak, vak.* |
| 86 | | (*MUS*), *mis, vis.* |
| 87 | | (*MUN*), *mun.* |
| 88 | | (*ÐAN*), *tan, dan, tin.* |
| 89 | | (*TAK*), *tak, dak.* |
| 90 | | (*TIK*), *tik, dik.* |
| 91 | | (*TUK*), *tak, dak, tuk, duk.* (Voir n° 101.) |
| 92 | | (*TUP*), *tip, dip.* |
| 93 | | (*TAR*), *tar, dar.* |
| 94 | | (*DIR*), *tir, dir,* semblable à *çi* (n° 60). |
| 95 | | (*TUR*), *tur, dur,* avec voyelle indécise. |
| 96 | | (*TAS*), *tas, das.* |
| 97 | | (*NAP*), *nap.* |
| 98 | | (*TIN*), *tin, din.* |
| 99 | | (*GAL*), *rap.* |
| 100 | | (*RAK*), *rak.* |
| 101 | | (*RAS*), *ras.* (V. n° 91, semblable forme fortuite.) |
| 102 | | (*ZIK*), *sik, zik.* |
| 103 | | (*ŚIN*), *san.* |
| 104 | | (*ŞIR*), *sar.* |

| 105 | | signe syllabique d'une prononciation douteuse. |
| 106 | | (*SAK?*), *sak*, employé seulement dans un idéogramme composé. |
| 107 | | (*KUL*, *ZIR*), seulement employé comme monogramme de race. |
| 108 | | prononciation inconnue; monogr. d'homme. |
| 109 | | (*PAZ*), idéogramme d'animal. |

### SIGNES INDICATIFS.

| 110 | | se met devant les noms propres d'hommes et les mots qu'on veut distinguer. |
| 111 | | se met devant les noms géographiques et les objets distingués qui sont du féminin en général. |
| 112 | | signe spécial au médique, indiquant que la lettre ou des lettres précédentes sont les éléments d'un idéogramme (transcription *M*). |
| | | se met devant les mots sacrés, tels que «ciel, jour, mois, dieu, temple, etc.» |

### GROUPES IDÉOGRAPHIQUES.

1. «eau, fleuve», prononciation inconnue.

2. , ou plus fréquemment seul, «roi», se prononce *unan* et *sunku*; c'est l'assyrien «roi».

3. «homme», peut-être prononcé *ruh*.

4. «montagne», prononciation inconnue.

5. «chemin», prononciation inconnue.

6    ⟨→⟩ ⊨ «race», peut-être *nēman*.

7    ⊨⊨ ⊨ «voûte?».

8    ►► ⊨ «ville, fort».

### IDÉOGRAMMES COMPOSÉS.

9    «mois», prononciation inconnue.

10    «mer», prononciation inconnue.

11    «maison», prononcé *ummanni*.

12    «tête», prononciation inconnue.

13    (ass. *iz mak*, prononcé *elippu*) «navire», prononciation inconnue.

14    (ass. *paz-kur-ra*) «cheval», prononciation inconnue.

15    (ass. *paz-a-ab-ba*)[1] «chameau», prononciation inconnue.

### IDÉOGRAMMES DÉRIVÉS DE MOTS ASSYRIENS ET PERSES.

(*za-l . M*), abrégé de l'assyrien *ṣalam* «image», prononcé en médique *innakkanni*.

(*ka m . M*), abrégé du perse *kamaka* «petit groupe», prononciation médique inconnue.

[1] Voir, pour les formes assyriennes, *Expéd. en Mésop.* t. II, p. 76. — Comparez aussi, pour les formes diverses, Ménant, *Syllabaire assyrien*, t. I, p. 180.

### SIGNES DE NOTATION.

I      «un», prononcé *kir.*

II      «deux», prononcé *savak.*

III      «trois», prononciation inconnue.

⩒, II      «quatre»,          *id.*

III, III      «cinq»,            *id.*

III, I      «six»,              *id.*

⩔      «sept»,             *id.*

⩔      «huit»,              *id.*

⩒      «neuf»,             *id.*

‹      «dix»,               *id.*

‹I      «onze», etc.        *id.*

‹‹      «vingt», etc.       *id.*

I=      «cent» en susien,    *id.*

‹I=      «mille» en susien.   *id.*

# II

## GRAMMAIRE DE LA LANGUE MÉDIQUE

### INTRODUCTION

Les débris exigüs de la langue médique ne nous permettent pas de tracer un tableau complet de tout le système grammatical; l'exposé devra, par cette raison même, rester incomplet pour longtemps.

Mais quelque regrettables que soient les lacunes impossibles à combler, l'ensemble de ce qui a été conservé suffit pour nous fournir une image exacte du système de la langue. Le caractère général de l'idiome des Mèdes est celui de toutes les langues altaïques, et pour préciser davantage la subdivision dans laquelle il convient de le ranger, il faut ajouter qu'il appartient à un groupe éteint qu'on devra nommer le *groupe suso-médique*.

Les savants autorisés pour juger les questions touraniennes, ont reconnu dans le *médique* des analogies générales avec les caractères principaux des langues de la Haute-Asie, ainsi que des points de rapprochement sporadiques avec quelques rameaux aujourd'hui existants. Il ne s'y trouve pourtant pas un ensemble d'éléments assez considérable pour le faire rentrer directement dans l'un des cadres modernes. De toutes les souches principales, c'est celle du turc qui semble offrir le plus de rapports avec le médique, sans qu'on doive exclure de fréquentes analogies avec le groupe ougrien et finnois proprement dit. Notre tâche n'est pas la comparaison du médique avec des langues de la famille ouralo-altaïque ; nous laissons aux savants spéciaux le soin d'établir les rapprochements qu'ils pourront constater.

Il serait d'ailleurs imprudent de comparer deux choses avant qu'on n'ait procédé à la constatation irrécusable des deux faits qu'on veut rapprocher.

En nous proposant, pour but unique, de rétablir autant que possible la grammaire médique, nous suivrons la seule marche logique. Nous fournirons des faits, rien de plus. Sans opinion préconçue sur tel ou tel caractère touranien ou autre, nous examinerons d'abord et avant tout la réalité, la matérialité des faits. Cela est d'ailleurs le seul moyen pour arriver à la solution scientifique ; façonner un système grammatical inconnu encore, selon des vues philologiques toujours plus ou moins personnelles, serait s'exposer de gaîté de cœur et gratuitement à des méprises certaines et à d'inévitables contradictions.

Nous ne ferons donc aucune comparaison avec les langues de cette souche, en abandonnant ce soin aux personnes compétentes dans cette spécialité.

# CHAPITRE PREMIER.

## DÉCLINAISON.

### I. — SUBSTANTIFS.

Le caractère général de la langue médique, comme celui de tous les idiomes touraniens, se montre dans ce qu'on nomme improprement la déclinaison. C'est plutôt l'agglutination de terminaisons qui indiquent les catégories et qui se multiplient dans une proportion inconnue aux langues ariennes. Nous ne parlons ici que des syllabes suffixées, sans y comprendre même les nombreuses postpositions ; nous pouvons pourtant distinguer d'abord les deux nombres, le singulier et le pluriel, puis les cas suivants, avec leurs terminaisons respectives :

### SINGULIER.

Nominatif, *ri*, après le génitif régime.
Génitif, *na*.
Accusatif, *r*.
Datif, *ikki, ikka*.
Ablatif, *mar*.
Abessif, *ikkimar, ikkamar*.
Locatif, *va*.
Inessif, *vamar*.
Distributif, *hativa*.
Comitatif, *idaka*.
Relatif, *çubaka*, à l'égard de.

PLURIEL.

Nominatif, *p,* généralement après une voyelle, *pē,* après une consonne.
Génitif, *pina, pinna, pena, penna.*
Accusatif, *p-appin.*
Datif, *pikki, pikka, peikki, peikka.*
Ablatif, *pimar, pemar.*
Abessif, *pikkimar, pikkamar,* etc.
Locatif, *piva, pēva.*
Inessif, *pivamar, pēvamar.*

Les autres cas de pluriel se forment de la même manière. Par exemple :

SINGULIER.

Nominatif, *telni,* « cavalier » ; *telniri,* « le cavalier ».
Possessif, *telniri,* de..... le cavalier.
Génitif, *telnina,* du cavalier.
Accusatif, *telnir,* le cavalier.
Datif, *telnikki, telnikka,* au cavalier.
Ablatif, *telnimar,* du cavalier.
Abessif, *telnikkimar,* loin du cavalier.
Locatif, *telniva,* dans le cavalier.
Inessif, *telnivamar,* au-dedans du cavalier.
Distributif, *telni-hativa,* parmi le cavalier.
Comitatif, *telni-idaka,* avec le cavalier.
Relatif, *telni-çubaka,* à l'égard du cavalier.

PLURIEL.

Nominatif, *telnip,* les cavaliers,
Génitif, *telnipina, telnippina, telnipenna.*
Accusatif, *telnipappin, telnipen.*

Datif,        *telnipikki, telnipikka*, etc.
Ablatif,      *telnipmar, telnipemar.*
Abessif,      *telnipikkimar, telnipikkamar.*
Locatif,      *telnipva,*      dans les cavaliers.
Inessif,      *telnipvamar,*   au-dedans des cavaliers.
Distributif,  *telnip-hativa,* parmi les cavaliers.
Comitatif,    *telnip-idaka,*  avec les cavaliers.
Relatif,      *telnip-çubaka,* à l'égard des cavaliers.

Les substantifs terminant en consonnes finissent généralement en *pē;* mais cette règle n'est nullement sans exception, et *pē,* même *ppē,* se rencontre aussi après des voyelles. Nous avons ainsi :

*Mada,* le Mède.
*Madapē,* les Mèdes.

Peut-être dans ce mot la dernière syllabe était-elle allongée, et on prononçait *Madā, Madāpē,* ce qui serait, du reste, conforme au mode d'exprimer le nom en hébreu et en assyrien : *Madāï.*

Le mot *annappi,* ou peut-être *nappi,* « dieu », forme *annappipē.* C'est une forme subsistant à côté d'*annap.*

Voici la déclinaison à terminaison consonantique :

SINGULIER.

Nominatif,    *sak,* fils ; *sakri,* le fils.
Possessif,    *sakri,* de..... le fils.
Génitif,      *sakna,*          du fils.
Accusatif,    *sak-ir,*         le fils.
Datif,        *sak-ikki,*       au fils.
Ablatif,      *sakmar,*         du fils.
Abessif,      *sak-ikkimar,*    loin du fils.
Locatif,      *sakva,*          dans le fils.

| Inessif, | *sakvamar,* | au-dedans du fils. |
|---|---|---|
| Distributif, | *sak-hativa,* | parmi le fils. |
| Comitatif, | *sak-idaka,* | avec le fils. |
| Relatif, | *sak-çubaka,* | à l'égard du fils. |

### PLURIEL.

| Nominatif, | *sakpē,* | les fils. |
|---|---|---|
| Génitif, | *sakpē-ïnna,* | des fils. |
| Accusatif, | *sakpē-appin,* | fils. |
| Datif, | *sakpē-ikki,* | aux fils. |
| Ablatif, | *sakpē-mar,* | des fils. |
| Abessif, | *sakpē-ikkimar,* | loin des fils. |
| Locatif, | *sakpē-va,* | dans les fils. |
| Inessif, | *sakpē-vamar,* | au-dedans les fils. |
| Distributif, | *sakpē-hativa,* | parmi les fils. |
| Comitatif, | *sakpē-idaka,* | avec les fils. |
| Relatif, | *sakpē-çubaka,* | à l'égard des fils. |

On remarquera la différence de l'accusatif du singulier et du pluriel, et qui déroge un peu à la rigueur, aux règles de l'agglutination, en se conformant à cette variété qu'offrent les flexions véritables.

Le pluriel des mots en *ra, irra,* ne se forme pas en *rap* ou *irrap,* mais en *p* seulement. Ainsi, l'on dit :

| *Babilup,* | les Babyloniens, aussi *Babiluppē.* |
|---|---|
| *Harminiyap,* | les Arméniens. |
| *Habirdip,* | les Susiens. |
| *Marguspē,* | les Margiens. |

Ces pluriels servent souvent pour indiquer le pays lui-même. Ainsi nous trouvons :

*Muzzariyap,* littéralement les Egyptiens, pour l'Egypte.

*Harbayap,* les Arabes.

Il n'y a pas en médique de distinctions de genre, et en cela l'idiome est conforme aux langues touraniennes.

Voilà, dans sa simplicité, le système de la déclinaison médique. Nous nous expliquerons plus tard sur quelques questions se rapportant à la syntaxe. Les terminaisons de la déclinaison sont ajoutées aux idéogrammes que nous avons énumérés ci-dessus. En général, nous avons peu d'exceptions à signaler ; on trouve quelquefois *irra* au lieu d'*inna* pour le génitif, dans le mot *unanipirra* (¹), où le mot « roi » est écrit avec l'idéogramme. Une forme irrégulière est celle du mot *annappipē,* pour *annappē,* « les dieux », ce qui fait supposer un nominatif *annappi.*

Le nominatif exige une remarque particulière.

Quand le nominatif suit le génitif qu'il régit, la terminaison du génitif s'efface et le nominatif est augmenté de la syllabe *ri.* Ainsi, l'on dit *atē Vistaspana* ou *Vistaspa atēri.* On trouve aussi les mots *sakri,* « fils », *lubaruri,* « esclave ».

J'avais cru que ce suffixe était celui de la troisième personne, semblable au *si* turc, par exemple ; mais cette idée n'est pas soutenable, parce que le mot *lubaruri* se lit après *U,* « moi », et il lui faudrait, dans ce cas, le suffixe de la première et non pas de la troisième personne.

______

(¹) J'avais pensé autrefois que le mot « roi » était exprimé par le mot *ćunku,* et que le pluriel était alors *ćunkup.* Je tirais cette conclusion du mot *ćunkuk,* qui, dans les inscriptions de Xerxès, remplace le perse *khsathra.* Mais le mot *unan* ou *unain* étant écrit deux fois en lettres phonétiques, l'hésitation ne me semble pas permise.

La forme *U — addada* (*Bis.*, 1, 3), « mon père », ou *addada* seul ne peut non plus prouver le contraire ; car c'est là une forme sans analogie aucune. Il y a quelques formes qu'on ne peut expliquer aisément et qui semblent isolées, tel est le mot *hatarrivan*, « les adhérents », où il n'y a pas le signe du pluriel, et quelques autres. Souvent le signe du génitif manque quand il précède, sans qu'il y ait une compensation ; ce cas se montre surtout toutes les fois que le sujet est dans un cas oblique. Ainsi, l'on dit *Çurvar puinkiteva*, « à la fin du mois de *Thura-vahara.* » (II, 1. 57).

Cette partie de la grammaire est, du reste, celle qui présente le moins de difficultés ; nous avons pu, à cause de cette raison même, la traiter très-sommairement. Nous avons maintenant à nous occuper seulement des Syllabes qui forment les *substantifs dérivés* et les *adjectifs*.

## II. — NOMS DÉRIVÉS. — ADJECTIFS ET SUBSTANTIFS DE DÉRIVATION.

Il y a peu d'adjectifs dans les restes du médique ; mais on peut constater deux terminaisons spécialement affectées à former des adjectifs provenant de thèmes nominaux ou verbaux.

Ce sont *ra, ka* et *ta.* Ainsi, nous avons :

*Ersē, arsē*, « grandeur », fait *ersēra, ersēri, ersērra, ersērri*, « beaucoup ».

*Haċċa*, « largeur », fait *haċċara, haċċaïrra*, « large ».

*Pirsatanē*, « distance », fait *pirsatanēka*, « loin ».

*Tarva*, « totalité », fait *tarvak*, « tout ».

*Visni*, « mal », fait *visnika*, « mauvais ».

*Har*, « petit nombre », fait *harikka*, « peu ».

En *ta*, nous avons *varri*, « totalité », fait *varrita*, « tout ».

*Varpep*, « totalité », littéralement « les tous », fait *varpepta*, « tout ».

*Dayië*, « changement », fait *dayiëta*, « autre ».

*Varpi*, « totalité », fait *varpita*, « tout ».

Il existe une autre syllabe formative, *ra*, qui devient *r*, *rra*; elle forme des adjectifs et surtout des dérivés de noms propres. Nous citerons :

*Ersē*, *arsē*, qui devient *ersara*, « grand », *ersarra* avec le trait, « grand chef ».

*Ukku*, « loi, statut », qui fait *ukkura*, « ferme ».

*Oramasda*, « Ormazd », forme *Oramazdara*, « Mazdéen ».

*Parsa*, « Perse », fait *Parsarra*, « le Perse » (III, 69).

*Babilu*, « Babylone », fait *Babilurra*, « Babylonien ».

*Harminiya*, « Arménie », *Harminiyara*, « Arménien. »

*Assagartiya*, « la Sagartie », fait *Assagartiyara*, « le Sagartien ».

*Margus*, « la Margiana », fait *Margus-irra*, « le Margien ».

*Habirdo*, « la Susiane », fait *Habirdarra*, « le Susien ».

Quand le mot *kir* s'ajoute, on dit *Parsarkir*, « un Perse ».

*Babilurkir*, « un Babylonien », etc.

Quelques substantifs ajoutent aussi *irra*; p. ex. *ruh*, « homme », forme *ruh-irra*, « un homme » ou « homme », au vocatif.

Il y a deux noms de pays où la syllabe *ra* n'est pas ajoutée ; ce sont précisément les deux noms des peuples touraniens des Saces et des Mèdes. Le Scythe se dit : *Sakka*, et la Scythie : *Sakkapē*. Le Mède s'exprime par *Mada*, la Médie par *Mada* et *Madapé* le pluriel. Jamais on ne lit *Madarra*, « le Mède ». *Mada* signifie à lui seul, « peuple et pays », et ce n'est pas un nom propre pour la langue médique.

D'autres terminaisons adjectives sont *na, anna ;* p.ex. : *sisnē*, « beauté », forme *sisnena*, « beau » ; *ersē*, « grandeur », forme aussi *ersanna*, « grand ».

La déclinaison des adjectifs est analogue à celle des substantifs. Le génitif, qui est pourtant souvent formé en *ra* au lieu de *na*, p. ex.: *murun hi ukkurarra*, « de cette terre ferme ».

L'adjectif, quand il suit le substantif, est seul décliné.

III. — SUBSTANTIFS DÉRIVÉS.

Pour former des abstraits provenant de notions concrètes, on a deux formes : l'une en *k*, et l'autre *mas* ; la dernière indique aussi un assemblage, et sert ainsi pour désigner les collectifs.

Nous avons, par exemple :

*Tita,* « mentir », *tituk*, « mensonge ».
*Appanto,* « pécher », *appantoik*, « le péché ».
*Ćunku*, « roi », *ćunkuk*, « royauté ».
Avec *mas*, on forme *Unan*, « roi », *Unanmas*, « royauté ».
*Dippi*, « tablette », *dippimas*, « livre ».

Souvent le *k* est combiné à la syllabe *mas*, et forme *kimas* ou *kimmas*.

Par exemple :

*Sabarra*, «guerrier», fait *sabarrakimmas*, «guerre, bataille ».

*Tu*, « être », forme *tukimmas*, « cause ».

*Appanto*, « pécher », forme *appantoikkimmas*, « crime ».

*Titē*, « mentir », fait *titkimmas*, « mensonge », ou *titkimas*, « mensonge », etc.

Nous parlerons plus bas d'*immas*, lorsque nous nous occuperons des numéraux.

Au *k* de l'abstrait se joint la syllabe *ra*, pour former soit des noms d'agent, soit des abstraits neutres.

Ainsi de *tituk*, « mensonges », on forme *titukra* ou *titukkarra*, « menteur ».

De *ibba* « justice », on forme *ibbakra*, « juste ».

De *istu*, « être ferme », on forme *istukra*, « le droit ». (III, 82).

On aurait pu croire que ces deux mots fussent l'expression d'un nom d'agent, puisqu'ils sont précédés du *clou* vertical ; mais la traduction assyrienne laisse un doute sur ce sens. Il ne s'agit pas de « l'homme obéissant » et de « l'homme juste », mais bien de la « coutume » et du « droit ».

# CHAPITRE II.

## PRONOMS.

### A. — PRONOMS PERSONNELS.

Nous connaissons tous les pronoms médiques, sauf ceux de la seconde personne du pluriel, qui malheureusement ne se trouvent pas indiqués dans les textes. Le médique se distingue de la plupart des langues touraniennes, par l'absence presque complète du suffixe possessif, qui est remplacé par un possessif véritable, et quelquefois par le génitif du pronom personnel.

Les pronoms personnels des premières et secondes personnes sont précédés du clou vertical, affecté aux noms propres et aux substantifs qu'on veut distinguer.

Les possessifs montrent la même particularité.

I. — Le pronom de la première personne est *U*, que nous écrivons avec une majuscule, à cause du clou qui le précède ; dans les inscriptions d'Artaxerxès II, on trouve *Hu*.

| | | |
|---|---|---|
| Nominatif, | *U,* | je. |
| Génitif, | *Unēna,* | de moi. |
| Accusatif, | *Uun,* | me, moi. |
| Datif, | *Uikki,* | à moi. |
| Ablatif, | *Uikkimar,* | de moi. |
| id. | *Udas,* | pour moi. |

La lettre *U* se met devant des prépositions sans être

fléchi, et on a souvent trouvé, par exemple, *U-rutas*, « contre moi ».

Quelquefois, l'*U* seul exprime le cas oblique, par exemple, I, 9, *U-dunis*, « il me donna ».

*U-dunisnē*, « qu'il me donne ». (N. R., 45).

Le pluriel est *Niku*, « nous » ; les autres cas sont inconnus, sauf le génitif.

II. — La seconde personne est *Ni*, l'accusatif est *Nin*, « toi », un cas oblique est *Ne*. Le pronom se trouve également écrit avec le clou perpendiculaire précédent.

Le pluriel est inconnu, à moins que ce ne soit le mot *vanka*, qu'on trouve souvent après l'impératif (p. ex., II, 62).

III. — La troisième personne manque, comme dans toutes les langues touraniennes, de genre. La forme directe du singulier est *hupirri*, « il », le génitif est *hupirrina*, « de lui », et le datif, *hupirrikki*, « à lui », ou « à elle ».

A côté de *hupirri*, il y a le pronom *akka*, pour le masculin et le feminin, et *abbo (appo)* pour le neutre.

L'objectif ou l'accusatif de la troisième personne est *ir*, qui se place toujours devant le verbe qui le régit ; p. ex.: *ir-halpi*, « je le tuais », le pluriel est *abbi (appi)*, « eux » ou « elles », l'accusatif est *abbin* ou *appin*, quelquefois *appir*. L'objectif est *ab* ou *ap*, toujours placé devant le verbe. Au locatif, on forme *abva*, « dans eux » ou « avec eux ». Nous inclinons pour la lecture de *abbi* et non pas pour celle d'*appi*, justement à cause de la forme *abva*, qui se prononce plus facilement que *apva*. Mais cela n'est pas rigoureux.

### B. — PRONOMS POSSESSIFS.

L'idée de la possession s'exprime bien par des suffixes aussi moins employés que dans beaucoup d'autres langues ; souvent le génitif remplace le suffixe, à qui on substitue de véritables possessifs mis après le substantif. Ainsi on obtient :

| | | | |
|---|---|---|---|
| Singulier, | 1<sup>re</sup> pers., | *mi,* | mon. |
| id. | 2<sup>e</sup> pers., | *nē,* | ton. |
| id. | 3<sup>e</sup> pers., | *nitavi,* | son [1]. |
| Pluriel, | 1<sup>re</sup> pers., | *Nikavi,* | notre [2]. |
| id. | 2<sup>e</sup> pers., | . . . . . | votre. |
| id. | 3<sup>e</sup> pers., | *appinē,* | leur. |

Au lieu de ces possessifs, on emploie souvent le génitif.

Une particularité consiste dans l'adjonction des postpositions des cas à ces génitifs des pronoms personnels. Ainsi, par exemple, on pourra dire : « dans ma main », *karpimiva,* ou bien *karpi Unénava.* (III, 62).

### C. — PRONOMS DÉMONSTRATIFS.

Les pronoms démonstratifs se confondent souvent avec les personnels de la troisième personne, ce sont : *hupirri,* que M. Norris a déjà bien décomposé en *hu* et *pirri, akka,* souvent précédé du clou vertical, et *abbo (appo)* pour le neutre.

En dehors de ces pronoms personnels, nous trouvons les deux formes *hu* et *hi,* « celui, celle-ci, cela » ; aussi employés comme pluriel.

Le démonstratif *hi* suit souvent le substantif, et on y

---

[1] *Tavini* (II, 70), semble être une faute pour *Nitavi.*
[2] On remarquera que *Nikavi* est précédé du clou vertical.

ajoute alors les terminaisons des cas. Quelquefois, mais plus rarement, *hi* précède le nom. *Hi* est encore employé comme neutre, pour indiquer « cela ».

Le démonstratif le plus usité est *hupē*, « celui-ci », généralement corrélatif de *abbo;* par exemple : *hupé appo huttukka hupē varrita*, « ce que j'ai fait, j'ai fait tout cela par la grâce d'Ormuzd. » (N. R., 39).

Une forme identique est *huhpē* (I, 19).

Le pluriel de *hupē* est *hupipē*, génitif, *hupipēna.* (III, 72).

On ajoute quelquefois *ta,* surtout dans les inscriptions plus modernes, et l'on fait *hupēta.*

### D. — PRONOMS RELATIFS.

Comme relatifs, on emploie pour les personnes *akka*, précédé souvent du clou vertical, quand il s'agit des premières ou secondes personnes.

Au pluriel on dit *akkapē*.

Le relatif des choses est *abbo (appo)* au singulier et au pluriel ; pour ces derniers nombres, *abbo (appo)* est même employé quand il s'agit de personnes. (III, 44, 60).

Les deux mots *akka* et *appo* sont encore employés comme articles distinctifs, ou pour introduire un génitif ou un adjectif; par exemple, *Gomata akka Magus*, « Gomatès le Mage » ; *Iskuinka akka Sakka*, « Skounka le Sace » ; *Dayiyaos appo dayiē*, « les autres provinces » ; même *Dassumun appo Unena*, « mon armée ».

La syllabe *pi*, que Norris a pris pour un pronom, n'est sûrement qu'une terminaison verbale.

### E. — PRONOMS INDÉFINIS ET INTERROGATIFS.

« Chacun ou quelqu'un », est exprimé par *akkari,* généralement précédé du clou vertical. (I, 40). Il est employé comme adjectif. (III, 82).

Le neutre est *aski,* « quoi que ce soit ».

*Appo* est également employé comme interrogatif, (N. R., 32), et il se pourrait que *akka* eût exprimé l'interrogatif « qui ? ».

### F. — NUMÉRAUX.

Ces mots si intéressants nous seraient connus si, dans les textes, ils n'étaient écrits en chiffres. Nous n'avons que les chiffres *un* et *deux :* « un » se dit *kir,* et « deux » *savak* ou *sava,* si le *k* est une lettre formative, ce qui est vraisemblable. On lit (I, 7) *savakmar,* pour exprimer « deux fois » ; mais voilà tout ce que nous savons.

Adoptant la terminaison formant les abstraits, les ordinaux se construisent par l'adjonction de *immas.* Les noms de nombre, fournissant pour toutes les langues un moyen de classement, il est d'autant plus regrettable que la connaissance de cette catégorie de termes, qui se trouvent néanmoins dans les textes conservés, nous soit presque complétement refusée.

# CHAPITRE III.

## LE VERBE.

### I. — REMARQUES PRÉLIMINAIRES.

Le verbe médique est, de toutes les parties du discours, celle qui se rapproche le plus dans ses formes du touranien, tout en se séparant, du tout au tout, du *sumérien*, dont la conjugaison diffère notablement de celle des langues altaïques. Néanmoins, on peut signaler quelques rapprochements entre ces deux idiomes antiques, notamment l'emploi commun des négations séparées du verbe et des particules préposées, quoique ce dernier fait se trouve très-rarement en médique.

Le fait dominant de la conjugaison médique est la distinction qui existe entre la flexion des verbes actifs, d'une part, et celle des verbes intransitifs, réfléchis et passifs, de l'autre. A côté de ces deux grandes divisions, il y a des verbes peu nombreux, tels que *être* et *dire,* qui, à eux seuls, forment une conjugaison à part.

Pour classer les formes verbales qui se trouvent dans les textes perses, on peut recourir aux grammaires *sanscrite* et *zende*. On est en mesure de suppléer à la pénurie des textes par la reconstruction de flexions, dont personne ne saurait nier l'existence pendant l'époque de la vie de la nation. En cela, cette restauration linguistique ressemble

5

à celle qu'on peut faire avec certitude des corps animés ayant vécu dans les temps anté-diluviens ; mais ce puissant moyen de faire revivre les flexions et le dictionnaire des Perses, nous fait absolument défaut pour reconstituer l'idiome dont nous nous occupons.

Jusqu'ici tous les éléments constitutifs de la langue *médique* forment un édifice d'un style différent de tout ce que nous connaissons ailleurs en fait de langage. Nous ne trouvons donc aucun secours en appliquant des analogies quelconques puisées dans l'étude d'un idiome antique ou moderne. Ce qui est défectueux dans le système, restera incomplet jusqu'à la découverte de documents nouveaux, et aucune conjecture ne pourrait remédier à l'absence de renseignements positifs.

Ainsi, il nous arrivera que le manque d'une seule forme importante, laissera toute la conjugaison sans cohésion, tandis qu'un seul exemple d'une flexion, si nous l'avions eue, nous aurait éclairés sur toute une classe de termes.

Il existe une lacune regrettable et impossible à combler à cause de l'absence des flexions de la seconde personne du pluriel. D'autre part, la terminaison de la seconde personne du singulier au passé n'est connue que par une seule forme, dont on a pu la dégager avec certitude, il est vrai, mais encore, dans ce cas, par une série de déductions détournées.

## II. — LES TEMPS ET LES PERSONNES.

Il y a, comme nous l'avons dit :

1° La conjugaison des verbes transitifs ;

2° La conjugaison des verbes passifs et intransitifs ;

3° La conjugaison spéciale de verbes quasi-primitifs.

Il existe deux temps principaux dont les autres ne sont que des dérivations effectuées par des syllabes suffixées ou interpolées.

Ces deux temps sont :

1° Le passé ;
2° Le présent.

Du passé dérive :

1° L'imparfait ;
2° Le plus-que-parfait ;
3° Le précatif ;
4° L'impératif.

Du présent dérive :

1° Le futur ;
2° Le présent permansif ;
3° Le participe.

Aussi, bien qu'il y ait un infinitif proprement dit, on y supplée généralement par un substantif, un nom d'action en *mas* ou *immas*.

Le participe-passé se confond avec les adjectifs dérivés en *ka*.

Chacune de ces modifications est formée par des syllabes suffixées :

L'imparfait en *ra,*
Le plus-que-parfait en *ta* ou *ti,*
Le précatif par *nē*.

L'impératif n'existe qu'à la seconde personne, et on y substitue souvent la seconde personne du précatif.

Le présent et le futur se confondent dans l'emploi, et cela tient probablement à l'influence de l'original perse où le subjonctif du présent s'emploie en guise du futur.

Les observations précédentes s'appliquent surtout à l'actif.

Le passif est beaucoup moins connu.

### III. — LES FORMES DÉRIVÉES.

On distingue, entre le verbe primitif, les voix dérivées, qui sont :

1° Le désidératif, formé en *niunyu*, conjugué passivement ;

2° Le réciproque, formé en *vanlu*, conjugué passivement ;

3° Le factitif, qui forme à lui seul un verbe nouveau, avec les dérivations indiquées..

### IV. — LES VERBES COMPOSÉS.

Les verbes sont ou simples ou composés.

La grande majorité des verbes est simple. On connaît peu de verbes composés, mais assez pour en constater l'existence.

Les verbes composés sont : *kutka-tora,* « arracher », *evi-du,* « prendre ». Le fait de la composition résulte de l'insertion entre la préposition et le verbe de l'objectif pronominal ; par exemple : *evi-dusta,* « il avait pris » ; *ev-ap-dusta,* « il leur avait pris ».

Un autre verbe composé semble être *zikkita* (I, 47, 50, 63), « je rétablis ».

### V. — CLASSIFICATION DES CONJUGAISONS.

Les verbes simples sont ou monosyllabiques ou disyllabiques.

Il y a peu de monosyllabes, *da,* « faire », et *du,*
« être », *pē,* « faire » ; les verbes à trois syllabes sont
rares, ils suivent la conjugaison des disyllabiques.

Les disyllabiques se divisent en trois classes :

1° Ceux qui se terminent en *a ;*
2° Ceux qui se terminent en *i* ou en *ē ;*
3° Ceux qui se terminent en *u* ou en *o.*

Voici les verbes qui se terminent en *a :*

| | |
|---|---|
| *harta,* | poser. |
| *turna,* | savoir. |
| *rabba,* | lier. |
| *lubba,* | se retenir. |
| *sera,* | ordonner. |
| *ċiya,* | voir. |
| *hutta, hudda* | faire. |
| *haċċa,* | agrandir. |
| *pepta,* | faire révolter. |
| *peüra* ou *pera,* | lire, examiner. |
| *umma ( urma ? ),* | croire, penser. |
| *putta,* | fuir. |
| *puttana,* causatif de *putta,* | chasser. |
| *luva,* | brûler. |
| *saça,* | noyer. |
| *sara,* | assembler. |
| *tara,* | arracher. |
| *iva,* | lever. |

*appanto, appanta,*  pêcher.
*rasminna, rasminena,* vouloir, du bon plaisir du roi.
*kutkatora,*  arracher (composé).

Voici les verbes qui se terminent en *i* et en *ē* :

*halpi,*  tuer.
*tiri,*  dire.
*vaggi,*  porter, envoyer, restituer.
*pori,*  aller.
*marri, maori,*  prendre.
*çari,*  détruire (I, 48 ; III, 85, 86, 88).
*ći* pour *ćiya,*  voir.
*tartē,*  combattre, démentir.
*kuti,*  porter, apporter.
*zati,*  attendre.
*rippi,*  maudire.
*duni,*  donner.
*ori,*  croire, accepter.
*çapi,*  adopter.
*pirpi (pinti?),*  prendre.
*kiti,*  avoir, posséder.
*kusi,*  fonder.
*vaćći,*  couper, troubler.
*nisgi,*  protéger.
*sinni,*  approcher.
*dani,*  gouverner.
*lu..i* (la troisième lettre manque), restituer.
*hani (?),*  vouloir.
*ankiri,*  trépasser.
*vazdē,*  abandonner.
*inkannē, inkanē,*  être ami, favoriser.

Les verbes qui ont à la fois *a*, *i* et *ē*, sont :

| | |
|---|---|
| *kukta, kukti,* | chérir. |
| *tita, titē,* | mentir. |
| *vita, vitē,* | aller. |

Les verbes qui ont un *u* ou *o* final, sont :

| | |
|---|---|
| *hutto,* | envoyer. |
| *pepto,* | faire. |
| *rilu,* | écrire. |
| *kidu,* | crever (les yeux). |
| *peplu,* | poser, mettre. |
| *halnu,* | punir. |
| *lu* et *lunu,* | retirer. |
| *balu (?),* | travailler. |
| *yaču,* | implorer. |
| *barru (?),* | faire. |
| *zadu,* | pousser. |

Nous n'avons pas compris, dans cette liste, les verbes qui ne se trouvent qu'avec la forme passive, et dont la signification transitive est difficile à reconnaître.

Nous les énumérerons plus tard.

### VI. — CONJUGAISON DES VERBES ACTIFS.

Les verbes des trois classes ont une conjugaison uniforme et ne se distinguant que par la voyelle finale.

Le parfait ou passé est le temps fondamental du verbe, et nous en exposerons d'abord les terminaisons.

La première personne se forme en *a;* elle est identique à la racine qui se termine par cette voyelle.

Les verbes se terminant en *i* et *u*, forment *iya* et *uva*, ou contracté *i* et *u ;* cette abréviation rend les premières personnes de ces verbes également identiques à la même racine.

La seconde personne ne nous serait pas connue, si un seul exemple du précatif ne la révélait pas avec une entière certitude.

Ce mode est formé de l'adjonction de la syllabe *nē* aux personnes du passé ; le *nē* ajouté à la seconde donne un équivalant de l'impératif. Or, nous ayons (II, 81), *vitkinē*, ce qui est pour *vitēkinē*, comme *kutvampi* est pour *kutivampi ;* il porte *titkimas* pour *titēkimas*, « mensonger ».

Le précatif *takataktinē* est traduit par l'impératif *živạ*, « vis » ; il est formé par la seconde personne *takatakti*, « tu vis », et la syllabe *nē*. La forme *vitēki* ne peut donc être que la seconde personne du parfait, restée inconnue jusqu'ici. La terminaison de la seconde personne du passé est donc *ki*.

La troisième personne est terminée en *s*, ajouté à la voyelle thématique du verbe. Cette personne se montre dans beaucoup d'exemples.

La première personne du pluriel se termine en *yut*, ajouté au thème verbal. Il y a fort peu d'exemples, mais ils suffisent pour fixer cette désinence.

La seconde personne du pluriel nous est inconnue ; elle exista, il y a dix ans, sur les fragments de l'inscription médique de Suez. Nous admettons, par analogie et avec une certaine probabilité, qu'elle se forma d'un *p* ajouté à la seconde personne du singulier.

La troisième personne du pluriel se voit quelquefois avec

sa vraie terminaison, qui est *as*. Par exemple (II, 69) : *tiriyas*, « ils dirent » ; après *a* et *u,* on forme en *vas* ce qui remplace *iyas ;* rarement on ajoute *vas* au verbe en *i,* en *ē ;* p. ex. : *vazdēvas,* « ils abandonnèrent ».

Cette personne n'a pas encore été reconnue dans sa véritable forme ; cela tient à ce que généralement elle nous est parvenue dans une abréviation qui la rend semblable au singulier. Au lieu de dire *turnavas,* on dit *turnas,* « ils surent » ; *tiriyas* ou *tirivas,* « ils dirent », on dit *tiris,* et pour *riluvas,* on dit *rilus,* « ils écrivirent ».

TEMPS DÉRIVÉS DU PASSÉ.

L'imparfait se forme par l'adjonction de *ra* aux personnes du passé.

Le plus-que-parfait ajoute *ta* ou *ti* au passé.

Le précatif se forme en ajoutant la syllabe *nē* à toutes les personnes du passé.

L'impératif, à la seconde personne du singulier et du pluriel, se forme par *s* dans les verbes transitifs.

Dans les verbes intransitifs, la seconde personne de l'impératif est égale à la racine thématique.

Pourrait-on conclure de ce fait que les secondes personnes du singulier et du pluriel fussent identiques ? Cela paraîtra difficile à admettre, néanmoins ce ne serait pas impossible.

En sumérien, la seconde personne du pluriel est la seule qui soit formée du singulier correspondant, et quelquefois même, il y a identité entre les deux nombres. Mais rien ne pouvant être préjugé sur cette question, il est plus sage de la laisser ouverte.

## LE PRÉSENT ET LES TEMPS DÉRIVÉS.

Le présent se forme de la manière suivante :

La première personne ajoute la nasale *n*.

La seconde personne ajoute *inti*, quelquefois *inta*.

La troisième ajoute *nra*.

La première du pluriel ajoute *niun*.

La deuxième nous est inconnue.

La troisième ajoute *mpi*.

Ce temps s'emploie comme le présent permansif avec la signification du futur.

Le présent permansif a pour caractéristique la syllabe *van*, qui s'ajoute au thème verbal, et auquel se joignent les terminaisons du présent mentionné ci-dessus.

On pourrait aussi voir dans le présent simple une contraction du présent permansif. En turc, le présent actuel a une forme pleine ; mais nous ne sommes pas tellement sûr de la vraie signification du temps médique pour édifier sur ce rapprochement une hypothèse quelconque.

La première personne a deux formes en *van* et *vara*, qui ne paraissent pas être provenus de deux modes distincts.

La seconde est en *vainti* ou *vainta*.

La troisième est en *vanra*.

La première du pluriel est en *vaniun*.

La seconde du pluriel est inconnue.

La troisième du pluriel est en *vampi*.

Le participe-présent, dont la forme est peu sûre, s'écrit par *e* ajouté à *van*.

L'infinitif se forme en *vana*.

Quant au participe-passé, il se développe de la conjugaison passive.

VII. — CONJUGAISONS PASSIVES OU INTRANSITIVES.

La conjugaison passive ne nous est pas connue en autant de modes et de temps que l'actif, et nous pouvons être beaucoup plus bref dans la fixation de ces terminaisons, qui s'ajoutent, pour le passé, à la voyelle thématique du verbe et qui sont jointes, dans le présent, à la syllabe *va* ajoutée au radical.

Les terminaisons des personnes sont :

La première personne ajoute *git* au passé, *vagit* au présent.

La seconde ajoute *kti* et *vakti* au présent.

La troisième ajoute *k* ou *ik* au passé, *vak* au présent.

La première du pluriel ajoute *giyut* et *vagiyut* au présent.

La seconde nous reste toujours inconnue.

La troisième se forme en *p* ou *ppi* au passé ; au présent, *vap ou vappi*.

Les temps dérivés se forment du passif de la même manière qu'à l'actif, avec *ra* pour l'imparfait, qui pourtant n'est connu par aucun exemple ; le plus-que-parfait en *ta* et le précatif en *é* sont conservés, par contre, dans différentes formes.

Le présent du passif-réfléchi est transmis dans un seul passage où l'on lit *ćiyavak* dans l'inscription de Xerxès, avec le sens de « il est vu ».

D'autres formes, qui semblent isolées, appartiennent à des restes de conjugaisons dérivées ; ainsi, « vouloir faire quelque chose », se forme par *niunyu* ou *niunhu*, ajouté au verbe et conjugué d'après la flexion intransitive.

Les formes de l'actif, du passif, se terminant en consonnes, sont souvent allongées en *a*, avec ou sans redoublement de la consonne, pour lier le verbe aux membres de phrases suivantes, par exemple : *is* fait *isa* et *issa*, *ak* fait *aka* et *akka*, et ainsi de suite.

## VIII. — CONJUGAISON DES VERBES ACTIFS ET PASSIFS.

### I.— VERBES EN *A.*— *TURNA*, « *SAVOIR.* »

### A.— ACTIF.

#### PRÉSENT.

Sing. 1re p. *turnavan, turnavara,*    je sais.
   » 2e    *turnavainti,*    tu sais.
   » 3e    *turnavanra,*    il sait.
Plur. 1re p. *turnavaniun,*    nous savons.
   » 2e    *turnanaintip,*    vous savez.
   » 3e    *turnavampi,*    ils savent.

#### PRÉSENT SECOND *ou* FUTUR.

Sing. 1re p *turnan, turnara,*    je saurai.
   » 2e    *turnainti,*    tu sauras.
   » 3e    *turnanra,*    il saura.

Plur. 1<sup>re</sup> p. *turnaniun,*  nous saurons.
 » 2<sup>e</sup> *turnaintip,*  vous saurez.
 » 3<sup>e</sup> *turnampi,*  ils sauront.

### PRÉTÉRIT *ou* PASSÉ.

Sing. 1<sup>re</sup> p. *turna,*  je sus.
 » 2<sup>e</sup> *turnaki,*  tu sus.
 » 3<sup>e</sup> *turnas,*  il sut.
Plur. 1<sup>re</sup> p. *turnayut,*  nous sûmes.
 » 2<sup>e</sup> *turnakip,*  vous sûtes.
 » 3<sup>o</sup> *turnavas, turnas,* ils surent.

### IMPARFAIT.

Sing. 1<sup>re</sup> p. *turnara,*  je savais.
 » 2<sup>e</sup> *turnakira,*  tu savais.
 » 3<sup>e</sup> *turnasra,*  il savait.
Plur. 1<sup>re</sup> p. *turnayutra,*  nous savions.
 » 2<sup>e</sup> *turnakipra,*  vous saviez.
 » 3<sup>e</sup> *turnavasra, turnasra,* ils savaient.

### PLUS-QUE-PARFAIT.

Sing. 1<sup>re</sup> p. *turnata* (¹),  j'avais sus.
 » 2<sup>e</sup> *turnakita,*  tu avais su.
 » 3<sup>e</sup> *turnasta,*  il avait su.
Plur. 1<sup>re</sup> p. *turnayutla,*  nous avions su.
 » 2<sup>e</sup> *turnakipta,*  vous aviez su.
 » 3<sup>e</sup> *turnavasta, turnasta,* ils avaient su.

(¹) Ou *turnati,* etc.

### PRÉCATIF.

| | | | |
|---|---|---|---|
| Sing. | 1ʳᵉ p. | *turnanē,* | que je sache. |
| » | 2ᵉ | *turnakinē,* | que tu saches, sache. |
| » | 3ᵉ | *turnasnē,* | qu'il sache. |
| Plur. | 1ʳᵉ p. | *turnayutnē,* | que nous sachions. |
| » | 2ᵉ | *turnakipnē,* | que vous sachiez. |
| » | 3ᵉ | *turnavasnē, turnasnē,* | qu'ils sachent. |

### IMPÉRATIF.

| | | | |
|---|---|---|---|
| Sing. | 2ᵉ p. | *turnas,* | sais. |
| Plur. | 2ᵉ p. | *turnas,* | sachez. |

### INFINITIF.

*turnavana,*  savoir.

### PARTICIPE.

*turnatavan,*  sachant.

## B. — PASSIF.

### PRÉSENT *OU* FUTUR.

| | | | |
|---|---|---|---|
| Sing. | 1ʳᵉ p. | *turnavagit,* | je suis su. |
| » | 2ᵉ | *turnavakti,* | tu es su. |
| » | 3ᵉ | *turnavak,* | il est su. |
| Plur. | 1ʳᵉ p. | *turnavagiyut,* | nous sommes sus. |
| » | 2ᵉ | *turnavaktip,* | vous êtes sus. |
| » | 3ᵉ | *turnavap, turnavappi,* | ils sont sus. |

### PRÉTÉRIT *OU* PASSÉ.

| | | | |
|---|---|---|---|
| Sing. | 1ʳᵉ p. | *turnagit,* | je fus su. |
| » | 2ᵉ | *turnakti,* | tu fus su. |
| » | 3ᵉ | *turnak, turnaik,* | il fut su. |

Plur. 1re p. *turnagiyut*,                 nous fûmes sus.
  » 2e     *turnaktip*,                     vous fûtes sus.
  » 3e     *turnap, turnappi*,              ils furent sus.

### IMPARFAIT.

Sing. 1re p. *turnagitra*,                  j'étais su.
  » 2e     *turnaktira*,                     tu étais su.
  » 3e     *turnakra*,                        il était su.
Plur. 1re p. *turnagiyutra*,                 nous étions sus.
  » 2e     *turnaktipra*,                     vous étiez sus.
  » 3e     *turnapra, turnappira*,           ils étaient sus.

### PLUS-QUE-PARFAIT.

Sing. 1re p. *turnagitta, ti*,              j'avais été su.
  » 2e     *turnaktita*,                     tu avais été su.
  » 3e     *turnakta*,                        il avait été su.
Plur. 1re p. *turnagiyutta*,                 nous avions été sus.
  » 2e     *turnaktipta*,                     vous aviez été sus.
  » 3e     *turnapta, turnappita*,           ils avaient été sus.

### PRÉCATIF.

Sing. 1re p. *turnagitnē*,                   que je sois su.
  » 2e     *turnaktinē*,                      que tu sois su.
  » 3e     *turnaknē*,                         qu'il soit su.
Plur. 1re p. *turnagiyutnē*,                  que nous soyons sus.
  » 2e     *turnaktipnē*,                      que vous soyez sus.
  » 3e     *turnapnē, turnappinē*,            qu'ils soient sus.

### IMPÉRATIF.

Sing. 2e p. *turna*,                         sois su.
Plur. 2e p. *turna*,                         soyez sus.

### PARTICIPE PASSÉ.

| | | |
|---|---|---|
| Sing. | *turnak, turnaik, tur-* | |
| | *naka,* | su. |
| Plur. | *turnap, turnappi,* | sus. |

## C. — VERBE DÉSIDÉRATIF.

### PRÉSENT.

Sing. 1<sup>re</sup> p. *turnaniunyuvagit,*    je veux savoir.

### PASSÉ.

Sing. 1<sup>re</sup> p. *turnaniunyugit,*    je voulais savoir.
  » 2<sup>e</sup>    *turnaniunyukti,*    tu voulus savoir.
  » 3<sup>e</sup>    *turnaniunyuk,*    il voulut savoir.
Plur. 1<sup>re</sup> p. *turnaniunyugiyut,*    nous voulûmes savoir
  » 2<sup>e</sup>    *turnaniunyuktip,*    vous voulûtes savoir.
  » 3<sup>e</sup>    *turnaniunyup, turna-*
            *niunyupi,*    ils voulurent savoir.

### IMPARFAIT.

Sing. 1<sup>re</sup> p. *turnaniunyugitra,*    je voulais savoir.

### PLUS-QUE-PARFAIT.

Sing. 1<sup>re</sup> p. *turnaniunyugitta,*    j'avais voulu savoir.

### PRÉCATIF.

Sing. 1<sup>re</sup> p. *turnaniunyugitnē,*    que je veuille savoir.

### IMPÉRATIF.

Sing. 1<sup>re</sup> p. *turnaniunyu,*    veuille savoir.

### PARTICIPE.

Sing. 1<sup>re</sup> p. *turnaniunyuk,*    voulant savoir.

## D. — VERBE RÉCIPROQUE.

### PRÉSENT.

Sing. 1<sup>re</sup> p. *turnavanluvagit,*      je me sus (mutuelle-
                                              ment).

### PASSÉ.

Sing. 1<sup>re</sup> p. *turnavanlugit,*      je me sus (mutuellem.)
  »   2<sup>e</sup>     *turnavanlukti,*      tu te sus.
  »   3<sup>e</sup>     *turnavanluk,*        il se sut.
Plur. 1<sup>re</sup> p. *turnavanlugiyut,*    nous nous sûmes.
  »   2<sup>e</sup>     *turnavanluktip,*     vous vous sûtes.
  »   3<sup>e</sup>     *turnavanlup,*        ils se surent.

### IMPARFAIT.

Sing. 1<sup>re</sup> p. *turnavanlugitra,*      je me savais.

### PLUS-QUE-PARFAIT.

Sing. 1<sup>re</sup> p. *turnavanlugitta,*      je m'étais su.

### PRÉCATIF.

Sing. 1<sup>re</sup> p. *turnavanugitnē,*      que je me sache.

### IMPÉRATIF.

Sing. 2<sup>e</sup> p. *turnavanlu,*      sache toi.

### PARTICIPE.

      *turnavanluk,*      se sachant.

Tous les temps et modes dérivés se forment de la même
façon.

# VERBE FACTITIF.

## *TURNANA.*

### A. — ACTIF.

#### PRÉSENT.

Sing. 1<sup>re</sup> p. *turnanavan, turnana-*
*vara,*      je fais savoir.

#### PRÉSENT SECOND *ou* FUTUR.

Sing. 1<sup>re</sup> p. *turnanan,*      je ferai savoir.

#### PRÉTÉRIT *ou* PASSÉ.

Sing. 1<sup>re</sup> p. *turnana,*      je fis savoir.

#### IMPARFAIT.

Sing. 1<sup>re</sup> p. *turnanara,*      je faisais savoir.

#### PLUS-QUE-PARFAIT.

Sing. 1<sup>re</sup> p. *turnanata,*      j'avais fait savoir.

#### PRÉCATIF.

Sing. 1<sup>re</sup> p. *turnananē,*      que je fasse savoir.

#### IMPÉRATIF.

Sing. 2<sup>e</sup> p. *turnanas,*      fais savoir.

#### INFINITIF.

*turnanavana,*      faire savoir.

#### PARTICIPE PRÉSENT.

*turnanadavan,*      faisant savoir.

## B. — PASSIF.

### PRÉSENT *OU* FUTUR.

Sing. 1<sup>re</sup> p. *turnanavagit*,  je suis (ou je serai) informé.

### PASSÉ *OU* PRÉTÉRIT.

Sing. 1<sup>re</sup> p. *turnanagit*,  je fus informé.

### IMPARFAIT.

Sing. 1<sup>re</sup> p. *turnanagitra*,  j'étais informé.

### PLUS-QUE-PARFAIT.

Sing. 1<sup>re</sup> p. *turnanagitta*,  j'avais été informé.

### PRÉCATIF.

Sing. 1<sup>re</sup> p. *turnanagitnē*,  que je sois informé.

### IMPÉRATIF.

Sing. 2<sup>e</sup> p. *turnana*,  sois informé.

### PARTICIPE PASSÉ.

*turnanak, turnanak,* informé.

## C. — DÉSIDÉRATIF DU FACTITIF.

*turnananiunyu,*  vouloir informer.

## D. — RÉCIPROQUE DU FACTITIF.

*turnanavanlu,*  s'informer mutuelle[ut]

# VERBE INTENSIF.

---

*TURNATA, « SAVOIR BIEN ».*

Avec toutes les formes de l'actif comme le factitif.

---

2.— VERBES EN *I et Ē.— TIRI, « DIRE, NOMMER,*
*SE NOMMER. »*

---

## A.— ACTIF.

### PRÉSENT.

| | | | |
|---|---|---|---|
| Sing. 1ʳᵉ p. | *tirivan, tirivara,* | je dis. |
| » 2ᵉ | *tirivainti,* | tu dis. |
| » 3ᵉ | *tirivanra,* | il dis. |
| Plur. 1ʳᵉ p. | *tirivaniun,* | nous disons. |
| » 2ᵉ | *tirivaintip,* | vous dites. |
| » 3ᵉ | *tirivampi,* | ils disent. |

### PRÉSENT SECOND *OU* FUTUR.

| | | | |
|---|---|---|---|
| Sing. 1ʳᵉ p. | *tirin,* | je dirai, je dis. |
| » 2ᵉ | *tirinti,* | tu diras. |
| » 3ᵉ | *tirinra,* | il dira. |
| Plur. 1ʳᵉ p. | *tiriniun,* | nous dirons. |
| » 2ᵉ | *tirintip,* | vous direz. |
| » 3ᵉ | *tirimpi,* | ils diront. |

### PRÉTÉRIT *OU* PASSÉ.

| | | | |
|---|---|---|---|
| Sing. 1ʳᵉ p. | *tiriya, tiri,* | je dis. |
| » 2ᵉ | *tiriki,* | tu dis. |
| » 3ᵉ | *tiris,* | il dit. |

Plur.1<sup>re</sup> p. *tiriyut,*  nous dîmes.
 » 2<sup>e</sup>  *tirikip,*  vous dîtes.
 » 3<sup>e</sup>  *tiriyas, tiris,*  ils dirent.

### IMPARFAIT.

Sing. 1<sup>re</sup> p. *tirira,*  je disais.
 » 2<sup>e</sup>  *tirikira,*  tu disais.
 » 3<sup>e</sup>  *tirisra,*  il disait.
Plur. 1<sup>re</sup> p. *tiriyutra,*  nous disions.
 » 2<sup>e</sup>  *tirikipra,*  vous disiez.
 » 3<sup>e</sup>  *tiriyasta, tirista,*  ils disaient.

### PLUS-QUE-PARFAIT.

Sing. 1<sup>re</sup> p. *tirita. tiriti.*  j'avais dit.
 » 2<sup>e</sup>  *tirikita,*  tu avais dit.
 » 3<sup>e</sup>  *tirista,*  il avait dit.
Plur. 1<sup>re</sup> p. *tiriyutta,*  nous avions dit.
 » 2<sup>e</sup>  *tirikipta,*  vous aviez dit.
 » 3<sup>e</sup>  *tiriyasta, tirilla,*  ils avaient dit.

### PRÉCATIF.

Sing. 1<sup>re</sup> p. *tirinē,*  que je dise.
 » 2<sup>e</sup>  *tirikinē,*  que tu dises.
 » 3<sup>e</sup>  *tirisnē,*  qu'il dise.
Plur. 1<sup>re</sup> p. *tiriyutnē,*  que nous disions.
 » 2<sup>e</sup>  *tirikipnē,*  que vous disiez.
 » 3<sup>e</sup>  *tiriyasnē, tirisnē,*  qu'ils disent.

### IMPÉRATIF.

Sing. 2<sup>e</sup> p. *tiris,*  dis.
Plur. 2<sup>e</sup> p. *tiris,*  dites.

### INFINITIF.

*tirivana,*                     dire.

### PARTICIPE.

*tiridavan,*            .      disant.

## B. — PASSIF.

### PRÉSENT *ou* FUTUR.

Sing. 1<sup>re</sup> p. *tirivagit,*          je suis dis.
» 2<sup>e</sup>    *tirivakti,*          tu es dis.
» 3<sup>e</sup>    *tirivak,*          il est dit.
Plur. 1<sup>re</sup> p. *tirivagiyut,*          nous sommes dis.
» 2<sup>e</sup>    *tirivaktip,*          vous êtes dis.
» 3<sup>e</sup>    *tirivap, tirivappi,*          ils sont dis.

### PRÉTÉRIT *ou* PASSÉ.

Sing. 1<sup>re</sup> p. *tirigit,*          je fus dis.
» 2<sup>e</sup>    *tirikti,*          tu fus dis.
» 3<sup>e</sup>    *tirik, tirikka,*          il fut dit.
Plur. 1<sup>re</sup> p. *tirigiyut,*          nous fûmes dis.
» 2<sup>e</sup>    *tiriktip,*          vous fûtes dis.
» 3<sup>e</sup>    *tirip, tiripa, tirippi,*          ils furent dis.

### IMPARFAIT.

Sing. 1<sup>re</sup> p. *tirigitra,*          j'étais dis.
» 2<sup>e</sup>    *tiriktira,*          tu étais dis.
» 3<sup>e</sup>    *tirikra,*          il était dit.
Plur. 1<sup>re</sup> p. *tirigiyutra,*          nous étions dis.
» 2<sup>e</sup>    *tiriktipra,*          vous étiez dis.
» 3<sup>e</sup>    *tiripra, tirippira,*          ils étaient dis.

### PLUS-QUE-PARFAIT.

| Sing. 1<sup>re</sup> p. | *tirigitta, tirigitti,* | j'avais été dis. |

Sing. 1<sup>re</sup> p. *tirigitta, tirigitti,*    j'avais été dis.
»  2<sup>e</sup>    *tiriktita,*    tu avais été dis.
»  3<sup>e</sup>    *tirikta,*    il avait été dit.
Plur. 1<sup>re</sup> p. *tirigiyutta,*    nous avions été dis.
»  2<sup>e</sup>    *tiriktipra,*    vous aviez été dis.
»  3<sup>e</sup>    *tiripta, tirippita,*    ils avaient été dis.

### PRÉCATIF.

Sing. 1<sup>re</sup> p. *tirigitnē,*    que je sois dis.
»  2<sup>e</sup>    *tiriktinē,*    que tu sois dis.
»  3<sup>e</sup>    *tiriknē,*    qu'il soit dit.
Plur. 1<sup>re</sup> p. *tirigiyutnē,*    que nous soyons dis.
»  2<sup>e</sup>    *tiriktipnē,*    que vous soyez dis.
»  3<sup>e</sup>    *tiripnē, tirippinē,*    qu'ils soient dis.

### IMPÉRATIF.

Sing. 2<sup>e</sup> p. *tiri,*    sois dis.
Plur. 2<sup>e</sup> p. *tiri,*    soyez dits.

### PARTICIPE PASSÉ.

Sing.    *tirik, tirika, tirikka,*    dit.
Plur.    *tirip, tiripi,*    dits.

## C. — VERBE DÉSIDÉRATIF.

### PRÉSENT.

Sing. 1<sup>re</sup> p. *tiriniunyuvagit,*    je veux dire.

### PASSÉ.

Sing. 1<sup>re</sup> p. *tiriniunyugit,*    je voulus dire.

### IMPARFAIT.

Sing. 1<sup>re</sup> p. *tiriniunyugitra,*      je voulais dire.

### PLUS-QUE-PARFAIT.

Sing. 1<sup>re</sup> p. *tiriniunyugitta,*      j'avais voulu dire.

### PRÉCATIF.

Sing. 1<sup>re</sup> p. *tiriniunyugitnē,*      que je veuille dire.

### IMPÉRATIF.

Sing. 2<sup>e</sup> p. *tiriniunyu,*      veux dire.

### PARTICIPE PASSÉ.

*tiriniunyuk,*      voulant dire.

## D. — VERBE RÉCIPROQUE.

### PRÉSENT.

Sing. 1<sup>re</sup> p. *tirivanluvagit,*      je me dis mutuellem.

### PASSÉ.

Sing. 1<sup>re</sup> p. *tirivanlugit,*      je me dis.

### IMPARFAIT.

Sing. 1<sup>re</sup> p. *tirivanlugitra,*      je me disais.

### PLUS-QUE-PARFAIT.

Sing. 1<sup>re</sup> p. *tirivanlugitta,*      je m'étais dit.

### PRÉCATIF.

Sing. 1<sup>re</sup> p. *tirivanlugitnē,*      que je me dise.

### IMPÉRATIF.

Sing. 2<sup>e</sup> p. *tirivanlu,*      dis à toi.

PARTICIPE PASSÉ.

*tirivanluk,*               dit mutuellement.

Les temps et modes dérivés se forment de la même manière pour les voix secondaires.

## E. — VERBE FACTITIF.

*tirina,*               faire dire.

se conjugue comme *turnana.*

## F. — VERBE INTENSIF.

*tirita,*               dire fortement.

de même.

---

3. — VERBES EN *U*. — *RILU*, « *ÉCRIRE*. »

—

## A. — ACTIF.

### PRÉSENT.

Sing. 1re p. *riluvan, riluvara,*     j'écris.
 » 2e    *riluvainti,*     tu écris.
 » 3e    *riluvanra,*     il écrit.
Plur. 1re p. *riluvaniun,*     nous écrivons.
 » 2e    *riluvaintip,*     vous écrivez.
 » 3e    *riluvampi,*     ils écrivent.

### PRÉSENT SECOND *ou* FUTUR.

Sing. 1re p. *rilun,*     j'écrirai, j'écris.
 » 2e    *riluinti,*     tu écriras.
 » 3e    *rilunra,*     il écrira.

Plur.1<sup>re</sup> p.*riluniun,*   nous écrirons.
 » 2<sup>e</sup>  *riluintip,*   vous écrirez.
 » 3<sup>e</sup>  *riluvampi,*   ils écriront.

PRÉTÉRIT OU PASSÉ.

Sing.1<sup>re</sup> p.*riluva, rilu,*  j'écrivis.
 » 2<sup>e</sup>  *riluki,*   tu écrivis.
 » 3<sup>e</sup>  *rilus,*   il écrivit.
Plur.1<sup>re</sup> p.*riluyut,*   nous écrivîmes.
 » 2<sup>e</sup>  *rilukip,*   vous écrivîtes.
 » 3<sup>e</sup>  *riluvas, rilus,*  ils écrivirent.

IMPARFAIT.

Sing.1<sup>re</sup> p.*rilura,*   j'écrivais.
 » 2<sup>e</sup>  *rilukira,*   tu écrivais.
 » 3<sup>e</sup>  *rilusra,*   il écrivait.
Plur.1<sup>re</sup> p.*riluyutra,*   nous écrivions.
 » 2<sup>e</sup>  *rilukipra,*   vous écriviez.
 » 3<sup>e</sup>  *riluvasra, rilusra,* ils écrivaient.

PLUS-QUE-PARFAIT.

Sing.1<sup>re</sup> p.*riluta, riluti,*  j'avais écris.
 » 2<sup>e</sup>  *rilukita,*   tu avais écris.
 » 3<sup>e</sup>  *rilusta,*   il avait écrit.
Plur.1<sup>re</sup> p.*riluyutta,*   nous avions écris.
 » 2<sup>e</sup>  *rilukipta,*   vous aviez écris.
 » 3<sup>e</sup>  *riluvasta, rilusta,* ils avaient écris.

PRÉCATIF.

Sing.1<sup>re</sup> p.*rilunē,*   que j'écrive.
 » 2<sup>e</sup>  *rilukinē,*   que tu écrives, écris.
 » 3<sup>e</sup>  *rilusnē,*   qu'il écrive.

Plur.1ʳᵉ p. *riluyutnē,*       que nous écrivions.
  »  2ᵉ     *rilukipnē,*       que vous écriviez.
  »  3ᵉ     *riluvasnē, rilusnē,*       qu'ils écrivent.

### IMPÉRATIF.

Sing. 2ᵉ p. *rilus,*       écris.
Plur. 2ᵉ p. *rilus,*       écrivez.

### INFINITIF.

*riluvana,*       écrire.

### PARTICIPE.

*riludavan,*       écrivant.

## B.— PASSIF.

### PRÉSENT *OU* FUTUR.

Sing.1ʳᵉ p. *riluvagit, riluagit,*       je suis écris.
  »  2ᵉ     *riluvakti, riluakti,*       tu es écris.
  »  3ᵉ     *riluvak, riluak,*       il est écrit.
Plur.1ʳᵉ p. *riluvagiyut, riluagiyut,* nous sommes écris.
  »  2ᵉ     *riluvaktip, riluaktip,*       vous êtes écris.
  »  3ᵉ     *riluvap, riluap,*       ils sont écris.

### PRÉTÉRIT *OU* PASSÉ.

Sing.1ʳᵉ p. *rilugit,*       je fus écris.
  »  2ᵉ     *rilukti, riluikti,*       tu fus écris.
  »  3ᵉ     *riluk, riluik,*       il fut écrit.
Plur.1ʳᵉ p. *rilugiyut,*       nous fûmes écris.
  »  2ᵉ     *riluktip, riluiktip,*       vous fûtes écris.
  »  3ᵉ     *rilup, rilupa, riluppi,* ils furent écris.

### IMPARFAIT.

Sing . 1ʳᵉ p. *rilugitra,*                j'étais écrit.
 »  2ᵉ    *riluktira, riluiktira,*  tu étais écris.
 »  3ᵉ    *rilukra, riluikra,*   il était écrit.
Plur. 1ʳᵉ p. *rilugiyutra,*          nous étions écris.
 »  2ᵉ    *riluktirap, riluiktirap,* vous étiez écris.
 »  3ᵉ    *rilupra, rilupira,*    ils étaient écris.

### PLUS-QUE-PARFAIT.

Sing . 1ʳᵉ p. *rilugitta, rilugitti.*    j'avais été écrit.
 »  2ᵉ    *riluktita, riluiktita,*   tu avais été écrit.
 »  3ᵉ    *rilukta, riluikta,*    il avait été écrit.
Plur. 1ʳᵉ p. *rilugiyutta,*          nous avions été écrits
 »  2ᵉ    *riluktipta, riluiktipta,* vous aviez été écrits.
 »  3ᵉ    *rilupta, riluppita,*    ils avaient été écrits.

### PRÉCATIF.

Sing . 1ʳᵉ p. *rilugitnē,*             que je sois écrit.
 »  2ᵉ    *riluktinē, riluiktinē,*  que tu sois écrit.
 »  3ᵉ    *riluknē, riluiknē,*   qu'il soit écrit.
Plur. 1ʳᵉ p. *rilugiyutnē,*          que nous soyons écrits
 »  2ᵉ    *riluktipnē, riluiktipnē,* que vous soyez écrits.
 »  3ᵉ    *rilupnē, riluppinē,*    qu'ils soient écrits.

### IMPÉRATIF.

Sing . 2ᵉ p. *rilu,*             sois écrit.
Plur. 2ᵉ p. *rilu,*             soyez écrits.

### PARTICIPE PASSÉ.

Sing.     *riluk, riluka, rilukka,*
          *riluik, riluikka,*    écrit.
Plur.     *rilup, riluppi,*     écrits.

## C. — VERBE DÉSIDÉRATIF.

PRÉSENT.

*riluniunyu,*            vouloir écrire.

PASSÉ.

Sing. 1ʳᵉ p. *riluniunyugut,*       je voulus écrire.

## D. — VERBE RÉCIPROQUE.

PRÉSENT.

*riluvanlu,*            s'écrire mutuellement

PASSÉ.

Sing. 1ʳᵉ p. *riluvanlugit,*       je m'écrivis (mutuel\`).

## E. — VERBE FACTITIF.

*riluna,*            vouloir écrire.

## F. — VERBE INTENSIF.

*rilutta, riluta,*       écrire fortement.

Les temps et modes dérivés se forment de la même manière que les verbes secondaires.

Voilà la conjugaison du verbe actif en médique telle qu'elle a pu être restituée par le moyen des minces débris que le temps nous a laissés.

Pour être complet, il faut ajouter que quelques-unes des formes varient dans l'orthographe ; ainsi, au lieu de *inti,* on lit *inta.*

Au lieu de *nra,* on voit *nri.*

Le *plus-que-parfait* se forme quelquefois en *ti* au lieu de *ta*, de sorte que toutes les conjugaisons auraient dû être marquées de la double forme *turnata, turnati, turnakita, turnakiti, turnasta, turnasti*, etc.

Nous avons déjà remarqué que les formes en *s* sont souvent terminées en *sa* ou *ssa*, surtout à la fin des phrases ; nous reviendrons sur la vraie signification de cet allongement.

## IX.— CONJUGAISON DES VERBES NEUTRES.

Les verbes neutres ont la conjugaison du passif, et nous énumérons des thêmes qui ne sont employés que dans cette forme passive (ou neutre). Les verbes suivants nous sont connus par les textes :

| | |
|---|---|
| *ça,* | aller. |
| *taka-ta,* | vivre. |
| *tahu,* | accompagner. |
| *anto,* | traverser. |
| *poru, inporu,* | aller, marcher. |
| *iva,* | se lever. |
| *sara,* | aller. |
| *sinni,* | venir. |
| *lulva,* | oser. |
| *lu* et *lunu,* | se retirer, approcher. |
| *peça,* | être debout, se tenir. |
| *erpi,* | être avant, précéder. |
| *puttu, putto,* | fuir. |

Nous prenons pour paradigme le mot *ça,* « aller ».

## A. — VERBE NEUTRE.

### ÇA, « *ALLER* ».

#### PRÉSENT.

| | | | |
|---|---|---|---|
| Sing. 1<sup>re</sup> p. | *çavagit,* | | je vais. |
| » 2<sup>e</sup> | *çavakti,* | | tu vas. |
| » 3<sup>e</sup> | *çavak,* | | il va. |
| Plur. 1<sup>re</sup> p. | *çavagiyut,* | | nous allons. |
| » 2<sup>e</sup> | *çavaktip,* | | vous allez. |
| » 3<sup>e</sup> | *çavap, çavap, çavappi,* | ils vont. |

#### PRÉTÉRIT *OU* PASSÉ.

| | | | |
|---|---|---|---|
| Sing. 1<sup>re</sup> p. | *çagit,* | | j'allai. |
| » 2<sup>e</sup> | *çakti,* | | tu allas. |
| » 3<sup>e</sup> | *çak,* | | il alla. |
| Plur. 1<sup>re</sup> p. | *çagiyut,* | | nous allâmes. |
| » 2<sup>e</sup> | *çaktip,* | | vous allâtes. |
| » 3<sup>e</sup> | *çap, çapi,* | | ils allèrent. |

#### IMPARFAIT.

| | | | |
|---|---|---|---|
| Sing. 1<sup>re</sup> p. | *çagitra,* | | j'allais. |
| » 2<sup>e</sup> | *çaktira,* | | tu allais. |
| » 3<sup>e</sup> | *çakra,* | | il allait. |
| Plur. 1<sup>re</sup> p. | *çagiyutra,* | | nous allions. |
| » 2<sup>e</sup> | *çaktipra,* | | vous alliez. |
| » 3<sup>e</sup> | *çapra, çappira,* | | ils allaient. |

#### PLUS-QUE-PARFAIT.

| | | | |
|---|---|---|---|
| Sing. 1<sup>re</sup> p. | *çagitta, çagitti,* | j'étais allé. |
| » 2<sup>e</sup> | *çaktita,* | | tu étais allé. |
| » 3<sup>e</sup> | *çakta,* | | il était allé. |

| Plur. 1ʳᵉ p. | *çagiyutta,* | nous étions allés. |
| » 2ᵉ | *çaktipta,* | vous étiez allés. |
| » 3ᵉ | *çapta, çapira,* | ils étaient allés. |

### PRÉCATIF.

| Sing. 1ʳᵉ p. | *çagitnē,* | que j'aille. |
| » 2ᵉ | *çaktinē,* | que tu ailles. |
| » 3ᵉ | *çaknē,* | qu'il aille. |
| Plur. 1ʳᵉ p. | *çagiyutnē,* | que nous allions. |
| » 2ᵉ | *çaktipnē,* | que vous alliez. |
| » 3ᵉ | *çapnē, çappinē,* | qu'ils aillent. |

### IMPÉRATIF.

| Sing. 2ᵉ p. | *ça,* | vas. |
| Plur. 2ᵉ p. | *ça,* | allez. |

### PARTICIPE PASSÉ.

| Sing. | *çak, çaka, çakka,* | allé. |
| Plur. | *çap, çappi,* | allés. |

## B. — VERBE DÉSIDÉRATIF.

| *çaniunyugit,* | vouloir aller. |

## C. — VERBE RÉCIPROQUE.

| *çavanlugit,* | aller ensemble. |

## D. — VERBE FACTITIF.

| *çana,* | faire aller, |

se conjugue régulièrement comme le verbe complet *turna,*
avec toutes les voix dérivées.

## X. — CONJUGAISON SPÉCIALE.

Nous avons déjà parlé de quelques verbes qui ont une conjugaison particulière ; ce sont les verbes très-usités.

Les racines *du,* « être, devenir »,

*da,* « être »,

*pe,* « faire »,

et le verbe douteux *za,* qui paraît signifier « vouloir », ne soulèvent pas de difficultés. Mais il y a d'autres verbes encore dont la conjugaison est très-irrégulière ; ce sont :

| | |
|---|---|
| *nan,* | dire. |
| *gin,* | être. |
| *innippē,* | pouvoir. |

Voici la conjugaison de *gin,* « être » :

### PRÉSENT.

| | | | |
|---|---|---|---|
| Sing. | 1<sup>re</sup> p. | *gingi, gini,* | je suis. |
| » | 2<sup>e</sup> | *ginta,* | tu es. |
| » | 3<sup>e</sup> | *ginri,* | il est. |
| Plur. | 1<sup>re</sup> p. | *ginyut, yut,* | nous sommes. |
| » | 2<sup>e</sup> | *gintap,* | vous êtes. |
| » | 3<sup>e</sup> | *ginripi, ginrippi,* | ils sont. |

### PRÉTÉRIT *ou* PASSÉ.

| | | | |
|---|---|---|---|
| Sing. | 1<sup>re</sup> p. | *ginnigit, git,* | je fus. |
| » | 2<sup>e</sup> | *ginnikti, nekti,* | tu fus. |
| » | 3<sup>e</sup> | *ginri,* | il fut. |
| Plur. | 1<sup>re</sup> p. | *ginnigiyut,* | nous fûmes. |
| » | 2<sup>e</sup> | *ginniktip, nektip,* | vous fûtes. |
| » | 3<sup>e</sup> | *ginpep,* | ils furent. |



7

Les temps dérivés se forment de la même manière. Dans l'usage, le passé s'emploie avec le sens du présent et du futur, surtout pour la seconde personne, *nekti*, qui signifie « tu seras ».

Le verbe *nan* ou *na* se forme de la même manière ; nous avons les formes suivantes :

#### PRÉSENT.

| | | | |
|---|---|---|---|
| Sing. 1ʳᵉ p. | *nangi,* | je dis. |
| » 2ᵉ | *nainta,* | tu dis. |
| » 3ᵉ | *nanri,* | il dit. |
| Plur. 1ʳᵉ p. | *nangiyut,* | nous dîmes. |
| » 2ᵉ | *naintap,* | vous dîtes. |
| » 3ᵉ | *nanripi,* | ils dirent. |

Nous n'avons pas la forme du prétérit, *nannigit*, et nous devons faire observer que le présent s'emploie avec le sens du présent et du prétérit. *Nanri* traduit les expressions perses *thātiy*, « il dit », et *athaha*, « il disait ». *Nangi* rend le perse *athaham*, « je disais » (II, 81). *Nainta* se trouve dans l'inscription de Nakch-i-Roustam, l. 33, avec la signification « tu dis ».

Le verbe *gin* semble se compléter avec le verbe *du, (tu)* « être », qui se conjugue régulièrement ainsi :

#### PRÉTÉRIT.

| | | | |
|---|---|---|---|
| Sing. 1ʳᵉ p. | *duva, du, da,* | je fus. |
| » 2ᵉ | *duki, daki,* | tu fus. |
| » 3ᵉ | *dus, das,* | il fut. |
| Plur. 1ʳᵉ p. | *duyut,* | nous fûmes. |
| » 2ᵉ | *dukip,* | vous fûtes. |
| » 3ᵉ | *duvas, dus, das,* | ils furent. |

Nous ne connaissons pas le présent de *du*, mais bien le présent de *da* et de *pe*, « faire », surtout employé comme verbe auxiliaire. Nous avons ainsi les formes suivantes :

### PRÉSENT.

| | | | |
|---|---|---|---|
| Sing. 1ʳᵉ p. | *davan, dah,* | | je fais. |
| » 2ᵉ | *dainti,* | | tu fais. |
| » 3ᵉ | *danra,* | | il fait. |
| Plur. 1ʳᵉ p. | *daniun, davaniun,* | | nous faisons. |
| » 2ᵉ | *daintip,* | | vous faisez. |
| » 3ᵉ | *danpi, davanpi,* | | ils font. |

### PRÉTÉRIT *ou* PASSÉ.

| | | | |
|---|---|---|---|
| Sing. 1ʳᵉ p. | *da, dah, pe,* | | je fis. |
| » 2ᵉ | *daki, peki,* | | tu fis. |
| » 3ᵉ | *das, pes,* | | il fit. |
| Plur. 1ʳᵉ p. | *dayut, peyut,* | | nous fîmes. |
| » 2ᵉ | *dakip, pekip,* | | vous fîtes. |
| » 3ᵉ | *das, pes,* | | ils firent. |

### PLUS-QUE-PARFAIT.

| | | | |
|---|---|---|---|
| Sing. 1ʳᵉ p. | *data, peta,* | | j'avais fait. |
| » 2ᵉ | *dakita, pekita,* | | tu avais fais. |
| » 3ᵉ | *dasta, pesta,* | | il avait fait. |
| Plur. 1ʳᵉ p. | *dayutta, peyutta,* | | nous avions fait. |
| » 2ᵉ | *dakipta, pekipta,* | | vous aviez fait. |
| » 3ᵉ | *dasta, pesta,* | | ils avaient fait. |

### PRÉCATIF.

| | | | |
|---|---|---|---|
| Sing. 1ʳᵉ p. | *danē, penē,* | | que je fasse. |
| » 2ᵉ | *dakinē, pekinē,* | | que tu fasses. |
| » 3ᵉ | *dasnē, pesnē,* | | qu'il fasse. |

Plur. 1<sup>re</sup> p. *dayutnē, peyutnē,* que nous fassions.
  » 2<sup>e</sup>   *dakipnē, pekipnē,* que vous fassiez.
  » 3<sup>e</sup>   *dasnē, pesnē,* qu'ils fassent.

On peut naturellement lire aussi *ta* au lieu de *da*. On trouve ainsi *yazudavan*, « je fais la prière, je prie », *tippe, dah*, « j'envoyai ».

La racine *pe* donne naissance à d'autres racines dérivées qui se conjuguent régulièrement ; par exemple : *pepto*, « faire », *pepra*, « faire », au passif *pepraka*.

Le verbe *innippē*, « pouvoir », se trouve dans l'inscription de Bisoutoun (III, 85, 86).

L'original perse a été très-mal compris jusqu'aujourd'hui, ce qui a porté M. Norris à déclarer qu'il ne se conciliait pas avec la version médique. On a lu *taumā*, « race », au lieu de *tautā*, pour *tavatā*, « pouvoir ». Le roi demande à son successeur de conserver les sculptures « aussi longtemps que tu pourras », et non pas « aussi longtemps que tu auras de la progéniture » (¹). Ce contre-sens est heureusement écarté, et l'acception du mot *innippē* est ainsi complétement dégagée.

Nous ne connaissons de ce verbe que la seconde personne *innippēta*, « tu peux ou tu pourras ». Cette flexion a un caractère complétement anormal et ne se relie pas aux autres formes du verbe.

Voilà la théorie du verbe médique, qui se range complétement dans la catégorie des autres langues touraniennes. Des découvertes ultérieures pourront combler des lacunes,

---

(¹) *Yavataig tautā ahatiy*, « donec tibi potestas erit » : c'est la seule fois que la racine *tu*, en sanscrit et en zend, « pouvoir », l'origine du persan *tuvān, tuvānisten*, se trouve dans les textes.

mais elles ne modifieront pas l'ensemble du système ainsi recouvré.

Les principes de la flexion verbale sont très-simples, mais il n'a pas été aussi facile de reconnaître la formation du verbe et de distinguer les terminaisons des personnes et les suffixes caractéristiques des modes, des temps et des voix. Cette confusion des désinences a amené une complication qui a pu effrayer les lecteurs des ouvrages écrits jusqu'ici sur la langue médique. Nous avons essayé, et nous croyons avoir réussi dans cette tentative, à coordonner cet amas de formes diverses, en restituant au *verbe médique* sa véritable base et son caractère scientifique.

# CHAPITRE IV.

—

## PARTICULES.

—

### I. — ADVERBES.

Les adverbes provenant d'adjectifs sont formés généralement par le datif en *ikki ;* par exemple : *dayiē* , « autre », forme *dayiēikki,* « autrement », *ersē,* « grand », *ersēikki,* « grandement, beaucoup » .

Une autre formation est en *ta ;* par exemple : *appuka,* « antérieur », forme *appukata,* « antérieurement ». D'autres adverbes sont :

| | |
|---|---|
| *havak,* | combien. |
| *havi,* | là. |
| *havimar,* | delà. |
| *havas-ir, haver* ([1]), | alors. |
| *hupevas-ir, hupever,* | alors, maintenant. |
| *pelkiva* | (dans l'année), toujours. |
| *pirka,* | pendant (employé pour dater). |
| *appukata,* | avant. |
| *sassata,* | antérieurement. |
| *tori,* | depuis. |
| *neman,* | provenant de. |
| *nemanki,* | idem. |
| *vara,* | maintenant. |

([1]) Cette différence dans la lecture du même mot s'explique par la prononciation double de *me* et *mas.*

| | |
|---|---|
| *videvanna,* | au-delà. |
| *villu,* | beaucoup. |
| *villuik,* | idem. |
| *tartoka,* | extrêmement. |
| *harir,* | peu. |
| *vasnē,* | puis. |
| *vasri,* | après. |
| *vassaka,* | après. |
| *vasravassaka,* | après. |
| *vas-issin,* | plus tard, à l'avenir. |
| *gittinni,* | auparavant, antérieur, anciennement. |
| *nebbak,* | comme. |
| *satavatak,* | le long de. |
| *pirsadanēka,* | au loin de. |
| *çubaka,* | autour de, à l'égard de. |
| *kippoka,* | intérieurement. |
| *sarah,* | de nouveau. |
| *pirrur,* | ensemble. |
| *pomar (?)* | mutuellement. |
| *uktas,* | au-dessus. |
| *nutas,* | en faveur de. |
| *rutas,* | contrairement. |
| *sarak,* | idem. |
| *batur,* | au-dessous. |
| *varpi,* | partout. |
| *ċito,* | ainsi. |
| *hiċito,* | ainsi. |
| *hupeintoikkimmas,* | à cause de cela. |

## II. — DES POSTPOSITIONS.

Les postpositions ont été en partie traitées dans l'exposé des terminaisons casuelles. Nous ne nous occupons donc pas ici des véritables cas, et nous nous bornerons à énumérer les mots qui s'emploient comme postposition simple, ou de celles qui régissent un cas. S'il précède une terminaison, c'est ordinairement le génitif dont on se sert.

Les postpositions sont :

| | |
|---|---|
| *idaka,* | avec. |
| *çubaka,* | à l'égard de. |
| *kippoka,* | dans. |
| *rutas,* | contre. |
| *uktas,* | au-dessus de. |
| *nutas,* | en faveur de, avec le génitif. |
| *hativa,* | dans, parmi. |
| *intoikkimmas,* | à cause de. |
| *nebbak,* | à l'égal de. |

## III. — PRÉPOSITIONS.

Les prépositions sont beaucoup moins nombreuses, nous citons :

| | |
|---|---|
| *batur,* | au-dessous, selon. |

## IV. — CONJONCTIONS.

Les conjonctions sont les suivantes :

| | |
|---|---|
| *yiak,* | et. |
| *kutta,* | et. |
| *abbo, appo,* | que. |

| | |
|---|---|
| *çap,* | comme, autant que. |
| *çap appo,* | comme, quoi. |
| *cito,* | ainsi. |
| *çap cito,* | aussi longtemps — que. |
| *anka,* | si. |
| *anka, sarak,* | si. |
| *kus,* | pendant que, jusqu'à ce que. |
| *inni, innē,* | non, ne. . . pas. |
| *eni, ene,* | que ne. . . pas. |

Dans les inscriptions, nous n'avons aucune trace d'interjections.

# CHAPITRE V.

—

## SYNTAXE.

—

Dans la langue médique, la syntaxe donne lieu à peu de réflexions. Aucun document indépendant ne nous étant parvenu jusqu'à maintenant, nous ne pouvons juger que sur des textes portant le cachet du perse ; néanmoins, il y a quelques points caractéristiques par lesquels la *langue médique* se distingue de l'idiome de Darius.

Il n'y a pas de genre, ce qui simplifie la structure des phrases.

Les substantifs dépendant l'un de l'autre se rangent d'après deux principes : ou bien le génitif se place après le mot « régissant », ou le mot « régit » est mis devant le terme « régissant », et alors la terminaison du génitif est supprimée. Dans ce cas, le nominatif s'accroît de la syllabe *ri* ; on écrit, par exemple : *sak Kurasna* ou *Kuras sakri,* « fils de Cyrus » (¹), *U lubaruri* ou *lubaru Unena,* « mon esclave ». Les postpositions sont toujours mises après le génitif.

L'adjectif suit le substantif et fléchit souvent suivant les nombres et cas du nom.

En exposant les flexions, nous avons parlé des suffixes possessifs et signalé l'anomalie de la première personne terminant en *da*.

En thèse générale, le verbe se place à la fin de la

______

(¹) Les textes des derniers rois Perses admettent le cumul des deux formes.

phrase ; s'il a un régime, il est précédé souvent de l'accusatif du pronom de la troisième personne, quand même l'accusatif se trouve exprimé ; cet objectif est *ir* pour le singulier et *appî* ou *ap* pour le pluriel.

On dit : *Birdiya ir-halpis,* « il tua Bardiya » *aptiriya,* « je dis ».

Si le verbe est composé, on remarque des tmèses ; par exemple : de *evi-du,* « prendre », on fait *ev-ap-dusta,* « il leur prit ».

Dans l'application, le futur remplace notre infinitif. On dit, « il fera la bataille » ou « il voulait faire la bataille », au lieu de dire, « pour livrer bataille ». Le subjónctif est également exprimé par le présent et même l'impératif négatif est remplacé par le temps direct. Quant au précatif, il s'emploie également après la négation ; par exemple : *hupo eni lanine,* « que je ne vois pas cela ». *(Inscription médique de Darius,* 1. 23).

Le présent et le futur (la forme brève) sont, comme nous l'avons dit souvent, confondus dans l'application ; le même fait s'observe comme dans beaucoup d'autres langues.

A la négation, on emploie toujours le futur ; par exemple : *eni U-ir turnampi,* « qu'ils ne me connaissent pas », mais *tirivampi,* « ils disent », *kutivampi,* « ils partent ».

La construction des phrases incidentes est conforme à celle des propositions indirectes ; le relatif n'est pas répété comme dans quelques autres idiomes (¹).

(¹) Le *pi* final que M. Norris a voulu comparer au relatif turc *ki* est tout simplement la terminaison de la troisième personne du pluriel au présent. Aussi, ce prétendu relatif ne se trouve-t-il pas après la troisième personne du pluriel au prétérit.

Les phrases se joignent sans copules par le redoublement de la consonne finale accrue de *a* ; ainsi on dit : *ap tirissa nanri*, « il leur parla et dit », *puttukka Rakkan çak*, « il fuit et alla à *Rhages* ».

Les adjectifs s'emploient adverbialement quand plusieurs se succèdent. Au lieu de dire : « cette terre vaste et grande », on met : « vastement grande »([1]), en supprimant la désinence adverbiale : *murun ukku ersarra*.

La copule *yiak* s'emploie souvent avec l'autre particule signifiant « et », *yiak kutta*.

Les deux conjonctions répétées ont le sens de : « aussi bien — que ».

------

([1]) Il faut néanmoins faire observer que des trois versions de cette phrase très usitée, une seule est interprétée : celle en langue assyrienne. Le perse est lui-même obscur, et peut-être faut-il traduire : « de cette grande terre qui s'étend au loin dans l'univers. »

# INSCRIPTIONS

## EN LANGUE MÉDIQUE

# TEXTE DE CYRUS

Sur les piliers de Mourghāb (l'ancienne *Marrhasion*)

*U Kuras Unan Akkamannisiya.*

Moi, Cyrus, roi Achéménide.

Ce texte se trouve sur les cinq piliers, aujourd'hui debout, non loin d'un tombeau célèbre, nommé par les Persans de l'endroit *Takht-i-Māder-i-Suleiman*, « le trône de la mère de Salomon ». Incontestablement ce tombeau est celui d'une femme, ainsi que le prouve son toit à bât-d'âne. Ce caractère distinctif des sépulcres feminins se retrouve déjà dans les caveaux taillés dans le roc à Persépolis ; il remonte donc à une haute antiquité. Ce n'est que par l'oubli de toutes les possibilités archéologiques et géographiques qu'on a identifié le tombeau de Mourghāb avec le tombeau de Cyrus qui, selon tous les témoignages anciens, était à Pasargades, le *Paisiyāuvādā* du texte de Bisoutoun. Pasargades était au sud-est de Persépolis et sur la rivière de Cyrus qui se jette dans le golfe Persique ; Mourghāb est au nord-est de cette dernière ville, et *sur le même fleuve*, l'Araxès, qui a son débouché dans un lac d'intérieur.

Le tombeau de Cyrus se trouve dans la ruine *Kala-i-Dārā*, près de Darabdjerd, et l'on peut en voir les plans et cartes dans l'ouvrage sur la Perse ancienne, de Coste et Flandin.

Déjà Lassen avait soutenu, à cause des raisons géographiques, que le tombeau de Mourghāb ne pouvait pas être celui de Cyrus (article de *Pasargadae* dans l'*Encyclopédie d'Ersch et Gruber*), mais il avait nui à sa thèse en lisant le nom de Cyrus *Osus*, et en prétendant à tort que le nom de Cyrus ne se trouvait pas à Mourghāb.

Ce tombeau est, selon nous, celui de la femme de Cyrus, mère de Cambyse et de Smerdis, Cassandane, fille de Pharnaspes (en perse *Kažañdānā*, « au cou de cygne », de *kažañda*, « cygne », persan *kazand*). Cyrus fit faire à son épouse, dont il imposa le deuil à tout son empire, de superbes funérailles (voir *Hér.*, III, 1). C'est là la raison pourquoi le nom du fondateur de l'empire perse se trouve dans le voisinage du tombeau feminin.

J'ai traité plus longuement ce sujet dans le *Journal asiatique* (1872, t. XIX, p. 548); comparez aussi *Records of the Past* (t. VII, p. 89), dans le *Corpus inscriptionum persicarum* (t. IX, p. 67).

Le nom de Cyrus, perse *Kurus*, signifiant « soleil », est rendu en médique par *Ku-ras*, forme assyrienne du texte de Bisoutoun. Les textes babyloniens fournissent une grande quantité de variantes : *Kuras (Ku-ras, Ku-ra-as), Kurras (Kur-ras, Ku-ur-ras, Kur-ra-as, Ku-ur-ra-as), Kurrasu* et *Kursu*.

# INSCRIPTIONS DE DARIUS

## FILS D'HYSTASPE.

### I. — INSCRIPTION HISTORIQUE DE BISOUTOUN.

### (Première Colonne).

Les chiffres romains indiquent le paragraphe de la version médique ;
ceux entre parenthèses, l'original perse.

I. (I. 1). — [1]*U Dariyavaos Unan irsarra, Unan
Unan-ip-inna, Unan ⤳ Parsan-ikka, Unan Dayiyaosna, Vis²taspa Sakri, Irsama Ruhhusakri Akka-
maniṣiya.*

II. (I. 2). — *Yiak Dariyavaos Unan nanri : —
U Aṭṭata Vistaspa, yiak Vistaspa Atteri Irsamma,
yiak Irsamma At⁴teri Harriyaramna, yiak Harriyaramna Atteri Ċispis, yiak Ċispis Atteri Ha⁵kamannis.*

III. (I. 3). — *Yiak Dariyavaos Unan nanri : —
huhpeintukkimas Niku KUL (M)* [a] *Hakkamanni-
ṣiya tiri⁸ vaniun, sassata karata tori Sanuyut, yiak
sassata karata tori KUL (M) Nikavi Unan-ip.*

IV. (I. 4). — *Yiak ⁷Dariyavaos Unan nanri : —
VIII Unan-ip KUL (M) Unēna appuka Unanmas
marris, U IX-immas Unanmas hutta, sa⁸vak-mar
Niku Unan-ip hut.*

V. (I. 5). — *Yiak Dariyavaos Unan nanri : —
zaomin Oramasdana Unanmas U hut⁹ta ; Oramasda
Unanmas U-dunis.*

VI. (I. 6). — *Yiak Dariyavaos Unan nanri : —
Dayiyaus hi appo Unēna ti¹⁰risti ; zaomin Oramas-*

[a] *M* exprime le signe aphone indiquant le monogramme précédent.

# INSCRIPTIONS DE DARIUS

1. — Inscription historique de Bisoutoun.

*(Première colonne).*

I. (I. 1). — Moi, Darius, grand roi, roi des rois, roi en Perse, roi des pays, fils d'Hystaspe, petit fils d'Arsamès, Achéménide.

II. (I. 2). — Et Darius le roi dit : Mon père à moi fut Hystaspe, et le père d'Hystaspe fut Arsamès, et le père d'Arsamès fut Ariaramnès, et le père d'Ariaramnès fut Teïspès, et le père de Teïspès fut Achéménès.

III. (I. 3). — Et Darius le roi dit : A cause de cela, nous sommes nommés la race des Achéménides ; depuis les temps anciens nous sommes illustres, et depuis les temps anciens notre race étaient des rois.

IV. (I. 4). — Et Darius le roi dit : Huit rois de ma race exercèrent autrefois la royauté, j'exerce moi, le neuvième, la royauté. A deux reprises (¹), nous avons été rois.

V. (I. 5). — Et Darius le roi dit : Par la grâce d'Ormazd, j'ai exercé la royauté, Ormazd m'a conféré la royauté.

VI. (I. 6). — Et Darius le roi dit : Voici les provinces qui se disaient les miennes : par la grâce

_______

(¹) Une fois six rois finissant avec Achéménès, avant le règne de Phraortès, jusqu'à 650 av. J. C. ; puis, l'autre fois, depuis Cyrus.

*dana U Unanmas appinē hutta : — Parsan, yiak Hapirti, yiak Babilup, yiak As[11]surap, yiak Harbayap, yiak Muzzariyap, yiak AnGO-(M)-ip, yiak Ispardapē, yiak Iyao[12]nap, yiak Madapē, yiak Harminiyap, yiak Katpatukaspē, yiak Parçuvaspē, yiak Sarrainkaspē, yiak [13]Hariiyap, yiak Varasmiyap, yiak Bakṣis, yiak Sugdaspē, yiak Parruparaniçana* (a), *yiak [14]Sakkapē, yiak Çattagus, yiak Harraovatis, yiak Makka, van ir tarvak XXIII Dayiyaos.*

VII. (I. 7). — *Yiak [15]Dariyavaos Unan nanri:— Dayiyaos hi appo U-nēna tiristi; zaomin Oramasdana tas lubavas U-[16]nēna huttas* (b); *mannat-vas U-nēna kutis; appo U ap-tiriya, an-ovaspirvana [an-nanvana]* (c)... *hupipē hutta[17]s.*

VIII. (I. 8). — *Yiak Dariyavaos Unan nanri:— Dayiyaos hativa, Ruh-irra akka inkannas hupirri ir ku[18]kti; Ruh-irra akka harikkas hupirri tartoka vial hal*[nuva] *zaomin Oramasdana batur dēnim Unēna Dayi[19]yaos Unēna-va kuktak; appoanka U-ikkimar tirikka, huhpē huttas.*

IX. (I. 9). — *Yiak Dari[20]yavaos Unan nanri:— Oramasda hi Unanmas U-dunis; yiak Oramasda pikti U-tas, kus U Unanmas hi [21]peto, yiak zaomin Oramasdana U Unanmas marriya.*

X. (I. 10). — *Yiak Dariyavaos Unan nanri:— hi appo U [22]hutta, zaomin Oramasdana, çap appo*

(a) Complété d'après l'assyrien.

(b) *Mannat* complété d'après Nakch-i-Rustam.

(c) Conjecture possible. Le mot « nuit » peut être le monogramme *sipir*, égale à l'assyrien *damak*.

d'Ormazd j'ai exercé sur eux la royauté. La Perse, et les Susiens, et les Babyloniens, et les Assyriens, et les Arabes, et les Égyptiens, et les provinces maritimes, et les Spardas (¹), et les Ioniens, et les Mèdes, et les Arméniens, et les Cappadoces, et les Parthes (²), et les Zarangiens, et les Ariens, et les Chorasmiens, et la Bactriane, et les Sogdiens, et le Paropanisus (³), et les Saces, et la Sattagydie, et l'Arachosie, et la Macie (⁴) ; somme totale, vingt-trois provinces.

VII. (I. 7). — Et Darius le roi dit : Voilà les provinces qui se disaient les miennes, par la grâce d'Ormazd, ils faisaient acte de sujétion ; elles m'apportaient mes redevances ; ce que je leur ordonnais, la nuit comme le jour, ils le faisaient.

VIII. (I. 8). — Et Darius le roi dit : Dans ces pays, l'homme qui m'était ami, celui là je l'ai protégé ; l'homme méchant, je l'ai justement châtié. Par la grâce d'Ormazd, ma loi fut observée dans mes provinces ; ce qui leur était ordonné de ma part, cela ils le faisaient.

IX. (I. 9). — Et Darius le roi dit : Ormazd m'a donné cette royauté, et Ormazd fut mon soutien, jusqu'à ce que j'acquis cette royauté, et par la grâce d'Ormazd je possédais cette royauté.

X. (I. 10). — Et Darius le roi dit : Ceci est ce que j'ai fait jusqu'à ce que, par la grâce d'Ormazd,

(¹) Les Lyciens. Voir les Remarques.
(²) Il manque les Sagartiens.
(³) Le texte perse a la Gandarie, le Kandahar. L'Inde alors n'était pas encore au nombre des provinces.
(⁴) La presqu'île arabe du détroit d'Ormuz.

*Unanmas [Unan-ra]* (ª) *duva : Kanbuziya hisē, Kuras Sakri, Nikavi KUL (M), hupir*[23]*ri* (ᵇ) *U-appuka hiva Unanmas huttas. Kanbuziyana hupirri i... Birdiya hisē tingitto.....mar* [24]*tingitto addamar, yiak yika Kanbuziya hupirri Birdiya ir halpis; çap Kanbu- ziya Birdiya* [25]*ir halpis, Dassumun innē turnas appo Birdiya halpika; vasnē Kanbuziya Muzzariyap-ikki poris;* [26]*vasnē Dassumun harikkas, kutta titkimas Dayiyaos-hativa ersekki [ginri], kutta Parsan-ikki,* [27]*kutta Madapē ikki, yiak kutta Dayiyaos appo tahie- ativa. — (I. 11). yiak vasnē Ruḥ kir Magus,* [28]*Gau- matta hisē hupirri Piseyahuvadu ⪼ KUR(M) ⪼ Arak- kadarris hisē, avi ivaka, XIV annan an (PUL) (M)* (ᶜ) *an-Viyakanna* [29]*sna pirka, hicito ivaka; hupirri Das- sumun Ap-ir titukka nanri : U Birdiya, Kuras Sakri, Kanbuzi* [30]*ya i..... vara; vasnē Dassumun varrita Kanbuziya-ikkimar peptip, hupirrikki po* [31]*ris, kutta Parsan, yiak kutta Madapē, yiak kutta Dayiyaos appo dayiē; Unanmas hupirri* [32]*marris; IX annan an(PUL)(M) an-Garmapaddas na pirka, hicito Kan- buziya..... yiak vasnē Kanbu* [33]*ziya halpipe..... su halpik.*

XI. (I. 12). — *Yiak Dariyavaos Unan nanri : — Unanmas hupē appo Gaumat* [34]*ta akka Magus Kanbu- ziya evidusti, Unanmas gittinni karata tori KUL(M) Nikavi tas; vasnē* [35]*Gomatta akka Magus Kanbuziya evidus, kutta Parsan, yiak kutta Madapē, yiak*

(ª) *Unan-ra* semble se trouver, au lieu de *Unanmas.*

(ᵇ) Cette ligne manque par erreur dans le texte de Norris.

(ᶜ) Le mot de « mois » est écrit avec les signes de « dieu de mois » et celui de l'idéogramme. Le *Viyakhna* est l'*Adar.*

je fus roi : Cambyse de nom, fils de Cyrus, celui-là fut roi avant moi. Et ce Cambyse eut un frère nommé Smerdis, de la même mère et du même père. Plus tard, Cambyse tua ce Smerdis. Lorsque Cambyse tua ce Smerdis, le peuple ne savait pas que Smerdis fut tué. Après, Cambyse alla chez les Égyptiens ; puis, le peuple devint méchant et le mensonge se répandit beaucoup dans les pays, et en Perse, et en Médie, et dans les autres provinces. (I, 11). — Et alors, un homme, un Mage, Gomatès de nom, se souleva à Pasargades (¹), sur la montagne nommée Aracadris. Ce fut le quatorzième jour du mois de Viyakhna(²), lorsqu'il se souleva. Lui, il mentit au peuple, et dit : « Je suis Smerdis, fils de Cyrus, frère de Cambyse. » Puis, tout le peuple fit défection de Cambyse, il alla vers lui, et la Perse, et la Médie, et les autres provinces. Il s'empara de la royauté. Ce fut le neuvième jour du mois de Garmapada (³), lorsque ils firent défection de Cambyse. Et puis Cambyse, se tua lui-même.

XI. (I. 12). — Et Darius le roi dit : La royauté que Gomatès, le Mage, avait enlevée à Cambyse, cette royauté avait été, depuis les temps anciens, celle de notre race. Puis, Gomatès, le Mage, enleva à Cambyse et la

(¹) C'est là la transcription grecque de *Paisiyăuvădă* prononcé *Paisiyākhuădă*.

(²) Au mois de février-mars 522 (9,479).

(³) Juillet-août 522.

*kut*[36]*ta Dayiyaos appo dayie, hupirri evidusa duvan-e, hupirri Unanmas hupipēna marris.*

XII. (I. 13).— [37]*Yiak Dariyavaos Unan nanri :
— Ruh-irra-inna ginrik [Akkari innē Parsar]ra* (ᵃ)*,
in*[38]*nē Mada, yiak innē KUL(M) Nikavi akka Gau-
matta Magus Unanmas evidus ; Dassumun-mas...* (ᵇ)
[39]*ipsis ; Dassumun irsekki halpis Akkapē sassa Birdiya ir turnasti, hupeintukkimmas Dassumun irse*
[40]*ikki halpis : yinē U ir tarnampi appo U innē Birdiya akka Kuras Sakri. yiak Akkari aski* [41]*Gomatta
Magus çubaka innē lulvak, kus U sinnigit ; vasnē
U Oramasda pattiya* [42]*vanyayi, Oramasda pikti
U-tas, zaomin Oramasdana, X annan anPUL(M)
an-Bayayadisna* [43]*pirka, hičito Ruh harikip itaka,
U Gomatta akka Magus ir halpiya, kutta* [44]*Ruh appo
atarrivan nitavi hupoppi itaka,* ➤ *Huvanis* ➤ *Sik-
kiovatis hisē* ➤ *Nissaya* [45]*hisē* ➤ *Dayiyaus Madapē-
ikki, avi ir halpiya, Unanmas U eviduva, zaomin
Oramasdana* [46]*U Unanmas hutta, Oramasda Unanmas
U-dunis.*

XIII. (I. 14).— *Yiak Dariyavaos Unan nanri :
— Unan*[47]*mas appo KUL(M) Nikavi-ikkimar kutka-
toirrakki, hupe U vaggiya ; U* ➤ *katēva zikkita ;
çap appo*[48]*anka appukata, hičito U hutta ; U ančiyan
annappanna hutta appo Gomatta akka Magus*
[49]*çarista, yiak U Dassumun-na nutas, yiak as, yiak
Kurtas, yiak* ➤ *Ummannip[UL.HI(M)-]va appi luvi* (ᶜ)

<hr>

(ᵃ) Il faut lire ainsi.

(ᵇ) Deux signes manquent.

(ᶜ) *Uummannip* est la prononciation de *UL. HI (M) ip. Ip* et
non * či ; luviya* est une restitution possible.

Perse, et la Médie, et les autres provinces. Il agit à sa guise, il s'empara de la royauté sur elles.

XII. (I. 13.) — Et Darius le roi dit : Il ne fut parmi les hommes, ni un Perse, ni un Mède, ni même quelqu'un de notre race, lequel aurait enlevé la royauté à Gomatès, le Mage. Le peuple avait grande peur de lui. Il tua beaucoup de gens du peuple qui avaient connu l'ancien Smerdis, à cause de cela, il tua beaucoup de monde. « Qu'ils ne me reconnaissent que je ne suis pas Smerdis, qui fut fils de Cyrus. » Et personne n'osa dire quoique ce fût au sujet de Gomatès, le Mage, jusqu'à ce que je vins. Alors, j'invoquai Ormazd, Ormazd fut mon soutien. Par la grâce d'Ormazd, ce fut le dixième jour du mois de Bagayadis([1]), que je tuai, accompagné de quelques hommes peu nombreux, Gomatès le Mage, et les hommes qui en avaient été les principaux adhérents. Il est un fort, nommé Sikhyuvatis([2]), en Nisée, dans le pays des Mèdes ; et là, je le tuai, je lui enlevai la royauté, par la grâce d'Ormazd, je pris la royauté, Ormazd me donna la royauté.

XIII. (I. 14.) — Et Darius le roi dit : La royauté qui avait été enlevée à notre race, je la recouvrai ; je la rétablis à sa place, comme elle avait été autrefois, ainsi je la refis.

Je rebâtis les temples des dieux que Gomatès le Mage avait détruits et je restituai, en faveur du peuple([3]), et la croyance et la langue([4]), et je rendis aux familles ce que

([1]) Mars-avril 521 (9,480).

([2]) C'est le vrai nom de la localité lu à tort *Çikhthauvatis.*

([3]) Le perse *abiçaris*, qui est une postposition.

([4]) *Gaithā* « monde » et *Māniyam* « la croyance » ou « la langue. » (Voir les remarques.)

[50]*ya appo Gomatta akka Magus ev-ap-dusda; yiak U Dassumun ➤ katē-va zikkita, kutta*[51] *Parsan, yiak kutta Madapē, yiak kutta Dayiyaus appo dayie...*([a]) *ta, hičito, çap* [52]*appo anka appukata, U appo kut-katoirrakki, hupē vaggiya zaomin Oramasdana, hi Uhut*[53]*ta, U baluikmas zaduva* ([b]) *kus Ummanni Nikavi* ➤ *katēva zikkita, hičito çap appukata; yi*[54]*ak U ba-luikmas zaduva zaomin Oramasdana appo Gomatta akka Magus* ➤ *Ummanni Nikavi*[55]*innē kutkatoirras*([c]).

XIV. (I. 15). — *Yiak Dariyavaos Unan nañri :*
— *hi appo U-ikkimar huttak, ça*[56]*p appo anka appuka Unanmas marriya.*

XV. (I. 16). — *Yiak Dariyavaos Unan nanri :*
— *çap Gomat*[57]*ta akka Magus U halpiya, vasnē Assina hisē, Hapirtora, Humbadarranma Sakri,* [58]*hupirri Hapirtip-ikki ivaka nanri; Unanmas Hapirtippē U huttavara; vasnē Hapirtip U* [59]*ikki-mar peptippa, Assina hupirrikka poris; vasnē Unanmas hupirri Hapirtip*[60]*na huttas; yiak kutta Ruh kir Niditbel hisē, Babilurra, Ayinayira Sa*[61]*kri, hupirri* ➤ *Babilu ivaka, Dassumunpē hičito appir titukka nanri; U Nabkudurru*[62]*sar, tur Nabbunēta vara; vasnē Dassumun appo Babilup varrita Nidit-bel hupirrikki* [63]*poris; vasnē Babilup peptip, Unan-mas appo Babiluppē yupirri marris.*

XVI. (I. 17). — *Yiak* [64]*Dariyavaos Unan nanri :*
— *vasnē U yuttik Hapirtip-ikki vaggiya, Assina hupir*[65]*ri marrika, rabbaka, U-ikki vaggik; vasnē U ir-halpiya.*

(a) Il ne semble rien manquer.
(b) Les deux signes manquants, ont été restitués en *duva*.
(c) *Ras* ou *rasta*, non *rakki*

Gomatès le Mage leur avait enlevé ; et je rétablis l'état dans son intégrité, et la Perse et la Médie et les autres provinces. Ainsi je rétablis ce qui avait été enlevé, comme cela avait été auparavant. Par la grâce d'Ormazd, je fis cela. Je travaillais jusqu'à ce que j'eusse rétabli notre race, comme elle avait été autrefois, et j'ai travaillé par la grâce d'Ormazd, comme si (¹) Gomatès le Mage n'avait pas supplanté notre famille.

XIV. (I. 15). — Et Darius le roi dit : Cela fut fait par moi, avant que je me fusse emparé de la royauté.

XV. (I. 16.) — Et Darius le roi dit : Lorsque je tuai Gomatès le Mage, alors un nommé Assina, un Susien, fils d'Umbadaranma (²), surgit en Susiane et dit : « J'exerce la royauté sur les Susiens. » Alors, les Susiens firent défection de moi et allèrent vers cet Assina. Alors il exerça la royauté sur les Susiens. Et un homme nommé Nidintabel, un Babylonien, fils d'Aenaera, surgit dans Babylone, et il mentit au peuple et dit : « Je suis Nabuchodonosor, fils de Nabonid. » Alors, le peuple des Babyloniens alla en totalité vers ce Nidintabel. Les Babyloniens se révoltèrent ; il s'empara de la royauté sur les Babyloniens.

XVI. (I. 17). — Et Darius le roi dit : Puis j'envoyai un messager en Susiane ; cet Assina fut pris, lié et amené devant moi, puis je le tuai.

(¹) Voilà le vrai sens, exposé déjà en 1852.

(²) Nom susien, dans les textes assyriens *Umbadarâ*.

XVII. (I. 18). — *Yiak Dariyavaos Unan na[66]nri :
— vasnē U Babilu poriya, Niditbel hupirrikka akka
nanri, U Nabkudurrusar ; [67]Dassumun appo Niditbel hupirrina, ⊱ YI. M ([a]). Tikra hisē, avi peçapti,⊱
Tikra ⊱ ginri[68]t marris, kutta [avi] dah ⊱ IZ MAK
(M) ([b]) vasnē U Dassumun-mas kamtas(?) peva mun (?)
nika ; ([c]) appo PAZ YI [69]AB BA (M) ([d]) va appin peto,
appo PAZ KUR RA (M) ([e]) ir pepluppa, Oramasda
pikti U-tas, za[70]omin Oramasdana Tikra anto-
giyutta, avi Dassumun appo Niditbel hupirrina halpi[71]ya ; XXVI annan an PUL (M) an-Assiyadiyasna
pirka, hičito sabarrakimmas hutta-yu[72]t, irsekki avi
halpi.*

XVIII. (I. 19). — *Yiak Dariyavaos Unan nanri :
— vasnē U Babilu poriya ; [73]batur Babilu innē
luppugitta ([f]), ⊱ HAL (M) Zazzan hisē ⊱ Uprato
satavatak a[74]vi Niditbel hupirri akka nanri,
U Nabkudurrusar, Dassumun itaka, U-rutas si[75]n-
nik, sabarrakimmas huttivanra ; vasnē sabarrakimmas hutta-yut, Oramasda pikti U-ta[76]s, zaomin
Oramasdana Dassumun appo Niditbel hupirrina avi
halpiya ; II annan an PUL (M)[77] an-Anamakkasna
pirka, hičito sabarrakimmas hutta-yut, Dassumun
appo Niditbel-na U halpi irsek[78]ki, yiak ap-in YI (M)
va puttana, YI (M) hiva saçak.*

(a) Idéogramme « eau », ass. *A*.

(b) Idéogramme « vaisseau », ass. *elippu*.

(c) Très-fruste et incertain.

(d) Idéogramme « chameau ».

(e) Idéogramme « cheval ».

(f) Cette restitution est importante et forcée.

XVII. (I. 18). — Et Darius le roi dit : Alors je marchai sur Babylone, vers ce Nidintabel qui disait : « Je suis Nabuchodonosor ». L'armée de ce Nidintabel s'était portée sur le fleuve, elle occupait les rives du fleuve nommé Tigre (¹), et était sur des navires. Alors je partageai mon armée en petits groupes ; une partie, je la mis sur des chameaux, une autre partie fut montée sur des chevaux. Ormuzd fut mon soutien, par la grâce d'Ormuzd, nous franchîmes le Tigre ; là je battis l'armée de Nidintabel ; ce fut le 26ᵉ jour du mois d'Athriyadiya (²), lorsque nous livrâmes la bataille et défîmes cette armée.

XVIII. (I. 20). — Et Darius le roi dit : Puis je marchai sur Babylone ; je n'étais pas encore arrivé sous Babylone, que près la ville de Zazana sur l'Euphrate, ce Nidintabel qui disait : « je suis Nabuchodonosor », alla contre moi avec son armée pour livrer une bataille. Puis nous livrâmes la bataille, Ormazd fut mon soutien, par la grâce d'Ormazd, je défis là l'armée de ce Nidintabel. Ce fut le second jour du mois d'Anamaka (³) que nous livrâmes la bataille. Je tuai beaucoup de monde de l'armée de Nidintabel, et je poussai d'autres dans le fleuve ; dans ce fleuve, ils furent noyés.

---

(¹) Le mot « nommé » ne se trouve ni en perse, ni en assyrien ; cela prouve encore pour la distance qui séparait le fleuve du pays où l'on parlait la langue médique.

(²) Novembre–décembre 521 (9, 480).

(³) Six jours seulement après la bataille du Tigre (décembre 521).

**XIX. (II. 1).—** *Yiak Dariyavaos Unan nanri :
— vasnē [79]Niditbel hupirri Telnip harikip itaka
puttukka...vas* ([a]) ➤ *Babilu luppa; vasnē U [80]Babilu-
ikki lugitla* ([b]); *zaomin Oramasdana kutta* ➤ *Babilu
marriya, kutta Niditbel hu[81]pirri marri* ([c]), *vasnē
Niditbel hupirri U* ➤ *Babilu ir halpiya.*

DEUXIÈME COLONNE ([d]).

**XX. (II. 2).—** *Yiak [1]Dariyavaos Unan nanri :
— Kus U* ➤ *Babilu ginnigit, appi Dayiyao[2]s U ir pep-
tip, Parsan, yiak Hapirti, yiak Madapē, yiak
Assura, yiak Mu[3]zzariyap* ([e]), *yiak Parthuvap, yiak
Marguspē, yiak Çattagus, yiak Sak[4]kapē.*

**XXI. (II. 3).—** *Yiak Dariyavaos Unan nanri :
— Ruḥ kir Martiya hisē Issain [5]zakris Sakri,* ➤
*KUL (M)* ➤ *Kukkannakan hisē Parsan-ikki, avi
hartak; hupirri Ha[6]pirtip-ikki ivaka,* ➤ *Dassumunpē
hiċito aptiris, nanri :— U Immannis Unan Hapirtipna
va[7]ra. (II. 4). — yiak U avas-ir HALpirti inkanna
ginnigit, vasnē HALpirtip* ([f]) *U-ikkimar ipsip* ([g]), *Mar-
[8]tiya hupirri akka irsarra appinē tiristi, ir mar-
rissa, ir halpis..*

([a]) Deux signes manquent.

([b]) *Luppa* et *lugitta* sont probablemeut à lire *çappa* et *çagitta*.

([c]) *Pinti* (Norris) semble être *marri*.

([d]) La seconde tablette est entièrement conservée.

([e]) Le mot d'Égypte se trouve ici avec certitude.

([f]) La manière d'écrire le nom de la Susiane, voir le Glossaire.

([g]) Seul mot douteux dans la colonne.

**XIX**. (II. 1). Et Darius le roi dit : Puis ce Nidintabel s'enfuit avec quelques cavaliers qui se retirèrent à
Babylone. Puis je m'approchai de Babylone (j'assiégeai
Babylone) (¹). Par la grâce d'Ormazd, je pris et Babylone,
et fis captif ce Nidintabel ; ensuite, je tuai ce Nidintabel
dans Babylone.

*(Deuxième colonne.)*

**XX**. (II. 2). — Et Darius le roi dit : Lorsque j'étais
à Babylone, ces provinces firent défection de moi : La
Perse et la Susiane, et les Mèdes, et l'Assyrie, et les
Égyptiens (²), et les Parthes, et la Margiane, et la Sattagydie, et les Saces.

**XXI**. (II. 3). — Et Darius le roi dit : Un homme
nommé Martiya, fils d'Issainsakris (³), dans la ville nommée
Kuganaka, en Perse, c'est là qu'il demeurait. Celui-ci
surgit en Susiane. Il parla ainsi au peuple et dit : « Je
suis Immanès, roi de Susiane. » (II. 4.) Et j'étais en ce
temps en amitié (⁴) avec les Susiens : après cela les Susiens
me redoutèrent, prirent ce Martiya qui s'était dit leur
chef, et le tuèrent.

---

(¹) Pendant vingt mois, ce qui ressort du récit sans y être dit expressément.

(²) Donnée conservée par le texte médique.

(³) Voir sur ces noms l'Introduction.

(⁴) En médique *inkanna* « ami », en perse *a(kh)saniya* « ne
pouvant nuire » ; c'était probablement une amitié forcée par l'impuissance momentanée de Darius.

XXII. (II. 5). — *Yiak Da⁰riyavaos Unan nanri :
— Ruh kir, Pirruvartis hisē, hupirri ➤ Madapē-
ikki ivaka, ¹⁰Dassumunpē hiċito aptirissa nanri : —
U Sattarrita, KUL(M) Vak-istarrana nēma¹¹nki vara ;
vasnē Dassumun Madapē appo ➤ Ummanni* (ª), hupipe
U-ikkimar peptip, hu¹²pirrikki poris ; Madapē-ikki
Unanmas yupirri huttas. — (II. 6). — Dassumun
Parsan yiak Madapē U-ta¹³s harikki ginri ; vasnē U
Dassumun Madapē-ikki tippē tah ; Vidarna hisē Par-
sarkir, U¹⁴Lubaruri, hupirri Irsarra appinē ir hutta ;
hiċito aptiriya : vites, Dassumun Ma¹⁵dapē akkapē
Unēna innē tirivanpi, hupipē halpis vanka : vasnē
Vidarna Dassumun itaka Madapē ¹⁶ikki çak ; çap
Madapē-ikki ir-porik, ➤ HAL (M) ➤ Marus hisē ➤
Madapē-ikki, avi sabarrak¹⁷immas huttas ; akka
Madapēna ırsarra avas-ir innē harir, Oramasda
pikti U-ta¹⁸s, zaomin Oramasdana Dassumun appo
Unēna Dassumun appo Petipna irsekki halpis ;
XX¹⁹VII annan an PUL(M) an-Anamakkasna pirka,
hiċito sabarrakimmas huttas, vasnē Dassumun appo
U²⁰nēna aski innē huttas, Dayiyaos ➤ Kampandas
hisē Madapē-ikki, avi zatis, ²¹kus U sinnigit Madapē-
ikki.*

XXIII. (II. 7). — *Yiak Dariyavaos Unan nanri :
— Dadarsis ²²hisē, Harminiyar kir, U Lubaruri,
hupirri U Harminiyap-ikka ir hutto ; hiċito ²³hi-
tiriya : vita, Dassumun appo Petip, Unēna innē
tirivanpi, hupipē halpis vanka ; vasnē Dadarsis
²⁴çak ; çap Harminiyap-ikki ir-porikka, Petip pirruir sarrappa Dadarsis irva ²⁵sinnip, sabarrakim-*

XXII. (II. 5). — Et Darius le roi dit : Un homme, nommé Phraortès (lui), surgit chez les Mèdes et parla ainsi au peuple et dit : « Je suis Sattarritta (¹), descendant de la race de Cyaxarès. » Alors le peuple des Mèdes qui habitait des maisons, ceux-là firent défection de moi, allèrent vers lui ; il exerça la royauté sur les Mèdes. (II. 6.) Et le peuple perse et les Mèdes furent avec moi, en petit nombre. J'envoyai alors une armée en Médie ; le nommé Hydarnès, un Perse, mon serviteur, je le fis chef de cette armée. Je leur parlai ainsi : « Marchez, les peuples des Mèdes qui ne se disent pas miens, ceux-là, tuez-les. » Alors, Hydarnès marcha vers la Médie. Lorqu'il arriva en Médie, près d'une ville nommée Marus, en Médie, nous livrâmes la bataille. Le chef des Mèdes dans ce moment ne tint pas même peu. Ormazd fut mon soutien, par la grâce d'Ormazd mon armée tua beaucoup de monde de l'armée des rebelles. Ce fut le 27ᵉ jour du mois d'Anamaka (²) qu'il livra ainsi la bataille. Après, mon armée à moi ne fit absolument plus rien. Il y a une province en Médie, nommée Campanda, c'est là qu'elle attendit jusqu'à ce que j'arrivai en Médie.

XXIII. — Et Darius le roi dit : Un Arménien, nommé Dadarsès, mon serviteur, je l'envoyai en Arménie. Je lui parlai ainsi : « Marche, l'armée des rebelles qui ne se disent pas miens, tue ceux-là ! » Puis, Dadarsès marcha ; quand il arriva en Arménie, les rebelles se massèrent et marchèrent contre Dadarsès, pour livrer une bataille ; puis, Dadarsès livra la bataille avec eux. Il y a une forte-

(¹) Un nom évidemment original, et arianisé en *Khsathrita*.
(²) Ce fut l'*Anâmaka* de l'année suivante ; janvier 519 (9,482).

*mas huttiniunyupa ; vasnē Dadarṣis sabarrakimmas
apva-tas ; ➤ Huvanis ➤ Zuzza* [26]*hisē, Harminiyáp-
ikki, avi Oramasda pikti U-tas, zaomin Oramasdana
Dassumun* [27]*appo Unēna Dassumun appo Petipna
irsekki halpis ; VIII annan an(*[a]*)PUL(M)an-Çurvarna
pirka,* [28]*hiċito sabarrakimmas huttas (*[b]*). (II. 8). yiak
sarak II immasva, Petip pirruir sarrappa, Dadarsis*
[9]*irva sinnip, sabarrakimmas huttiniunyupa ; vasnē
➤ Halvarris ➤ Tikra hisē ➤ Harminiyap-ik*[30]*ki, avi
sabarrakimmas huttas ; Oramasda pikti U-tas,
zaomin Oramasdana Dassu*[31]*mun appo Unēna Dassumun appo Petipna irsekki halpis ; XVIII annan
an PUL (M) an-Çurvarna* [32]*pirka, hiċito sabarrakimmas huttas. (II. 9). yiak sarak III immasva Petip
pirruir sarrappa, Da*[33]*darsis irva sinnip, sabarrakimmas huttiniunhupa ; ➤ Halvarris ➤ Uiyama
hisē Harminiyap* [34]*ikki, avi sabarrakimmas huttas ;
Oramasda pikti U-tas, zaomin Oramasdana Dassu-*
[35]*mun appo Unēna Dassumun appo Petipna irsekki
halpis ; IX annan an PUL (M) an-Çayikarriċisna*
[36]*pirka, hiċito sabarrakimmas huttas ; yiak vasnē
Dadarsis aski innē huttas, Hun zatis,* [37]*kus U Madapē-
ikki sinnigit.*

XXIV. (II. 10). — *Yiak Dariyavaos Unan nanri :
— Vaomis* [38]*sa hisē, Parsar kir, U Lubaruri, hupirri
U tippē Harminiyap-ikki taḥ, hi*[39]*ċito hi tiri : vitē
Dassumun appo Petip Unēna inni tirivanpi, hupipē
halpis vanka ; vasnē* [40]*Vaomissa çak ; çap Harmi-*

---

(a) Le texte perse porte la date du *six* Thuravahara.

(b) A cet endroit comme dans presque tous les suivants la syllabe
*tas* est écrite *ta s*.

resse, nommée Zuza, en Arménie, là Ormazd fut mon soutien ; par la grâce d'Ormazd mon armée tua beaucoup de monde de l'armée des rebelles, Ce fut le 8e jour du mois de Thuravahara (¹), lorsqu'ils livrèrent ainsi la bataille. (II. 8.) Et de nouveau, pour la seconde fois, les rebelles se massèrent et marchèrent contre Dadarsès, pour livrer une bataille, Puis, il y a une ville nommée Tigra, en Arménie ; c'est là qu'ils livrèrent la bataille. Ormazd fut mon soutien, par la grâce d'Ormazd, mon armée tua beaucoup de monde de l'armée des rebelles. Ce fut le 18e jour du mois de Thuravahara (²) qu'il livra ainsi la bataille. (II., 9). Et pour la troisième fois les rebelles se massèrent et marchèrent contre Dadarsés pour livrer une bataille. Il est un fort nommé Uhyama, en Arménie, c'est là qu'il livra la bataille. Ormazd fut mon soutien, par la grâce d'Ormazd, mon armée tua beaucoup de monde de l'armée des rebelles. Ce fut le neuvième jour du mois de Thaïgarćis (³), lorsqu'il livra ainsi la bataille. Et ensuite Dadarsès ne fit plus rien, et m'attendit, jusqu'à ce que j'arrivai en Médie.


XXIV. (II. 10). — Et Darius le roi dit : Le nommé Omisès, un Perse, mon serviteur, je le détachai vers l'Arménie ; je lui parlai ainsi : « Marche, l'armée des rebelles qui ne se disent pas miens, tue ceux-là ». Puis Omisès partit ; lorsqu'il arriva en Arménie, les rebelles

(¹) Mai-juin 519. C'est l'Iyar sémitique.
(²) Juin 519, dix jours seulement après la première bataille.
(³) Juin 519, 21 jours après la bataille précédente ; le Thaïgarćis correspond au Sivan,

*niyap-ikki ir-porikka Petip pirruir sarrappa,
Va[41]omissa irva sinnip, sabarrakimmas huttiniun-
yupa; vasnē ➤ Izzito* ([a]) *hisē ➤ Assuran, avi sabar-
[42]rakkimmas huttas; Oramasda pikti U-tas, zaomin
Oramasdana Dassumun appo Unēna Dassumun appo
Petipna irsekki halpis; XV annan an PUL(M) an-
Anamakkasna pirka, hi[44]ċito sabarrakimmas huttas
(II, 11). yiak sarak II-immasva, Petip pirruir
sarrappa, Vaomis[45]sa irva sinnip, sabarrakimmas
huttiniunyupa; vasnē ➤ Batin ➤ Haotiyarus* ([b]) *hisē,
avi sabarrakim[46]mas huttas; Oramásda pikti
U-tas, zaomin Oramasdana Dassumun appo Unēna
Dassu[47]mun appo Petip* ([c]) *irsekki halpis; an PUL(M)
an-Çurvar puinkitēva, hiċito sabarrakimmas hut-
ta[48]s; vasnē Vaomissa Harminiyap-ikki zatis, kus
U Madapē-ikki sinnigit.*

*XXV. (II. 12). — Yiak[49] Dariyavaos Unan nanri :
— vasnē U ➤ Babilumar lunugitta, Madapē-ikki
poriya; çap Ma[50]dapē-ikki in-porugit, ➤ HAL (M)
➤ Kundurrus hisē, Madapē-ikki, avi Pirruvartis
hupirri si[51]nnik akka nánri, U Unanmas Madapēna
huttavara, sabarrakimmas huttivanra; vasnē
sabarrakimmas hu[52]ttahut; Oramasda pikti U-tas,
zaomin Oramasdana avi Dassumun appo Pirruvar-
tisna[53] U halpi irsekki; XXV annan an PUL(M) an-Ha-
dukannasna pirka, hiċito sabarrakimmas huttiyut.*

([a]) Ce nom est perdu en perse et en assyrien ; le nom *Izzit* semble
être la forme assyrienne : Le perse était probablement *Izitus* ; selon
ce dernier c'était « un pays », *dahyāus.*

([b]) Le perse a *Autiyāra.*

([c]) Il y a tantôt *Petipna,* tantôt *Petip.*

se massèrent et marchèrent contre Omisès, pour livrer une bataille. Puis, près d'Izzit en Assyrie, c'est là qu'il livra la bataille. Ormazd fut mon soutien, par la grâce d'Ormazd, mon armée tua beaucoup de monde de l'armée des rebelles. Ce fut le quinzième jour du mois d'Anamaka [1] qu'il livra ainsi la bataille (II, 11). Et, pour la seconde fois, les rebelles se massèrent et marchèrent contre Omisès pour livrer une bataille. Puis dans un district nommé Autiyarus, c'est là qu'il livra la bataille. Ormazd fut mon soutien, par la grâce d'Ormazd, mon armée tua beaucoup de monde de l'armée des rebelles. Ce fut à la fin du mois de Thuravahara [2], qu'il livra ainsi la bataille. Ensuite Omisès attendit en Arménie jusqu'à ce que j'arrivai en Médie.

XXV. (II. 12). — Et Darius le roi dit : Alors je sortis de Babylone [3] et allai en Médie. Lorsque j'étais arrivé en Médie, près d'une ville nommée Kundurus, en Médie, c'est là que vint Phraortès, celui qui disait : « J'exerce la royauté sur les Mèdes, » et voulut livrer une bataille. Puis nous livrâmes la bataille ; Ormazd fut mon soutien, par la grâce d'Ormazd, je tuai beaucoup de monde à l'armée de Phraortès. Ce fut le vingt-cinquième jour du mois d'Adukanis [4], lorsque nous livrâmes ainsi la bataille (II, 13). Puis ce Phraortès s'enfuit avec quelques

[1] Vers la fin de 519 (9,482) où le commencement de 518 (9,483).

[2] Mai 518 (9, 483). L'assyrien dit « le 30 Iyar ».

[3] Donc, jusqu'à ce temps, Darius était retenu à Babylone, au moins jusqu'à mars 518.

[4] Juin 518.

(II, 13). *vasnē* [54]*Pirruvartis hupirri Telnip harik-kip itaka puttukka,* ⟶ *Rakkan çak* (ᵃ); *vasnē U Dassu-mun-mas* [55]*mi tah; avimar marrika, U ikki vaggik; U hisimmas, yiak titmas, yiak tirri vaččiya, umdē* [56]*kiduva;* ⟶ *Čip Unēna-va rabbaka marrik; Dassu-mun varpepta ir čiyas; yiak vasnē* ⟶ *Akmatana iz*[57]*rurva ir pēto, yiāk kutta Ruḥ appo atarrivan nitavi hupoppi, hupipē* ⟶ *Akmatana* ⟶ *Halvarri*[58]*s-va VARSAK (M)* (ᵇ) *sara kippoka appin dirra.*

XXVI. (II, 14). — *Yiak Dariyavaos Unan nanri:* — *Ru*[59]*h kir Čissaintakma hisē,* ⟶ *Assagar-tiyara, hupirri U-ikkimar peptukka, Dassumunpe hičito ap*[60]*tiris nanri: Unanmas U hutta, KUL (M) Vak-istarrana nēman vara; vasnē U Dassumun Parsan yiak* [61]*Madapē tippē taḥ; Takmaspada hisē, Mada, U Lubaruri, hupirri Irsarra appinē ir hutta,* [62]*hičito ap-tiriya: viḷē, Dassumun appo Petip, U-nēna innē tirivanpi, hupipe halpis vanka; vasnē Tak*[63]*maspada Dassumun itaka çak; sabarrakim-mas Čissaintakma hi tas; Oramasda pikti U-tas,* [64]*zaomin Oramasdana, Dassumun appo Unēna Das-sumun appo Petippē irsekki halpis, kutta* [65]*Čissain-takma ir marris, U-ikki ir vaggis; U hisimmas, yiak tirri vačči, umdē kiduva;* ⟶ *Ci*[66]*p Unēnava*

(ᵃ) Le mot *Rakkan* est ici employé sans les mots médiques : *avimar Rakkan hisē Dayiyaos, Madapēikki avi çak*, qui seraient la tra-duction des mots perses : *amuthā Ragā nāmā dahyāus Mādaiy avadā osiyava.* L'assyrien a : *ut-ama illikva mat Ragā sumsu Madaï.*

(ᵇ) La lecture est difficile ; la phrase est moins développée dans l'original.

cavaliers et alla à Rhages (¹). Puis alors je détachai mon armée ; de là il fut pris et amené devant moi. Je lui coupai le nez, et la langue et les oreilles, et je lui crevai les yeux ; il fut tenu prisonnier dans mon palais, et tout le peuple le vit. Et alors je le mis en croix à Ecbatane ; et les gens qui avaient été ses principaux adhérents, à ceux là je coupai la tête (²) dans la citadelle d'Ecbatane, et puis je les empalai.

XXVI. (II. 14). — Et Darius le roi dit : Un homme Tritantæchmès (³) *(Cithrañtakhma)* de nom, un Sagartien, fit défection de moi, parla ainsi aux peuples et dit : « J'exerce la royauté, je descends de la race de Cyaxarès. » Alors je détachai une partie de l'armée perse et médique. Le nommé Takhmaçpada, un Mède, mon serviteur, je le fis leur chef, et je lui parlai ainsi : « Marche, l'armée des rebelles qui ne se disent pas miens, tue-les. Puis Takhmaçpada partit avec l'armée et livra une bataille à ce Tritantæchmès (⁴). Ormazd fut mon soutien. Par la grâce d'Ormazd, mon armée tua beaucoup de monde à l'armée des rebelles. Et ils prirent Tritantæchmès et l'amenèrent devant moi, je lui coupai le nez et les oreilles et lui crevai les yeux ; il fut tenu enchaîné dans mon palais et tout le

(¹) Les textes perse et assyrien portent « contrée ainsi nommée en Médie. »

(²) Ce détail, plus que douteux, manque dans l'original perse.

(³) Nom hellenisé.

(⁴) Le nom de Tritantaechmès, porté par deux personnes, se trouve dans Hérodote (I, 192 ; VII, 82-121 ; VIII, 26). J'ai déjà, en 1847, assimilé le mot perse *citrañtakhma* à ce nom grécisé avant que les traductions médique et assyrienne n'eussent prouvé la présence de la nasale avant *takhma*.

*rabbaka marrik; · Dassumun varripepta ir čiyas;
vasnē ➤ Harbera hisē* [a]*, avi U izru[67]r-va ir peto.*

XXVII. (II, 15). — *Yiak Dariyavaos Unan
nanri : — hi U Madapē-ikki hutta.*

XXVIII. (II, 16). — [68]*Yiak Dariyavaos Unán
nanri : — Parçuvaspē yiak Virkaniyap U-ikkimar peptippa, Pirru[69]vartisna tiriyas; Vistaspa
U Attata ➤ Parçuvas ginri, ir hupirri Dassumun
ir-vaz [70]dēvassa peptip; yiak vasnē Vistaspa Dassumun appo tavini*[b]*itaka çak;➤HAL(M)➤Vispaozatis
[71]hisē ➤ Parçuvas, avi sabarrakimmas Petip·
ap-va-tas; Oramasda pikti U-tas, zaomin Oramasdana Vi[72]staspa Dassumun appo Petip halpis irsekki;
XXII annan an PUL (M) an-Viyakannas-na pirka,
hičito sabar[73]rakimmas huttas.*

XXIX. (III, 1). — *Yiãk Dariyavaos Unan
nanri : — vasnē U Dassumun Parsan ➤ Rakkan-
mar Vista[74]spa-ikki vaggiya; çap Dassumun hupipē
Vistaspa-ikki ir-porip, vasnē Vistaspa Dassumun
[75]hupipe itaka çak;➤HAL(M)➤Patikrabbana hisē,
➤ Parçuvas, avi sabarrakimmas huttas; Ora-
masdà pikti U-[76]tas, zaomin Oramasdana Vistaspa
Dassumun appo Petip halpis irsekki; I annan
an PUL(M) an-Gar[77]mapadas pirka, hičito sabarrakimmas huttas.*

XXX. (III. 2). — *Yiak Dariyavaos Unan nanri :
— vasnē Dayiya[78]os U-nēna hahuttap; hi U Parçuvas
hutta.*

---

[a] Les correspondants au mot *hisē* « nom » manquent, par contre,
dans les textes perse et assyrien, et aussi celui de *avi* « là »

[b] Sûrement une faute pour *nitavi.*

peuple le vit. Puis dans la ville nommée Arbèles, c'est là que je le mis en croix.

XXVII. (II. 15). — Et Darius le roi dit : C'est ce que j'ai fait en Médie.

XXVIII. (II. 16). — Et Darius le roi dit : Les Parthes et les Hyrcaniens firent défection de moi, et se disaient (sujets de Phraortès)[1].Hystaspe, mon père, fut en Parthie, le peuple l'abandonna et fit défection. Alors Hystaspe partit avec son armée. Il est une ville en Parthie nommée Hyspaozatis, c'est là que fut livrée la bataille contre les rebelles. Ormazd fut mon soutient, par la grâce d'Ormazd, Hystaspe tua beauconp de monde de l'armée des rebelles, Ce fut le 22e jour du mois de Viyakhna qu'il livra ainsi la bataille.

XXIX. (III. 1). — Et Darius le roi dit : Alors[2] j'envoyai l'armée perse de Rhages à Hystaspe ; lorsque ces troupes furent arrivées chez Hystaspe, alors Hystaspe partit avec ces troupes. Il y a une ville nommée Patigrapana, en Parthie, c'est là qu'ils livrèrent la bataille. Ormazd fut mon soutien, par la grâce d'Ormazd l'armée d'Hystaspe tua beaucoup de monde à l'armée des rebelles. Ce fut le 1er jour du mois de Garmapada, lorsqu'ils firent ainsi la bataille.

XXX. (III. 2). — Et Darius le roi dit : Alors ces provinces devinrent les miennes, c'est ce que je fis en Parthie.

[1] Donc Phraortès vivait encore ; ce fut donc le Viyakhna de 9,483 (518).

[2] C'est-à-dire, plus d'une année après ; car la bataille de Patigrapana n'a pu être livrée qu'après la prise de Rhages, puisque Darius envoie de cette ville des secours à son père ; donc au mois de juillet avant 9,484 (517).

**XXXI.** (III. 3). — *Yiak Dariyavaos Unan nanri : — Dayiya[79]os Margus hisē U-ikkimar peptip, Ruh kir Pirrada hisē, Margus-irra, hupirri [80]Unan appinē ir huttas ; yiak vasnē U Dadarsis hisē, Parsar kir, U Lubaruri, saksapavanamas ➤ Ba[81]kṣis huttas, huttik hupirrikki vaggiya ; nangi : vitkinē, Dassumun appo Petip U-nēna innē tirivanpi, [82]hupipē halpis nēvanka ; vasnē Dadarṣis Dassumun itaka çak ; sabarrakimmas Marguspē ap-vatäs, Oramasda pikti [83]U-tas, zaomin Oramasdana Dassumun appo Unēna Dassumun appo Petipna halpis irsekki ; XXIII annan [84]an PUL (M) an-Asiyadiyasna pirka, hiċito sabarrakimmas huttas.*

**XXXII.** (III. 4). — *Yiak Dariyavaos Unan na[85]nri : — vasnē Dahiyahus ([a]) U-nēna hahuttap ; hi U ➤ Bakṣis hutta ([b]).*

TROISIÈME COLONNE.

**XXXIII.** (III. 5). — *Yiak [1]Dariyavaos Unan nanri : — Ruh kir Visdatta hisē, ➤ HAL (M) Tarrauva hisē, Iutiyas hisē, [2]Parsan-ikki, avi hartak ; hupirri sarak II-immas-va Parsan-ikki ivaka, Dassumunpē ap-tiris nanri : U Birdi[3]ya tur Kurasna ; vasnē Dassumun Parsan appo ➤ Uummanni➤Anzan in...tukka([c]), hupip-U-ikkimar*

([a]) Ecrit ici *ya-u-s*.

([b]) Le premier mot du paragraphe XXXIII appartient encore à la seconde colonne.

([c]) C'est ainsi qu'il faut lire : *u-um-man-ni ➤ an-za-an-mar in-tukka*, trois signes manquent ; perse *haċa yadāyā fratarta* ; le sens est assez obscur.

XXXI. (III. 3). — Et Darius le roi dit : La province nommée Margiane fit défection de moi. Un homme nommé Phrada, ou Frada, un Margien, ils le firent leur roi. Et puis j'envoyai au nommé Dadarsès, un Perse (¹), mon serviteur, qui exerçait le pouvoir de Satrape en Bactriane, un messager ; je dis : « Marche, l'armée des rebelles qui ne se disent pas miens, tue-les ». Alors Dadarsès partit avec l'armée, il livra la bataille aux Margiens. Ormazd fut mon soutien, par la grâce d'Ormazd mon armée tua beaucoup de monde à l'armée des rebelles. Ce fut le 23ᵉ jour du mois de l'Athriyadiya (²), qu'ils livraient ainsi la bataille.

XXXII. (III. 4). — Et Darius le roi dit : Alors les provinces devinrent miennes. C'est ce que j'ai fait en Bactriane.

*(Troisième colonne).*

XXXIII. (III. 5). — Et Darius le roi dit : Un homme nommé Oeosdatès demeurait dans la ville nommée Tarava (³) (dans le district) nommé Yutiya, en Perse ; celui-ci lui surgit pour la seconde fois. Il parla ainsi aux peuples : « Je suis Smerdis, fils de Cyrus ». Alors le peuple perse qui habitait les maisons et qui était revenu des fêtes (⁴)

(¹) Pas à confondre avec l'arménien de ce nom.

(²) C'est la dernière bataille du texte de Bisoutoun, car Phrada figure sur les bas-reliefs après Arakh ; c'est donc en novembre 9,489 (512) qu'il a été pris. La rebellion de la Margiane a donc duré plusieurs années.

(³) *Taroun* d'aujourd'hui dans le Kerman.

(⁴) Cette traduction est très-hasardée, mais elle peut être exacte. Le mot perse *yadâ* peut signifier « sacre, sacrifice », de la racine *yad* (scr. *yaǵ*, zend, *yaz*), et le mot médique commence par le signe divin. D'autre part, le sens du mot est peut-être « désert, pâturage, plaine ».

*pepti⁴p, hupirrikki poris; Parsan-ikki Unanmas hupirri huttas.*

XXXIV. (III. 6). — *Yiak Dariyavaos Unan nanri :—⁵.........(ᵃ) Uummanni U-ikki-mar innē peptip, hupipē yiak Dassu⁶mun Parsan yiak Madapē appo U-tas, hupipē tippē tah; Artavardiya hisē, Parsar kir, U Lubaruri, ⁷hupirri Irsarra appinē ir hutta; yiak kutta ⸴Dassumun Parsan dayiē ir-porik Madapē-ikki U-kik; yiak ⁸vasnē Artavardiya Dassumun itaka Parsan-ikki çak; çap Parsan-ikki ir-porik, ⸽ HAL (M) ⸼ Rakkan ⁹hisē Parsan-ikki.........(ᵇ) avi Visdatta, hupirri akka nanri, U Birdiya, Dassumun itaka, ¹⁰Artavardiya irva sinnik, sabarrakimmas huttivanra; yiak vasnē subarrakimmas huttas; Oramasda ¹¹pikti U-tas, zaomin Oramasdana Dassumun appo Unēna Dassumun appo Visdatta-na halpis ir ¹²sekki; XII annan an PUL (M) Çurvarna pirka, hiċito sabar-rakimmas huttas. — (III. 7). yiak vasnē Visdat¹³ta hupirri Telnip harikip itaka Piṣeyauvada (ᶜ) put-tukka,.....ir-va (ᵈ) poris; avimar sarak Dassumun hu¹⁴pirri Artavardiya ir-va sinnip, sabarrakim-mas huttivanra; ⸽ HAL (M) ⸼ Parraka hisē, avi sabarrakimmas hutta¹⁵s. Oramasda pikti U-tas,*

(ᵃ) Malheureusement il manque un membre de phrase qui n'était ni dans le texte perse, ni dans la traduction assyrienne. C'est probable-ment : *Yiak Dassumun Parsan yiak Madapē appo innē Uum-manni.* « Et le peuple perse et médique qui n'étaient pas dans les maisons. »

(ᵇ) Il manque cinq signes.

(ᶜ) Le nom de Pasargades n'est que suppléé dans la lacune.

(ᵈ) Deux signes et *irva* traduisent le perse *amutha.*

(du couronnement) ceux-ci firent défection et allèrent vers lui ; il exerça la royauté en Perse.

XXXIV. (III. 6). — Et Darius le roi dit : Le peuple qui n'habitait pas les maisons, n'avait pas fait défection de moi. Je détachai une partie de ceux-là et de l'armée Perse et Médique qui était à moi. Le nommé Artavardiya, un Perse, mon serviteur, je le fis leur chef, et une autre armée perse alla en Médie après moi (pour me soutenir) (¹), et Artavardiya partit avec l'armée pour la Perse. Il existe une ville nommée Racha (²) en Perse ; là, cet Oeosdatès qui disait : « Je suis Smerdis » se rencontra avec Artavardiya pour livrer une bataille, et puis ils livrèrent la bataille. Alors Ormazd fut mon soutien, par la grâce d'Ormazd mon armée tua beaucoup de monde à l'armée d'Oeosdatès. Ce fut le 12ᵉ jour du mois de Thuravahara (³) qu'ils livrèrent ainsi la bataille. (III. 7). Et puis cet Oeosdates s'enfuit avec quelques cavaliers de là à Pasargades. De là il marcha de nouveau avec cette armée vers Artavadiya pour livrer une bataille. Près de la ville nommée Paraga (⁴), c'est là qu'il livra la bataille. Ormazd fut mon soutien, par la grâce d'Ormazd mon armée tua beaucoup de monde à l'armée d'Oeosdatès. Ce fut le 6ᵉ jour du mois de Garmapada (⁵) qu'ils livrèrent ainsi la

(¹) Evidemment la présence de Darius était très-nécessaire en Médie.

(²) Petite lacune.

(³) Mai-juin 9,484 (517), au plus tôt. Mais la répression d'Oeosdatès peut aussi tomber une année plus tard.

(⁴) La ville de Forg, dans le Laristan.

(⁵) Août 9,484 (517).

*zaomin Oramasdana Dassumun appo Unēna yiak* ([a])
*Dassumun appo Vis*[16]*datta-na irsekki halpis; VI
annan an PUL (M) an-Garmapadasna pirka, hičito
sabarrakimmas huttas, yiak kut*[17]*ta Visdatta hupirri
marris, yiak Ruh appo atarrivan nitavi hupoppi marris.*

XXXV. (III. 8).— *Yi*[18]*ak Dariyavaos Unan
nanri: — vasnē Visdatta hupirri yiak Ruh appo
atarrivan nitavi hupoppi i*[19]*taka Uvaddečis hisē
HAL (M) avi izrurva appin peto* ([b]).

XXXVI.— *Yiak Dariyavaos Unan nanri: —
hi U Parsan-ikki hu*[20]*tta.*

XXXVII.— *Yiak Dariyavaos Unan nanri* ([c]):
*— Visdatta hupirri akka nanri, U Birdiya,
hupir*[21]*ri Dassumun Harraovatis tippa dah; Ruh
kir Irsarra appinē ir huttas, Vivana hisē Parsar*[22]*ra, U Lubaruri, Saksapavanamas Harraovatis huttas, hupirrikki; hičito aptiris; vitē,
Vivana* [23]*halpis, kutta Dassumun hupipē akkapē
Dariyavaos Unanna tirivanpi vara; vasnē Dassumun hupipē* ➤ [24]*Harraovatis Vivana-ikki poris,
akka Visdatta tippe dah;* ➤ *Halvarris* ➤ *Kappissakanis*[25]*hisē Harraovatis-ikki, avi sabarrakimmas* ([d])
*huttas; Oramasda pikti U-tas, zaomin Oramas-*
[26]*da-na Dassumun appo Unēna Dassumun appo
Petipna halpis irsekki; XIII annan an PUL (M)*

<hr>

(a) Le *yiak* est entièrement inintelligible.

(b) Les mots *hisē* à la fin sont restitués. La localité *Uvaddečis*
correspond au perse *Uvadaičaya*, au moderne *Audedj*.

(c) Ces passages, ainsi que les suivants, ont été généralement restitués d'accord avec Norris.

(d) Il y manque dans le texte médique *huttiniunhupa*.

bataille. Et prirent cet Oeosdatès, et ceux qui avaient été ses principaux adhérents.

XXXV. (III. 8). — Et Darius le roi dit : Puis cet Oeosdatès et ceux qui avaient été ses principaux adhérents dans le fort nommé Uvadécaya, c'est là que je les mis en croix.

XXXVI. — Et Darius le roi dit : C'est ce que j'ai fait en Perse ([1]).

XXXVII. (III. 9). — Et Darius le roi dit : « Cet Oeosdatès qui avait dit « je suis Smerdis » avait détaché une partie de son armée en Arachosie, il en avait constitué un chef. Le nommé Vivana, un Perse, mon serviteur, exerçait le pouvoir de Satrape en Arachosie, ils lui dirent ainsi : « Marche, tue Vivana, et l'armée qui se dit maintenant celle de Darius le roi. » Puis cette armée marcha contre Vivana, celle que Oeosdatès avait détachée. Il est une ville nommée Kapisakanis, en Arachosie. C'est là qu'ils livrèrent la bataille. Ormazd fut mon soutien. Par la grâce d'Ormazd mon armée tua beaucoup d'hommes de l'armée des rebelles. Ce fut le 13e jour du mois d'Anamaka([2]) qu'ils livrèrent la bataille. (III, 10.) Et, pour la seconde fois, les rebelles se massèrent pour livrer la bataille avec

---

([1]) Ce paragraphe a été oublié dans l'original perse ; il se trouve dans la version assyrienne.

([2]) Janvier 9,485 (516).

*an-Anamakkas-na pi[27]rka, hiċito sabarrakimmas huttas. — (III. 10). yiak ṣarak II-immas-va, Petip pirruir-sarrappa, sabarrakimmas Vivana ita[28]ka, ➤ Batin ➤ Gandumava hisē, avi huttas; Oramasda pikti U-tas, zaomin Oramasdana Das- sumun [29]appo Unēna Dassumun appo Petipna halpis irsekki; VII annan an PUL (M) an-Viyakannasna, pirka, hiċito sabar[30]rakimmas huttas.—(III. 11). yiak vasnē Ruh akka Dassumunna irsarra Visdatta ir huttasti, hupir[31]ri Telnip harikkip itaka puttukka çak; ➤ Halvarris Irsada hisē, Harraovatis, Irvali [a] [32]Vivanana, avi luppa; vasnē Vivana Dassumun itaka vasri[1] ir-porik, yiak avi Ruh hupirri akka Das[33]sumunna irsarra appinē huttasti, yiak Ruh akka hatarrivan nitavi hupoppi, maorissa, appin halpi[34]s.*

XXXVIII. (III. 12). — *Yiak Dariyavaos Unan nanri : — vasnē Dayiyaus Unēna hahuttap; hi U ➤ Harrao[35]vatis hutta.*

XXXIX. (III. 13). — *Yiak Dariyavaos Unan nanri : — Kus U Parsan-ikki yiak Madape-ikki ginni[36]git, sarak II-immas-va Babilup peptip; Ruh kir Arakka hisē, Harminiyarkir, Haldita Sakri, [37]hupirri ➤ HAL (M.) ➤ Dubalu hisē ➤ Babilu ivaka, avimar hupirri hiċito titukka Dassumunpe ap-tiris, nanri : U Nab[38]kudurrusar, tur Nabu- nētana ; yiak Dassumun Babilup Uikkimar peptippa, Arakka hupirrik [39]ki poris; yiak Babilu hupirri*

---

(a) Le mot *Irvali* est précédé du clou vertical ; le perse n'offre aucun équivalent. A la fin de la ligne 31 se trouve le clou indicatif du nom de Vivana.

Vivana ; il est un district nommé Gandumava, c'est là qu'ils la livrèrent. Ormazd fut mon soutien. Par la grâce d'Ormazd, mon armée tua beaucoup de monde à l'armée des rebelles.Ce fut le 7e jour du mois de Viyakhna (¹) qu'ils livrèrent ainsi la bataille. (III. 11.) Et l'homme que Oeosdatès avait constitué chef de son armée, s'enfuit avec quelques cavaliers et partit. Il est un fort nommé Arsada, en Arachosie, le domaine de Vivana. C'est là qu'il se retira. Alors Vivana avec son armée alla après lui et prit là cet homme qui avait été fait chef de l'armée et les hommes qui avaient été ses principaux adhérents et les tuèrent.

XXXVIII. (III. 12). — Et Darius le roi dit : Après les pays furent à moi. Voilà ce que je fis en Arachosie.

XXXIX. (III. 13.) — Et Darius le roi dit : Pendant que je fus en Perse et en Médie, pour la seconde fois les Babyloniens se soulevèrent. Un homme, Arakha de nom, un Arménien, fils de Haldita, lui se souleva dans la ville nommée Dubala, en Babylonie. Partant de là, il mentit au peuple et dit : « Je suis Nabuchodonosor, fils de Nabonid. » Et alors le peuple des Babyloniens fit défection de moi et alla vers cet Arakha, et il s'empara de Babylone et exerça la royauté sur Babylone. (III. 14). Et alors j'envoyai une

(¹) Mars 9,485 (516).

*marris, Unanmas Babilu hupirri huttas . — (III. 14).*
*Yiak vasnē U Dassumun Babi[40]luppē dah ; Vinda-*
*parna hisē, Mada, U Lubaruri, hupirri U Irsarra*
*appinē ir hutta, hi[41]čito-ap-tiriya ; vites ([a]) Dassumun*
*Babilup akkapē Unēna innē tirivanpi, hupipe hal-*
*pis vanka ; yiak vasnē Vi[42]ndaparna Dassumun*
*itaka Babilu poris ; Oramasda pikti U-tas, zaomin*
*Oramasdana Vin[43]daparna Babilu marris, irsekki ([b])*
*Dassumun appin pirpis ([c]) ; XXII annan an PUL (M)*
*an-Margazanasna, pirka, hi[44]čito Arakka hupirri*
*akka nanri, U Nabkudurrusar vara, marrik,*
*yiak Ruh appo atarrivan nitavi [45]hupoppi itaka,*
*marrika ([d]), rabbaka, vasnē U sēra ; Arakka hupirri*
*yiak Ruh akkapē atar[46]rivan nitavi hupoppi itaka,*
*≻ Babilu izrurva peplupnē ([e]).*

 *XL. (IV. 1). — Yiak Dariyavaos Unan nan[47]ri :*
*— hi U ≻ Babilu hutta.*

 *XLI. (IV. 2). — Yiak Dariyavaos Unan nanri :*
*— hi appo U hutta, ≻ Pelki[48]va zaomin Oramas-*
*dana U hutta [çap Unanmas] hutta, XIX ≻ Pet hutta,*
*zaomin Oramasdana U appin [49]halpiya ([f]), yiak IX*

---

(a) Il ne reste que *ri*, restitué d'après Norris.

(b) *Irsekki* au lieu de *U-ikki*, de Norris, qui n'a pas de sens.

(c) Le texte semble porter *pirpis*, peut-être *halpis*. Mais le perse est fruste, et l'assyrien suit évidemment un autre ordre d'idées.

(d) Il faut peut-être ici *vaggika*.

(e) *Izrurvamar* se recommande mieux que *U-ikkimar* de Norris. *Peplupnē* au lieu de *peplup*.

(f) Le passage fruste dans les trois versions n'avait pas encore été bien restitué, ni compris.

armée à Babylone. Le nommé Intaphernès, un Mède, mon serviteur, je le fis leur chef; je leur parlai ainsi : « Marchez ! Le peuple des Babyloniens qui ne se disent pas miens, tuez-les ! » Puis Intaphernès marcha avec l'armée sur Babylone. Ormazd fut mon soutien. Par la grâce d'Ormazd, Intaphernès prit Babylone, et tua beaucoup de monde des Babyloniens. Ce fut le 22e jour du mois de Margazana (¹), lorsque cet Arakha qui dit : «Je suis Nabuchodonosor », fut pris et que les hommes ayant été ses principaux adhérents furent pris avec lui ; il fut enchaîné, et puis j'ordonnai : « Que cet Arakha et les hommes qui ont été ses principaux adhérents soient mis en croix à Babylone ».

XL. (IV. 1). — Et Darius le roi dit : Voilà ce que je fis à Babylone.

XLI. (IV. 2). — Et Darius le roi dit : Voilà ce que j'ai fait, et je l'ai fait toujours par la grâce d'Ormazd. Ainsi j'ai fait : j'ai livré 19 batailles par la grâce d'Ormazd, j'y ai vaincu (les ennemis) (²), et j'ai pris 9 rois. (Le 1er) nommé Gomatès, un Mage, mentit et dit : « Je suis Smerdis, fils de Cyrus » ; celui-ci souleva la Perse. Et le

_______

(¹) Margazana est probablement le Sebat des Sémites. C'est en février-mars 9,489 (512) que se place la seconde prise de Babylone.

(²) Le texte médique démontre que la restitution du perse de ce passage ne peut être complétement juste.

*Unan-ip U maoriya : kir Gomatta hisē, Magus, titukka nanri, U Birdi[50]ya tur Kurasna, hupirri Parsan peptas. yiak Asina hisē, Hapirtirra, hupirri Hapirtip appin peptas[51]sa nanri, Unanmas Hapirtipna U huttavara. yiak Niditbel hisē, Babilurkir, titukka nanri, U Nabku[52]durrusar* (ª) *tur nabunēta* (ᵇ), *hupirri Babilup peptis* (ᶜ). *yiak Martiya hisē, Parsarkir, titukka na[53]nri, U Immannis, Unan Hapirtipna, hupirri Hapirtip peptas. yiak Pirruvartis hisē, Mada, ti[54]tukka nanri, U Sattarritta KUL (M) Vak-istarrana vara, hupirri Madapē appin peptas. yiak Ci[55]ssaintakma hisē, Assagartiyära, titukka nanri, Unanmas U hutta, KUL (M) Vak-istarrana vara, hupirri [56]Assagartiyap peptas. yiak Pirrada hisē, Margus-irra, titukka nanri, Unanmas Marguspēna U [57]hutta, hupirri Marguspē peptas. yiak Visdatta hisē, Parsarra, titukka nanri, U Birdi[58]ya, tur Kurasna, hupirri Parsan appin peptas. yiak Arakka hisē, Harminiyara, titukka nanri, [59]U Nabkudurrusar tur Nabunētana vara, hupirri Babilup ap-in peptas.*

*XLII. (IV. 3). — Yiak Dari[60]yavaos Unan nanri : — Appin* (ᵈ) *hi IX Unan-ip appo U pet hi hativa maoriya.*

(ª) Dans tout le texte, le nom de Nabuchodonosor est ainsi écrit.

(ᵇ) Il manque le clou vertical.

(ᶜ) On lit ici *peptis ;* il se peut donc que *tas* signifie aussi *tis ;* et partout dans ce passage le *tas* est écrit par le signe complexe, non pas par *ta as.*

(ᵈ) *Appi* (non *appin*) ne se trouve plus ; le trait vertical qui le précède est seul visible.

nommé Athrina, un Susien, lui, souleva les Susiens et dit : « J'exerce la royauté sur les Susiens. » Et le nommé Nidintabel, un Babylonien, mentit et dit : « Je suis Nabuchodonosor, fils de Nabonid » ; celui-ci souleva les Babyloniens. Et le nommé Martiya, un Perse (¹), mentit et dit : « Je suis Immanès, roi des Susiens » ; celui-ci souleva les Susiens. Et le nommé Phraortès, un Mède, mentit et dit : « Je suis Sattarrita, de la race de Cyaxarès » ; celui-ci souleva les Mèdes. Et le nommé Tritantæchmès, un Sagartien, mentit et dit : « J'exerce la royauté (²), je suis de la race de Cyaxarès ; » celui-ci souleva les Sagartiens. Et le nommé Frada, un Margien, mentit et dit : « J'exerce la royauté sur les Margiens ; » celui-ci souleva les Margiens. Et le nommé Oeosdatès, un Perse, mentit et dit : « Je suis Smerdis, fils de Cyrus ; » celui-ci souleva la Perse. Et le nommé Arakha, un Arménien, mentit et dit : « Je suis Nabuchodonosor, fils de Nabonid ; » celui-ci souleva les Babyloniens.

XLII. (IV. 3). — Et Darius le roi dit : Ceux-ci sont les 9 rois que je pris dans ces batailles.

(¹) C'est le seul passage précis sur la nationalité de Martiya ; le texte principal dit seulement que l'insurgé habitait la ville de Kuganaka en Perse. Mais on peut affirmer que Darius ne dit pas ici la vérité ; le nom de *Martiya*, « homme » ne peut pas avoir été porté par un individu perse, et le nom du père *Issainzakri* est sûrement susien. Comparez p. 171.

(²) Les mots : « en Sagartie », qui se trouvent en perse, manquent en médique.

XLIII. (IV. 4). — *yiak* [61]*Dariyavaos Unan nanri :* — *Dayiyaos hi appo peptippi ; appi titkimas appin pe*[62]*ptas, appo appi* [*mar Dassumunpē pe*] *ptip ; yiak vasnē Oramasda kurpi U-nēna-va appin*[63]*huttas ; çap* [*tukvanni(*[a]*)ra*], *hiċito appin hutta.*

XLIV. (IV. 5).— *Yiak Dariyavaos Unan nanri :* — *Ni* [64]*Unan Akka vasissin nekti* [ *titkimas-mar* ] *ṭartoka ap-in* ([b]) *nisgis ; RUH-irra titēinra hupirri tar*[65]*toka viallu* ..... [*anka hiċito ummavain*] *ti, Dayiyaus-mi tarva-astu.*

XLV. (IV. 6).— *Yiak Dariyavaos* [66]*Unan nanri :* — *hi appo U hutta , zaomin Oramasdana pelkiva hutta ; yiak Ni Akka vas-issin* ⊱ *Tip*[67]*pi hi peir(*[c]*)rainti, appo U hutta appo* ⊱ *Tippi hiva riluik, huhpē oris, yinē titkimmas umman*[68]*ti.*

XLVI. (IV. 7).— *Yiak Dariyavaos Unan nanri :* — *ankirinē Oramasdara, çap appo hi dirri* ([d]) *; innē titki*[69]*mmas U pelkiva hutta.*

XLVII. (IV. 8).— *Yiak Dariyavaos Unan nanri :* — *zaomin Oramasdana dayikita* [70]*Unēna irsekki* [*huttak ginri*] *appo dippi hiva innē riluik, hupeintukkimmas, yinē Akka* ⊱ *Dippi hi vas-is*[71]*sin perranra* [*hupirri ummanri...*]([e]) *pimar appo U-nēna huttak, hupirri innē orinra titkimas umman*[72]*ri.*

XLVIII. (IV. 9).— *Yiak Dariyavaos Unan nanri :* — *Akkapē Unan-ip irbippi, kus ginpep,*

([a]) Suppléé du texte médique unilingue, peut-être *hanēra*.

([b]) *Du-in* est sûrement une faute pour *ap-in*.

([c]) Non *peuranra*, comme lisait Norris.

([d]) Ou *çiri*.

([e]) Lacune de huit ou neuf signes en tout, les deux ou trois derniers signifiant « trop » sont inconnus. Le *ummanri* traduit le perse *thaċayātiy*.

XLIII. (IV. 4). — Et Darius le roi dit : Ces provinces qui se soulevèrent, le démon du mensonge les souleva, pour que les démons régnassent sur l'Etat. Et puis Ormazd les donnait dans ma main ; comme c'était mon bon plaisir, ainsi je fis avec eux.

XLIV. (IV. 5). — Et Darius le roi dit : Toi qui seras roi plus tard, l'homme qui est bon protège-le beaucoup, l'homme qui ment, celui-là punis-le beaucoup. Si tu dis « cela sera ainsi », mon pays sera puissant.

XLV. (IV. 6). — Et Darius le roi dit : Ce que j'ai fait, je l'ai toujours fait par la grâce d'Ormazd. Et toi qui liras plus tard cette inscription que j'ai faite, crois (ce qui y est écrit), et ne le suppose pas mensonger.

XLVI. (IV. 7). — Et Darius le roi dit : Que je passe à la vie future comme Mazdéen ([1]), comme cela est vrai. Je n'ai jamais de ma vie fait un mensonge.

XLVII. (IV. 8). — Et Darius le roi dit : Par la grâce d'Ormazd, il a été fait ailleurs beaucoup d'autres choses qui ne sont pas écrites dans cette inscription à cause de cela ([2]). Celui qui lira plus tard cette inscription, ne devra pas supposer que c'est exagéré, il ne devra pas ne pas y ajouter foi, et ne pas dire : « ce sont des mensonges. »

XLVIII. (V. 9). — Et Darius le roi dit : Ceux qui étaient rois auparavant, pendant qu'ils existaient,

([1]) C'est une formule de serment ; en perse : *Auramazdaya atiyaiy, Mazdaeus moriar.*

([2]) Parce que ce serait trop. Dès le début, on a fait dire à Darius une absurdité que j'ai déjà signalé, en 1852, dans mes *Achéménides* (p. 168), sans toutefois trouver le vrai sens, qui est : « J'ai dit ici beaucoup moins que je n'aurais pu dire » ; ce n'est donc pas exagéré.

*hupipena hi-nebbak innē [73]huttak, çap U pelkiva zaomin Oramasdana hutta.*

*XLIX. (IV. 10). — Yiak Dariyavaos Unan nanri : — git* [a] *Nē oris [74]appo U hutta; hičito hupeintukkimas yini tartinti; yiak anka lultin hi innē tartinti, Dassumun ap-in tirinti, Ora[75]masda Nē inkanēs-nē, yiak kitinti KUL (M)-nē, yiak kutta vialluik takatáktinē. — (IV. 11). yiak anka sarak lultin hi tartin[76]ta, Dassumun innē tirinta, Oramasda Nin halpisnē, yiak kutta KUL (M)-nē yini kitinti.*

*L. (IV. 12). — Yiak Dariyavao[77]s Unan nanri : — hi appo U hutta zaomin Oramasdana > Pelkiva hutta; Oramasda annap Harriyanam pik[78]ti U-tas, yiak annap appo dayippē appo ginripi.*

*LI. (IV. 13). — Yiak Dariyavaos Unan nanri : — huhpeintukkimas Oramas[79]da annap Harriyanam pikti U-tas yiak annap appo dayippē : çap appo U innē harikkagit* [b]*, yiak innē tituk [80]karragit, yiak innē appantoikkarragit innē U yiak innē KUL (M)-mi; batur ukku hupogit, yiak innē Ibbakra innē Is[81]takra appantoikkimmas hutta, yiak Ruh-irra akka > ULHI (M) Unēna-va nain* [c]*-parrusta, hupirri tartoka ir kukti; [82]yiak Akka halnuva* [d] *tas hu[pirri U ir halpiya]; appantoikkimmas Akkari uggi innē hutta.*

[a] Ce signe *git* traduit le perse *ada nuram*, nunc illico.

[b] *Git* est écrit en seule lettre, comme l. 73.

[c] Cela semble être la vräie lecture; *nainparrusta* pourrait être rapproché du susien *napar-uri*.

[d] Tout ce passage mutilé a été restitué. *Tas* au lieu d'*ir* de Norris; *halnu-va-tas*, qui fut dans le péché.

n'ont pas fait quelque chose à l'égal de ceci, comme je l'ai toujours fait par la grâce d'Ormazd.

XLIX. (IV. 10). — Et Darius le roi dit : Maintenant, ajoute foi à ce j'ai fait; dis : « C'est ainsi », pour cela ne le démens pas. Et si tu ne démens pas ce récit, et si tu le racontes au peuple, Ormazd t'aimeras et tu auras de la progéniture, et aussi tu vivras très-longtemps. (IV. 11). Et si, au contraire, tu démens ce récit, et que tu ne le racontes pas au peuple, Ormazd te tuera, et tu n'auras pas ta progéniture.

L. (IV. 12). — Et Darius le roi dit : Ce que j'ai fait, je l'ai toujours fait par la grâce d'Ormazd, Ormazd, le dieu des Ariens (¹), fut mon soutien, et les autres dieux qui existent.

LI. (IV. 13). — Et Darius le roi dit : C'est pour ceci qu'Ormazd, le dieu des Ariens, fut mon soutien, et les autres dieux : parce que je n'ai pas été méchant et je n'ai pas été menteur et je n'ai pas été criminel, ni moi, ni ma famille. J'ai gouverné conformément à la Loi (²), et je n'ai commis de violence, ni envers le juste, ni envers le vertueux. L'homme qui défendait ma maison, celui-là je l'ai protégé beaucoup, et celui qui était dans le péché, je l'ai tué justement. Je n'ai fait aucune violence à un brave guerrier (³).

(¹) Ces mots « dieu des Ariens » manque dans le texte perse.

(²) La loi, en perse *abastā* le prototype du mot *d'Avesta*.

(³) Ce membre de phrase ne se trouve pas en perse.

LII. (IV. 14). — *Yiak Dari[83]yavaos Unan nanri :*
*— Ni Unan Akka vas-issin nēkti, Ruh-irra tit-*
*tukra hupirri yini inkannēnti, yiak yini Akka*
*appan[84]toikkimmas yuttis.*

LIII. (IV. 15). — *Yiak Dariyavaos Unan nanri :*
*— Ni akka vas-issin ➤ Dippi hi ċiyainti appo U*
*rilu[85]ra, hi innakkaniva [yiak innē appin] çarinti ;*
*çap-innippēta hiċito kuktas.— (IV. 16). yiak anka*
*➤ Dippi hi ċiyain[86]ti, hi innakkaniva [yiak innē*
*appin] çarinti, çap innippēta, ċito kuktainta, Ora-*
*masda Ni inkanēsnē, yi[87]ak kutta KUL (M)-nē*
*kitinti, yiak viallu takatuktinē, yiak kutta appo*
*huttanti (a), huhpē Oramasda hazzasnē.— (IV. 17).*
*yi[88]ak anka ➤ Dippi hi innakkaniva hi çarinti,*
*innē kuktanti, Oramasda Nin halpisnē, yiak kutta*
*KUL (M)-nē yini [89]kitinti, yiak appo huttainti ap-*
*in Oramasda rippisnē.*

LIV. (IV. 18).— *Yiak Dariyavaos Unan nanri :*
*— Vin[90]daparna hisē, Visparra Sakri, Parsarra ;*
*yiak Huttana hisē, Dukkarra Sakri, Parsarra ;*
*yiak Gobarva hisē, [91]Marduniya Sakri, Parsarra ;*
*yiak Vidarna hisē Bagabikna Sakri, Parsarra ; yiak*
*Bagabuksa hisē, Dadduh[92]ya Sakri, Parsarra ; yiak*
*Ardumannis, Vaoukka Sakri, Parsarra ; appi Ruh*
*U tahup, kus U Goma[93]tta akka Magus halpiya,*
*akka nanri, U Birdiya tur Kuras-na ; yiak avas-ir*

(a) *Kuktanti* et *huttanti* écrit *kuk-tan-ti, hut-tan-ti* non *ku-*
*kirti, hut-ir-ti.*

LII. (IV. 14). — Et Darius le roi dit : Toi qui plus tard sera roi, l'homme qui ment, celui-là ne l'aime pas, mais ne fais aucune violence à qui que ce soit.

LIII.(IV.15).—Et Darius le roi dit : Et toi qui verra plus tard ces inscriptions que j'ai écrites sur ces images, ne les détruis pas ; aussi longtemps que tu le pourras, protège-les. (IV. 16.) Et si tu vois ces inscriptions sur ces images, et si tu ne les détruis pas, et que tu les conserves aussi longtemps que tu pourras, Ormazd t'aimera et tu auras de la descendance, et tu vivras très-longtemps, et tout ce que tu feras, qu'Ormazd le fasse prospérer.(IV.17). Et si tu détruis ces inscriptions sur ces images et que tu ne le protèges pas, qu'Ormazd te tue et que tu n'ai pas de la descendance, et ce que tu feras, qu'Ormazd le maudisse.

LIV. (IV. 18). — Et Darius le roi dit : Le nommé Intaphernès, fils d'Oeosparès, un Perse, et le nommé Otanès, fils de Sochrès, un Perse, et le nommé Gobryas, fils de Mardonius, un Perse, et le nommé Hydarnès, fils de Mégabignès, un Perse, et le nommé Mégabyze, fils de Dadyès, un Perse, et le nommé Ardymanès, fils d'Ochus, un Perse ; ces hommes m'aidèrent lorsque je tuai Gomatès, le Mage, qui dit : « Je suis Smerdis, fils de Cyrus. » Et

*Ruh appi U tahuvanlu*[94]*p Ni Unan akka vas-is-sin nēkti* (a). . . . *appo Ruh (M) appin kuktas.*

LV. *(L).* — [[1]*Yiak*] (b) *Dariyavaos Unan nanri :
zao*[2]*min Oramasdana U* ➤ *Dippimas* [3]*dayiē-ikki
hutta Harriyava,* [4]*appo sassa innē ginri; kutta*
➤ *Hadu*[5]*k ukku, kutta* ➤ *ZU (M) ukku, kutta*[6] ➤
*HI (M), kutta eippi hutta, ku*[7]*tta riluik, kutta U
ti*[8]*ppapepraka : vasnē* ➤ *Dippimas git*[9]*tinni Dayi-yaos varrita hati*[10]*va U vaggiya Dassumunpē çapis.*

—

## 2. — INSCRIPTIONS DÉTACHÉES.

### B

[1]*Hi Gomatta Magus titukka nanri, U* [2]*Bir-diya tur Kurasna, U Unanmas huttavara.*

### C

[1]*Hi Hasi*(c)*na* [2]*titukka nan*[3]*ri, Unanmas Ha*[4]*pir-tippē U* [5]*huttavara.*

### D

[1]*Hi Niditbe*[2]*l titukka nan*[3]*ri, U Nabkudur*[4]*-ra*(d)*sar tur Nab*[5]*bunētana, Unanmas Ba*[6]*biluppē
U hut*[7]*tavara.*

(a) Il manque ici les deux ou trois lettres du mot médique traduisant
le perse *vidām* « gloire ».

(b) Ce passage qui dans l'original perse se trouve à sa place, est mis
au-dessus des petits textes dans la version médique : peut-être cette
disposition était-elle préméditée, à cause du caractère non zoroastrien
des Mèdes non Ariens.

(c) *Hasina* et non *Hassina.*

(d) Le nom est écrit ainsi.

comme ces hommes m'aidaient alors, toi qui seras roi après moi, protège toujours cette sorte d'hommes.

LV. (IV. 19). — Et Darius le roi dit : Par la grâce d'Ormazd, j'ai fait une collection de textes ailleurs en langue arienne, qui autrefois n'existait pas. Et j'ai fait un texte de la Loi (de l'*Avesta*) (¹), et un commentaire de la Loi, et la Bénédiction (la prière, le *Zend*), et les Traductions. Et ce fut écrit et je le promulguai en entier ; puis je rétablis l'ancien livre dans tous les pays et les peuples le reconnurent.

—

## 2. — PETITES INSCRIPTIONS DÉTACHÉES DE BISOUTOUN

### AU-DESSUS DES FIGURES DES REBELLES.

### I (B).

Celui-ci est Gomatès, le Mage, il mentit et dit : « Je suis Smerdis, fils de Cyrus, j'exerce la royauté. »

### II (C).

Celui-ci est Athrina, qui mentit et dit : « J'exerce la royauté sur les Susiens. »

(¹) Nous reviendrons dans les Remarques sur l'importance capitale de ce texte.

### E

*¹Hi Pirruvartis ti²tukka nanri, U Sat³tar-ritta KUL (M) Va⁴k-istarrana, Unanmas Mada⁵pēna U ⁶hutta⁷vara.*

### F

*¹Hi Martiya ti²tukka nanri, U ³Immannis, Unanmas, Ha⁴pirtippē U hutta⁵vara.*

### G

*¹Hi Cissantakma ²titukka nanri, ³U KUL (M) Vak-istar⁴rana, Unanmas Assa⁵gartiyappē U ⁶hut-tavara.*

### H

*¹Hi Visdat²ta titukka nan³ri, U Birdiya ⁴tur Kurasna, U Unan⁵mas huttavara.*

### I

*¹Hi Arakka titukka ²nanri, U Nab³kudursar* [a] *tur Nab⁴bunētana, Unanmas ⁵Babiluppē U ⁶hut-tavara.*

### J

*¹Hi Pirrada titukka na²nri, U Markuspē³na Unanmas huttavara.*

### K

*Hi Iskuinka akka Sakka* [b].

[a] C'est une autre variante du nom de Nabuchodonosor.

[b] Ce texte ne se trouve, chez Norris, que dans le vocabulaire ; le dessin, publié par Rawlinson en 1846, marque la place de la légende médique, mais est muet sur une version assyrienne. La lecture fournie par Norris, p. 209, *Iskuinkakka*, n'est qu'une distraction de l'éminent savant anglais.

### III (D).

Celui-ci est Nidintabel, qui mentit et dit : « Je suis Nabuchodonosor, fils de Nabonide. J'exerce la royauté sur les Babyloniens. »

### IV (E).

Celui-ci est Phraortès, qui mentit et dit : « Je suis Xathritès, de la race de Cyaxarès. J'exerce la royauté sur les Mèdes. »

### V (F).

Celui-ci est Martiya, qui mentit et dit : « Je suis Immanès. J'exerce la royauté sur les Susiens. »

### VI (G).

Celui-ci est Tritantæchmès, qui mentit et dit : « Je suis de la race de Cyaxarès. J'exerce la royauté sur les Sagartiens. »

### VII (H).

Celui-ci est Oeosdatès, qui mentit et dit : « Je suis Smerdis, fils de Cyrus. J'exerce la royauté. »

### VIII (I).

Celui-ci est Arakha, qui mentit et dit : « Je suis Nabuchodonosor, fils de Nabonid. J'exerce la royauté sur les Babyloniens. »

## IX (J).

Celui-ci est Frada, qui mentit et dit : « J'exerce la royauté sur les Margiens. »

## X (K).

Celui-ci est Iskunka, le Sace.

—

### TEXTE SUPPLÉMENTAIRE DE L'INSCRIPTION DE BISOUTOUN

Notre tâche ne serait pas complétement remplie, si nous ne donnions ici, à titre d'information nécessaire, la traduction du texte supplémentaire de l'inscription de Bisoutoun, qui existe uniquement dans l'original perse. Cette partie dernière de ce document précieux est très-fruste : nous l'avons complété pour la première fois dans les *Records of the Past*, volume IX, p. 68. Nous amendons ici cette version sur quelques points restés obscurs jusqu'à maintenant.

### TEXTE FINAL

Darius le roi dit : Ceci est ce que j'ai fait depuis, jusqu'à la douzième année (¹) après que je devins roi. Il y a

---

(¹) Jusqu'à la onzième année, *yātā duvādacamam thardam*, seule restitution possible, nous mène au courant de l'année 9,491 (510 avant J. C.). La révolte des Susiens et la prise de Shunka suivirent de près la prise de Babylone.

une contrée nommée (Ah)vazana, en Susiane, elle se
révolta contre moi. Un homme, nommé (Um)maima (¹), un
Susien, ils le constituèrent leur chef. Puis j'envoyai une
armée en Susiane. Gobryas (²) de nom, un Perse, mon
esclave, je lui en donnai le commandement. Alors, ce
Gobryas marcha avec l'armée contre la Susiane et livra
une bataille avec ces rebelles. Alors mon armée captura
cet Ummaima et son camp (³) et son....., et il fut amené
devant moi, et je le tins prisonnier dans mon palais ;
ensuite, le pays devint mien. Plus tard, dans une ville
de Susiane nommée ......, c'est là que je le mis en
croix.

Darius le roi dit : Alors le pays devint mien, et
les autres pays qu'Ormazd a donné dans mes mains.
Je les ai conquis par la grâce d'Ormazd, ce qui était mon
bon plaisir, je le leur ai fait.

Darius le roi dit : Toi, qui plus tard lira ce texte,
que tu aies part de la foi et de la vie.

Darius le roi dit : Plus tard les Saces se révoltèrent
contre moi ; je marchai contre (les Saces Amyrgiens) et

(¹) Les noms *Avazanam* et *Umaina* sont des conjectures.

(²) Nous ne pouvons savoir si ce Gobryas est le même qui fut l'un
des six acolytes de Darius lors de l'assassinat du Mage. Il était fils
d'un Mardonius, et père de ce fameux Mardonius qui plus tard (479)
fut vaincu à Platées. D'après Hérodote (III, 73 et 78), Gobryas fut le
plus énergique et le plus brave de toute la bande.

(³) Le mot *marda* n'est pas clair ; c'est peut-être « propriété » ou
« camp » ; s'il faut lire *maréa*, ce mot pourrait se rapporter au persan
*marz*.

ceux qui portent un bonnet pointu (¹) et qui occupent (la mer du Nord), et je marchai vers la mer. Il y a un pays nommé. . . . . ; c'est là que trois fois (²) je traversai la mer. Je livrai une bataille contre les Saces ; j'en tuai les uns, je capturai les autres, par la grâce d'Ormazd. Ils furent conduits devant moi, et tenus prisonniers dans mon palais. Après cela, je pris leur chef, qui se nomme Skunkha, et je le tuai. Il y a un fort nommé . . . . . , c'est là que je le tuai et je leur nommai un autre chef, comme c'était mon bon plaisir. Après cela, le pays fut à moi.

Darius le roi dit : . . . . . non Ormazd . . . . . par la grâce d'Ormazd . . . . . je fis (³).

Darius le roi dit : L'homme qui adore Ormazd (aura part) de la vie et de . . . . . (⁴).


(Le reste manque).


(¹) Le perse est [*tyaiy khaudām*] *tigrām barañtiy*, « qui portent un bonnet (ou casque) pointu », tel que le porte en effet le Sake Skunkha. Les *Sakā Tigrakhaudā* figurent en effet dans le texte de Nakch-i-Roustam. Le nom des Saces Amyrgiens est une conjecture rendu probable par le même texte.

(²) Je propose de lire *thriçā*, au lieu de *piçā*, que donne le texte de Rawlinson.

(³) Il est difficile de compléter ce passage.

(⁴) La fin du texte manque ; il est possible qu'il parlait encore de diverses conquêtes faites par Darius. Mais d'après la disposition du dessin de Rawlinson, cela n'est pas prouvé.

REMARQUES SUR L'INSCRIPTION DE BISOUTOUN.

La version médique est la plus complète, et le sens de ce texte, précieux entre tous, n'a pu être déterminé qu'après l'interprétation complète de cette partie du document.

Les notes, sur la restitution de l'inscription, se trouvant en partie sous le texte même, nous nous attacherons surtout aux points de l'interprétation et de l'histoire.

### Première colonne.

L. 2. — Le mot de *ruhhusakri* est le perse *napā (t)*, acc. *napātam*, « nepos, petit-fils ».

L. 4-5. — Achéménès fut le *dernier* roi indépendant de Perse ; c'est-à-dire, le dernier roi *légitime* auquel se rattachaient Cyrus et ses successeurs. Il fut le sixième de sa race. Il est très-probable qu'Achéménès fut supplanté par Phraortès, roi des Mèdes (657-635) qui selon Hérodote (I. 91) subjugua les Perses. Achéménès était le bisaïeul de Cyrus, et cela cadre parfaitement bien avec la chronologie, puisque Cyrus était né en 599 avant J.-C.

Darius établit une distinction : les Achéménides ne datent que de son cinquième ascendant, mais la race était « illustre », *āmāta*, depuis les temps anciens. Car les Achéménides n'étaient qu'une tribu des Pasargades, auxquels appartenaient, comme autre branche, les Patischoriens, dont était Gobryas. Darius insiste encore sur le fait que depuis « les temps anciens », sa race avait donné des rois à son pays,

Nous faisons suivre ici la généalogie des Achéménides jusqu'à Darius I, à laquelle nous rattachons la généalogie des rois postérieurs. Les personnages ayant régné sont écrits en lettres italiques.

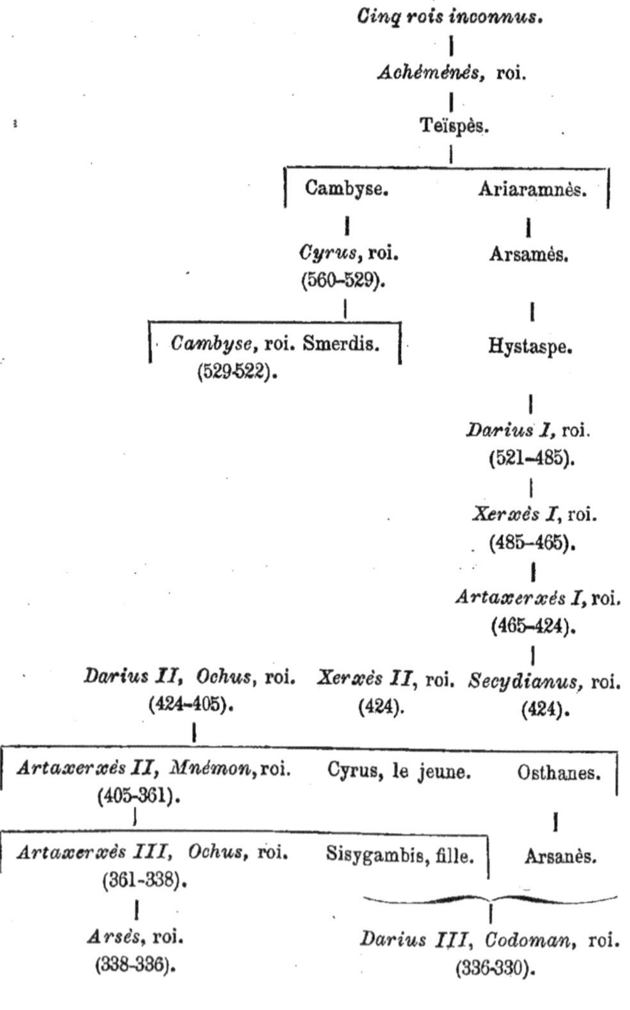

L.7.—Teïspès, Ariaramnès, Arsamès, Hystaspe n'ont jamais été rois ; il reste donc cinq rois dont les noms ne sont pas connus. *Savakmar* veut dire « à deux reprises »; une fois avant Achéménès, l'autre, après Cyrus. Le perse *duvitātaranam* veut dire également « en deux séries ».

L. 9 et 10. — La liste des peuples de Bisoutoun est la plus ancienne des trois qui existent.

Les *Habirdip* sont les Susiens, en perse *Uvaža*, (les Autochthones), le *Khouz* d'aujourd'hui. Norris a déjà comparé le terme *Anardi* de Strabon, le peuple brigand, dans le nord de la Médie, limitrophe de ce pays. Les Mèdes donnèrent le nom de *Habirdip* à l'*Elam* des Sémites, au *Susin* des textes susiens, comme les Français appellent tous les habitants de la Germanie par le nom d'*Allemands*, en se souvenant de la peuplade la plus rapprochée jadis. Les textes susiens connaissent les *Huśśi,* les *Kussi* et les *Nimē,* en dehors des *Habirdip* et des *Susinak* (¹). Le texte médique de Bisoutoun, prouve, ainsi que nous l'avons dit, que les Susiens ne sont pas la nation représentée par la seconde espèce des textes cunéiformes ; les Susiens, dans leurs documents, ne se nomment pas *Habirdip,* mais *Susinak.* Dans ce nom, comme dans une foule de noms ethnographiques, le pluriel *Ha-bir-dip* ou *Ha-pir-tip* est mis pour le nom du pays.

---

(¹) Les Perses auraient-ils accordé à un peuple brigand, sans portée politique, l'honneur de la préséance avant les Assyriens? M. Joseph Halévy veut nommer la langue médique la langue *amardienne !* Son argument tiré de la présence des textes trilingues à Suse et de ce que la langue de ce pays devait y être représentée, manque de logique. Il y a aussi des textes trilingues à Vân, où l'on trouve des textes *originaux* conçus dans une *quatrième* langue, celle des indigènes de l'Arménie, et celle-ci n'a pas été employée par les Achéménides.

— 164 —

Le groupe *AN.GO(M)-ip* exprime « les maritimes ».

*Ispardapē* est le perse *Çparda*. C'est la Lycie, conservée dans le grec Sarpedon. (Voir *Mélanges d'archéologie égyptienne et assyrienne*, vol. II, p. 246.)

Le nom de *Gandāra*, les *Gandarii* des anciens, le *Kandahar* d'aujourd'hui, est en médique remplacé par le *Paruparaniśanna* de l'assyrien ; mais on ne lit plus que ..... *çana*.

L. 17. — Le mot perse pour « ami », médique *in-kanna*, est *daustā*, non *agatā*.

Le mot « homme » est rendu par le monogramme suivi du signe qui indique la présence d'une telle lettre. La prononciation était *ruh*. Nous n'avons pas toujours fait suivre le signe de la marque *(M)*.

L. 23. — Le texte, donné primitivement par Norris, a omis ici une ligne.

L. 25. — *Dassumun innē turnas*, est en perse *kārahyā naiy azdā abava, populo non cognitum erat*.

Le mot *Dassumun* est d'une lecture difficile ; j'avais pendant longtemps cru qu'il fallait le lire *Dassumap*, ce qui est possible, parce que le mot est souvent employé au pluriel, et parce que les textes susiens fournissent le mot *Tussumap* [1]. Autrefois, dans l'*Expédition de Mésopotamie*, t. I, p. 77, je le lisais *Dassumak*, et je comparai, comme encore aujourd'hui, les *Dasim* et *Dawāsim* des auteurs musulmans. Mais il se trouve le signe du pluriel après le mot, dans un passage où on s'attend en effet à lire « des peuples » au pluriel. C'est à cause de cela que nous avons proposé la lecture de *Dassumun*, en

---

[1] Voir *Congrès des Orientalistes de Paris*, t. II, p. 188.

comparant le signe médique au caractère assyrien de *mun*.

L. 27. — Le mot *titkimmas*, perse *drauga* « mensonge », signifie l'impiété contre le Mazdéisme.

L. 28. — Pour le nom de lieu de *Pasargadae*, perse *Paisigāuvādā* « vallée des sources », voir p. 110. Le mont *Arakadari* n'a pas encore été assimilé.

Le mois de *Viyakhna* (peut-être « libre de glace ») est l'assyrien Adar, notre Mars.

L. 33. — Dans la pensée de Darius, Cambyse se suicida, et ne fut pas victime d'un accident.

L. 33. — Gomatès prit réellement le nom de Smerdis ; cela est définitivement certifié par les tablettes rapportées par George Smith et publiées par M. Boscawen, et qui sont datées de Babylone à dix jours de distance, le 20 Elul et 1er Tisri, de la première année de *Barziya ;* c'est la forme assyrienne fournie par la version babylonienne du texte de Bisoutoun.

L. 40. — La version médique semble impliquer que Gomatès tua véritablement beaucoup de monde, et qu'il n'en avait pas eu simplement le désir, comme le pourrait faire croire le texte perse ; dans l'original le potentiel *avāžaniyā* exprime le doute.

L. 41-42. — La forme médique *pattiyavanyayi*, en transcrivant simplement le perse *patiyāvahaiy* « je priai », en assyrien *uṣṣalla,* semble indiquer que ce terme fut le premier mot d'une prière perse.

L. 44. — Le fort, où Darius tua le Mage, n'est pas *Çikhthauvatis*, mais *Çikhyuvatis ;* la lettre *y* a été prise pour un *th*. Hérodote (III, 70) se trompe, quand il mentionne la ville de Suse comme théâtre de cette action ; mais il est possible que le complot ait été tramé dans cette cité.

L. 46. — Darius ne dit rien du fameux cheval, par le hennissement duquel il devint roi. Quant aux dates, on peut les rétablir avec certitude par les textes babyloniens. (Voir mon article *The revised chronology of the latest Babylonian Kings*, dans les *Transactions of the Society of biblical archæology, 1878*). Cambyse régna entre le 3 et le 23 Nisan 529 (9,472) (¹), ce qui cadre avec le texte de Bisoutoun. C'est sur quoi insiste Hérodote (III, 66, 67, 68) que Cambyse régna 7 ans 5 mois, le Mage 7 mois passés, et que les deux règnes ensemble durèrent le temps de 8 ans. On peut donc fixer les dates très proches de la vérité :

| | | | | Av. J.-C. |
|---|---|---|---|---|
| Le Mage dit être Smerdis.... | 14 Viyakhna.... | 4 Mars | 9,479, | 522 |
| Le Mage est roi ............ | 9 Garmapada.. | 1 Août | 9,479, | 522 |
| Mort du Mage.............. | 10 Bagayadis... | 2 Avril | 9,480, | 521 |

Le mois de Garmapada est sûrement l'Ab des Assyriens, et le Bagayadis est le Nisan.

L. 47. — Le mot *vaggiya*, ailleurs « envoyer, porter » traduit ici le perse *patipadam akuvanam*, « je rétablis » comme l. 52 le perse *patiyābaram*, qui a un sens analogue.

Gomatès le Mage, qui se nommait Smerdis, fils de Cyrus, avait détruit de nouveau le culte de Zoroastre, que Cyrus avait rétabli vers 560. Personne jusqu'ici n'a répondu à la question qui est d'un intérêt considérable. Comment le Mage, en prenant le nom de Smerdis, pou-

(¹) Nous n'avons pas besoin de répéter ici que notre mode de désigner les temps, résulte tout simplement de l'augmentation par 10,000 des dates de l'ère chrétienne. Cette computation a le grand avantage d'éviter les chiffres convergents, et de ne pas substituer à l'ère vulgaire une ère différente fournissant des dates incomprises.

vait-il abolir le culte, la langue et les coutumes que le père de celui-ci avait remis en honneur ? Il est permis de croire que cette conspiration dirigée contre la domination des Perses, emprunta seulement le nom de Smerdis, quitte à jeter le masque, si, une fois, la puissance anti-perse était bien établie. Car la révolte du Pseudo-Smerdis n'était pas seulement la rébellion d'un conspirateur, ce fut la tentative faite pour restaurer la puissance des Mèdes, dont les Mages, selon Hérodote (I, 101), n'étaient qu'une tribu. Le Mage avait abattu les pyrées, les autels à feu (en persan, *āteškedeh*) qui sont les *āyadanā* « lieux de sacrifices » ou « temples des dieux », comme les désignent les traductions.

L. 49. — Darius dut aussi rétablir « en faveur du peuple » perse *kārahyā abiċaris* ou *avāċaris*, médique *Dassumunna nutas*, le « monde », perse *gaithā*, peut-être le calendrier, et le *māniya*, en médique *Kartas*, « le langage sacré, le rite ». Darius rendit aussi tout ce que le Mage avait enlevé aux maisons.

L. 57. — Les textes assyrien et médique ont *Assina*, aryanisé en *Athrina* ; le nom du père est *Humbada-ranma*, changé en *Upadarma*. Dans les textes assyriens d'Asurbanhabal, on trouve *Umbadarā* comme nom susien. Umbadara était probablement le dernier roi de la Susiane indépendante. Le texte ne dit pas qu'Assina « mentit » comme il accuse d'imposture Nidintabel, fils d'Ainaïri, écrit *Eneru* dans les contrats babyloniens.

L. 60. — Nidintabel, au contraire, s'arrogea un faux nom, celui de Nabuchodonosor, fils de Nabonid. Les documents de ce dernier mentionnent, comme fils, *Bel-sar-uṣur*, le Belsazzer de Daniel, qui le nomme Belsazzar fils de

Nabuchodonosor. Il paraît que ce roi introuvable était co-régent de son père Nabonid, et qu'il fut vaincu par un général de Cyrus, Darius le Mède, dans une ville de la Chaldée qui n'était pas Babylone. Il est évident que Balthasar (¹), comme on le nomme vulgairement, ne vivait plus lors de l'avénement de Darius ; dans le cas contraire, l'imposteur n'aurait pas pris le nom du frère. Nous avons une dizaine de contrats datés de Nabuchodonosor et qui proviennent de Nidintabel. Ce sont donc des pièces obsidionales. Leur date est certaine à cause des témoins qui sont ceux des derniers temps de Cambyse et des premiers temps de Darius. Nidintabel prit le nom de Nabuchodonosor, comme le fit Arakha, du règne duquel il existe également des contrats. Ces textes ne s'étendent pas au-delà de la première année du règne de chacun de ces deux usurpateurs éphémères.

(¹) Le nom de Daniel est *Beltsazzar*, dans le texte hébreu, provenant du babylonien *Baltasu-uṣur* « vitam ejus protege ». De là, les Septante ont fait Belthasar ; mais ce nom a été, à tort, appliqué au roi, fils de Nabonid, le Belsazzar de la Bible. L'expédient signalé dans le texte est le seul moyen de sauver quelque peu l'autorité des textes qui circulent sous le nom de Daniel et qui nomment Belsazzar, fils de Nubuchodonosor. Pour maintenir l'exactitude de cette donnée, on a d'abord identifié le nom en question avec Evilmérodach, ce qui, chronologiquement, n'est guère possible. Les textes de Nabonid établissent néanmoins l'existence d'un fils de ce roi portant le nom de Bel-sar-usur, et M. Bickell, à Innspruck, a voulu supposer que ce roi ait été le vrai fils de Nubuchodonosor, et le fils adoptif de Nabonid. Les textes de ce monarque s'opposent à un pareil artifice : Bel-sar-usur est nommé par Nabonid, *hablu ristu ṣit libbiya* « mon fils aîné, rejeton de mon cœur », termes qui ne peuvent s'appliquer qu'à la filiation naturelle. On n'a pas encore remarqué que, lorsqu'il prit Babylone (538), Cyrus avait 62 ans, *âge attribué* par Daniel à Darius le Mède.

L. 67. — Le nom de Tigra est perse, les Assyriens nomment le fleuve *Diglat* et *Idiglat*, les Susiens *Tiklat*.

L. 68-69. — Le perse est à lire « *kamakāuvā avākanam aniyam usabārim akunavam aniyahyā açam patiyānayam...* » exercitum in portiunculas divisi : aliam camelis portatam feci, alii equum adduxi ([1]).

L. 73. — Le perse est : *apariy Bābirum yathā naiy upāyam* « lorsque je n'étais pas arrivé sous Babylone ».

Le nom de l'Euphrate, *Uprato,* provient également du perse *Ufrātu.* Le nom se trouve dans les textes susiens sur la forme *Purat.* Ces deux noms de fleuve prouvent encore que le peuple qui parla la langue médique n'était pas celui de Suse.

Darius avait trouvé sur le Tigre les troupes de Nidintabel, et probablement il les tourna en marchant vers le nord pour trouver un gué favorable à son entreprise. Selon lui, il défit Nidintabel le 26 Athriyadiya, le Cislev des Assyriens. Mais cinq ou six jours plus tard, il dut vaincre de nouveau le vaincu de la veille. Les deux batailles eurent lieu, à six jours de distance, au mois de décembre 521 ; 9,480.

L. 78. — Le médique diffère quelque peu de la construction perse : *aniya āpiyā aharatā āpisim parābara;* alius in aquam fugit, aqua eum abstulit. Le médique dit : « et aliquem in aquam fugere feci, in aqua ista immersus est. »

---

([1]) Il ne faut pas se payer de traductions banales qui ne disent rien, et encore moins, repousser des traductions vérifiées. Darius vient sur le Tigre, il veut le franchir ; il n'a pas de bateaux, l'ennemi en a. Que donc peut-il faire, comment peut-il faire passer son armée !

L. 79. — La phrase médique *Telnip harikkip itaka* est en perse *hadā kamnaibis açabāribis* (non *açabāraibis*). *Açabāri,* persan *suvār,* « cavalier, littéralement porté par un cheval », correspond à *usabāri* (pour *ustrabāri),* « porté par un chameau ».

L. 81. — Darius ne tua pas Nidintabel « dans Babylone », avant de l'avoir. Or, le monarque perse ne prit Babylone que longtemps après la bataille de Zazana. L'autorité d'Hérodote, qui attribue au siége de la ville chaldéenne une durée de vingt mois, est corroborée d'une éclatante façon par le récit de Darius même, ainsi que nous le démontrerons.

*Seconde colonne.*

Cette partie du texte de Bisoutoun est très-bien conservée, et elle est d'une très-grande importance pour la restitution de tout le texte historique.

L. 2-3. — La mention de *Muzzariyap* « les Egyptiens » est avérée par la version médique ; il est probable que le récit se trouve dans les tablettes complémentaires qui n'ont pas encore été copiées. Ainsi la révolte des Saces n'est mentionnée que dans la tablette ajoutée que nous connaissons seulement dans l'original perse.

Quant à la révolte de l'Egypte, elle est attestée par le texte de Suez, où Darius dit qu'il a occupé *(agarbāyam)* l'Égypte à l'aide de l'armée perse. Polyen (VII, 2) nous dit que les Égyptiens révoltés auraient été réduits en sa domination par sa piété envers le bœuf Apis.

L. 5. — Le rebelle qui soulève la Susiane et qui prend le nom *d'Inmanēsu* est un Perse, Martiya, issu d'une

ville perse, Kuganaka(¹), mais fils d'un Susien *Issaïnsakri,*
fils d'*Issaïn,* mot susien incompris, il est vrai, mais bien
susien, puisqu'il se trouve dans le texte du roi Sutruk-
Nakhunti. La forme perse *Ćiñćikhri* pourrait donc n'être
pas la forme originale, et représenter une déformation
aryanisée du mot susien, fait dans un but de dérision. La
forme perse pourrait bien signifier : « marchand de
n'importe quoi » de *ćiñći* pour *ćisći,* devenu persan *ćizi,*
avec le sens de *rien,* provenant du *rem* latin ; dans *khrī*
il y aurait la racine transcrite *krī,* persan *kheriden,*
« acheter ». On pourrait aussi s'étonner de ce qu'un
homme s'appelle *Martiya,* « homme », ce qui n'est nulle
part un nom propre.

Le nom d'*Immanēsu,* probablement l'un des préten-
dants au trône d'Elam, rappelle les noms susiens commençant par *imba.*

L. 7. — *Inkanna* « ami », explique clairement
le perse *asaniya,* (pour *akhsaniya* de *khsan*), le perse
*āsnā.*

On pourrait supposer que le mot *inkanna* « ami »
rend assez peu correctement la vérité, et que le mot
perse *asaniya* « innocuus » est bien mieux choisi. Darius
était ami, parce qu'il ne pouvait pas nuire aux Susiens,
et cette impuissance s'atteste par la position que l'image
de Martiya occupe sur le rocher de Bisoutoun. Le portrait
de Martiya se trouve après celui de Phraortès le Mède ;
c'est une circonstance que Rawlinson (p. 263) a déjà
signalée, en se disant hors d'état de s'en rendre compte.
Je crois que l'explication est simple : la suite des sculp-

(¹) Dans Kuganaka on pourrait peut-être retrouver le nom du
fleuve chez les anciens, Goganes, qui se jette dans le golfe Persique.

tures est toute chronologique. Martiya fut tué après la prise de Phaortès, dont la mort était bien faite pour inspirer aux Susiens une terreur salutaire. Pendant toute la durée de la révolte médique, les Susiens eurent fort peu à craindre ; mais après la défaite des Mèdes, leur tour pouvait venir. Ils prévinrent tout châtiment en livrant « spontanément » leur chef, comme le texte assyrien a jugé utile de le préciser.

Le mot médique « ami » semble donc signifier d'abord « non inimicus » *in-kanna*, ce qui nous donnerait un nouveau mot *kanna*, voulant dire « noxius ».

*Ipsip* peut-être *danip* « ils craignirent ». Le mot « d'eux-mêmes », *sponte sua*, manque en médique et en perse, mais se trouve dans l'assyrien *ramanisunu*.

L. 9. — Le nom de Phraortès, perse *Fravartis*, est écrit en médique *Pirruvartis*, ce qui est évidemment la forme originale du nom du roi mède. Il faut remarquer que c'est, selon Darius, le nom de l'imposteur qui se donne pour *Sattarritta*, de la race de *Vak-istirra* « Cyaxare ». Le perse *Khsathrita* ne saurait être la forme originale, car ce terme aurait été exprimé par *Iksatrita* en médique ; toujours la liaison *khs* perse est rendue par *iks*. Le nom était originairement *Sattarritta* et aryanisé en Khsathrita. Ce personnage semble être le fils de Cyaxare, fils d'Astyage, et dont le souvenir s'est perpétué par la Cyropédie de Xénophon.

Vak-Istarra ne saurait être le grand roi Cyaxare, comme M. Eichhoff l'a remarqué avec raison ; il aurait été beaucoup plus naturel de parler de la race d'Astyage, le dernier grand roi de la Médie indépendante. Nous avons parlé de l'aryanisation *Uvakhsatara* et de la traduction

du nom médique en *Arstibara* perse « porteur de lance »,
Astibaras de Ctésias.

Le sens de Sattaritta n'est pas connu ; il se pourrait
que le dernier élément rappelât celui du nom susien
*Tammarita*.

Toutes ces circonstances sont très-instructives, au
sujet de l'histoire de la Médie, et n'ont jamais été mises
en lumière.

L. 17. — Le perse est à compléter : *Kamnamčiy
naiy adāraya* (col. II, 1. 9) « il ne tint pas même peu. »

L. 19. — Le 27 Anamaka, selon la version assyrienne Tébet, ne peut pas être le mois dans le commencement duquel eut lieu la bataille sur le Tigre, mais doit
être le Tébet de l'année suivante, correspondant à peu
près à janvier 9,482 ; 519 av. J.-C. Ce n'est pas en
25 jours que même la nouvelle de la révolte de Phraortès serait parvenue de Rhages à Babylone, quand même
on ne ferait pas entrer en ligne de compte, qu'entre la
bataille du Tigre et celle de Kampanda se place la
rébellion du Martiya.

L. 20. — Hydarnès, quoiqu'en dise Darius, fut
réellement battu à Kampanda ; (c'est ainsi qu'il faut
prononcer.) Phraortès réussit apparemment à chasser les
Perses du territoire de la Médie, et à transporter le
théâtre de la guerre en Arménie.

En effet, les trois batailles suivantes livrées contre
le rebelle, sont conduites sous les ordres de Dadarsès, un
Arménien, à Zuza, Tigra et Uhyama, toutes les trois
localités de ce pays même.

L. 21-38. — Les deux premières batailles ont lieu le
8 et le 18 Thuravahara ou Iyar (mai), la troisième le

9 *Thāigarčis* (¹) ou Sivan, juin 9,482; 519 av. J.-C. Après ces batailles livrées dans un espace d'un mois, l'Arménien Dadarsès en a assez, et se résigne, comme Hydarnès, à attendre l'arrivée de Darius en Médie.

L. 38-48. — Phraortès a chassé les Perses d'Arménie, et il s'est avancé vers le midi, en Assyrie. Omisès, un Perse, est envoyé par Darius pour le combattre et le défaire (à ce qu'il paraît) à Issitu (²), en Assyrie, le 15 Anamaka, ou Tebet, vers janvier 9,483; 518 av. J.-C. Omisès le repousse donc en Arménie, mais après une seconde bataille, livrée près d'Autiyara (³), le 30 Thuravahara ou Iyar (mai), il est obligé, lui aussi, d'attendre l'arrivée de Darius.

Selon la version assyrienne, les Perses tuèrent 2,074 hommes dans la bataille en Assyrie, et firent perdre à Autiyara, aux Mèdes, 2,045 morts et 1,559 prisonniers.

L. 40-58. — Enfin Darius sort de Babylone après la défaite de ces trois généraux, c'est-à-dire après mai-juin 518 av. J.-C., trois ans après son avènement, et plus de deux ans après les batailles sur le Tigre et sur l'Euphrate. Pourquoi y était-il resté aussi longtemps? Parce que le siége de Babylone lui avait coûté des efforts très-longs,

(¹) On pourrait voir dans le mot perse de *Thāigarčis*, le mot *thāyā*, persan *sāya*, « ombre ». Le mois de Sivan étant près du solstice d'été, peut-être le nom signifie-t-il « raccourcissement de l'ombre ».

(²) Ce nom n'est conservé que dans le texte médique; nous ne connaissons pas, que je sache, une localité de ce nom en Assyrie. Le mot peut répondre à l'assyrien *Izzit*.

(³) Le nom de la localité est en perse *Autiyāra*, en médique *Haotiyarus;* le texte oublie aussi la mention ordinaire « en Arménie ».

et probablement s'étendant sur tout l'intervalle des vingt mois dont parle Hérodote. La ville chaldéenne n'aurait donc été réduite qu'en juin 9,482 ; 519. Il est probable que c'est de cette époque seulement que se calculent les dates de bien des contrats babyloniens, portant le nom de Darius ; car ils finissent avec la 35ᵐᵉ année.

Le monarque perse a dû rester si longtemps à Babylone, pour y rétablir son autorité entière.

L. 53. — Le 25 Adukanis, a lieu la bataille décisive de Kundurus, en Médie, où Darius avait attaqué l'usurpateur ; il y était certainement allé lui-même, tandis que ses armées avaient soumis l'Arménie et l'Assyrie. Le mois d'Adukanis, de signification obscure, doit être postérieur à l'Ab. Le mois de Tammuz suivrait de trop près la date de la bataille d'Autiyara, on ne pourrait donc lui assimiler celui d'Adukanis.

L. 55-56. — *Umdē kiduva*, en perse *ćakhsma avažam* « je lui crevai les yeux » ; le sens n'a pas été compris, *Avažam* est de *važ*, le perse *guziden*.

L. 26. — *Hagmatāna*, Ecbatane, chez Hérodote Agbatana, est écrit *Agmatana*, c'est l'*Ahmātā* du livre d'Edra. MM. Nöldecke et Lagarde ont vu dans l'Agbatane de Syrie, où mourut Cambyse, la ville de *Hamat*.

L. 58. — Le texte médique est plus explicite encore sur les cruautés perpétrées contre les chefs mèdes révoltés, mais le texte est difficile à comprendre. Le texte perse dit simplement *añtar didām frāhiñžam*, intra arcem *suspendi*.

L. 58-67. — La révolte de *Ćithrañtakhma*, dans lequel j'ai déjà, en 1847, reconnu le nom de Tritantaechmes, en Sagartie, suit celle de Phraortès. Darius sévit avec une indigne cruauté surtout contre ceux qui prétendent d'être ou qui sont véritablement de la race de Cyaxarès. Il faut remarquer que le roi ne dit pas que Tritantaechmes ait « menti », et qu'il ait assumé un nom ou une famille qui n'étaient pas les siens. La date de la défaite n'est pas fixée.

L. 66. — La ville d'Arbèle porte en médique seul la mention « nommée », qui manque en perse et en assyrien, parce que la ville était assez peu connue des habitants de Rhages, capitale de la Médie. Quant au nom d'Arbèle, le médique a pris la forme perse *Harbēra*, ce qui prouve encore une fois que le peuple qui parla la langue n'était pas le peuple susien ; celui-ci avait trop de rapports directs avec l'Assyrie, pour ne pas connaître le vrai nom de la ville consacrée à Istar.

La phrase finale : « Cela est ce que je fis en Médie », provoque quelques remarques. Tritantaechmes est Sagartien ; dans la troisième colonne (l. 56) et dans le texte détaché, il est accusé d'avoir soulevé la Sagartie, le *Açagarta*; néanmoins, le passage qui nous occupe range la défaite du rebelle comme appartenant aux affaires de la Médie. Les textes de Bisoutoun et de Nakch-i-Roustam ne mentionnent pas la Sagartie qui ne paraît que dans le texte I de Persépolis, comme « province orientale ». Dans Hérodote (I, 125), les Sagartiens sont énumérés parmi les peuplades nomades des Perses, et à un autre passage (VII, 85), ils figurent comme faisant partie de la cavalerie de Xerxès (¹), comme parlant la langue des Perses et ayant un costume intermédiaire entre celui des Perses et des Pactyens. Il fait placer la Sagartie dans le nord du

_______________

(¹) Le nom d'*Açagarta* semble provenir de *aça*, « cheval ».

Kerman actuel, d'autant plus qu'Hérodote les met dans le même nome, à savoir dans le quatorzième, dans lequel figure les Sarangiens, les Outiens (les *Yutiyā* du texte, dans le Laristan) et les habitants des îles persiques.

L. 68-78. — La révolte des Parthes, soumis à la Médie, a dû durer plus d'une année. A la bataille de Viçpauzatis, Phraortès existait encore ; le 22 Viyakhna (Adar), n'était donc plus tard que mars 9,483 ; 518. La bataille de Patigrapana (¹), au contraire, n'eut lieu qu'après la prise de l'usurpateur, puisque Darius envoie de Rhages, la capitale des Mèdes, des troupes pour secourir son père. Le mois de Garmapada ou Ab, dans lequel eut lieu cette bataille, ne peut donc pas être le mois d'Ab de 9,483; 518, mais doit être celui de 9,484 ; 517, forcément elle est postérieure à la bataille de Kundurus, où Phraortès fut vaincu. Darius a donc dû rester longtemps à Rhages, pour compléter la soumission de la Médie, et tout aussi sûrement la révolte des Parthes a-t-elle duré plus longtemps qu'une année.

L. 78-85. — La Margiane faisait partie de la Bactriane, ainsi que le démontre la ligne 85. La date de l'Athriyadiya ou Cislev, où eut lieu la bataille à un endroit non mentionné, n'est pas sûr : cela pourrait être déjà le novembre de 9,483 ; 518 (²). La version assyrienne évalue la perte des vaincus à 4,203 morts et 6,572 prisonniers.

---

(¹) Selon la version assyrienne, Hystaspe y tua 6,570 hommes et fit 4,191 prisonniers.

(²) Mais il est plus que probable que le rebelle Frada, *Ferhād* des Persans, resta longtemps au pouvoir, car il figure dans la suite des images des imposteurs après Arakha, l'Arménien : la soumission de la Margiane pourrait donc descendre jusqu'en décembre 9,489 ; 512.

12

Le mot *khsathrapāvan,* d'où vient le mot satrape,
a été altéré en médique en *saksapavan,* pour commencer
le mot étranger par *sak* « fils, homme ».

## Troisième colonne.

Cette partie de l'inscription de Bisoutoun n'est pas aussi
bien conservée que la seconde colonne, qui est tout simplement le texte achéménide le mieux conservé que nous
possédons.

L. 1-19. — La révolte du second Pseudo-Smerdis est
seulement connue par le texte de Bisoutoun. Le nom de
*Vahyazdāta,* veut dire « créé par Vahyas », c'est-à-dire
par Ormazd ; c'est le nom du dixième fils d'Haman, dans
le livre d'Esther, où il est transcrit *Vaïzātā.* L'imposteur était natif de Tarava, gén. : *Tāravana,* qui est la
ville de *Tārūn* dans le Laristan; d'ailleurs toute la lutte
se passa dans la Perse orientale. Oeosdatès est vaincu le
12 Thuravahara, Iyar (mai), à Rakha, et il s'enfuit de là
à Pasargades, près de Darabdjerd. Il est poursuivi et
livre une seconde bataille à Paraga, qui est le Forg
moderne, en Laristan. Ce combat n'a lieu qu'au mois
d'Ab (août), lequel mois ne peut être que celui de l'année
9,484 ; 517, au plus tôt.

Oeosdatès est mis à mort par Darius, dans la ville
*d'Uvādaičaya,* lu à tort *Uvadaidaya,* la ville d'Audedj
d'aujourd'hui ; la forme médique *Uvaddēčis* nous démontre l'erreur commise dans la lecture du nom perse.

L. 20-25. — L'armée d'Oeosdatès avait gagné l'Arachosie, c'est-à-dire l'extrême Orient de l'empire, et ne
reconnaissait pas Darius qui fut obligé d'y envoyer son

général Vivana pour combattre les rebelles. Celui-ci les
défait le 13 Anamaka ou Tebet, à Kapisakanis, probablement « chasse de singes », et puis le 7 Viyakhna, ou mars
suivant, à *Gandumava* (¹), après quoi le chef rebelle, que
l'inscription ne nomme pas, est assiégé dans sa forteresse
d'Arsada, pris et mis à mort. Cette défaite peut être placée
entre 516 et 514.

L. 35-46. — Pendant le séjour de Darius en Perse
et en Médie, Babylone se révolta une seconde fois. Cette
défection fut une velléité d'indépendance. Nous pouvons
aujourd'hui en fixer la date avec une presque certitude ;
nous n'avons qu'un seul texte de Darius, portant la date (du
12 Sebat) de la 7$^{me}$ année, et émanant de Babylone même. La
limite de la domination de l'Arménien Arakh, fils d'Haldita, ne peut s'être étendue au-delà de onze mois, de
l'Adar de la 6$^{me}$ au Sebat de la 7$^{me}$ année de Darius, d'avril
9,488 ; 513, à août 9,489 ; 512. Nous avons également
des documents datant du règne de ce second Pseudo-
Nabuchodonosor, qui sont tous les deux datés de la
1$^{re}$ année ; l'un d'eux est de l'Elul, le mois de l'autre est
effacé. Cet Elul aurait été celui de la 7$^{me}$ année de Darius,
si celui-ci n'avait pas été dépouillé du pouvoir à Babylone
dans le mois de septembre 9,488 ; 513. Au lieu du 22$^{me}$
du mois, le perse porte 2$^{me}$, et cela a son importance.

Il est donc nécessaire, à moins que le document du
15 Elul tombât dans la dernière semaine du règne d'Arakh,
d'admettre que le mois de *Margazana*, connu seulement
par le texte médique, corresponde ou à Tisri, ou à Mar-

(¹) Lu mal *Gandutava,* Sir Henry Rawlinson a déjà comparé la
contrée de *Gandum.*

chesvan, ou à Sebat (¹). Nous croyons le dernier, en traduisant le nom perse par « naissance des oiseaux ».

La prise de Babylone par Intaphernès, le Mède, se placerait donc vers février-mars 9,489 ; 512 av. J.-C.

L. 36. — Les formes médiques *Haldita* et *Dubala* démontrent la lecture perse de *Haldita* et *Dubāla* (²). La lettre perse ⟶⊨ est bien un *l*. Nous faisons justice de l'absurde hypothèse que d'ailleurs nous-même avons eu le tort d'accepter, à savoir que le perse n'ait pas eu de *l* (³). C'est un très-grand travers remarqué souvent chez les philologues, de traduire sans sens exact, et de se payer de transcriptions qu'on ne saurait vivifier par aucune prononciation humaine. Pour parler du cas qui nous occupe, il ne suffit pas de transcrire la lettre perse par un *ñ*, il faut aussi avoir l'obligeance grande de nous indiquer l'articulation physiologique et perceptible par notre oreille, laquelle ce signe est censé exprimer.

L. 42-43. — Les deux passages, où le nom se trouve, ont tous les deux *Vindaparna* en médique ; il est probable que le personnage s'appelait tout comme le complice de Darius, *Viñdafranā,* et non pas *Viñdafrā,* ce que donne le texte perse.

L. 45. — Le texte assyrien a évidemment : « puis, j'ordonnai ceci : Que Arakha et ses principaux adhérents

---

(¹) Dans ce cas la révolte d'Arakh n'aurait duré, tout au plus, qu'un an, et l'on pourrait trouver des textes datés de la septième année de Darius, de Sebat à Tammuz ; il y en a, en effet, mais ils proviennent de Warka, ce qui ne prouve rien, car Arakha n'y régna pas.

(²) La localité est connue, elle s'appelle *Diblah* aujourd'hui. Voir mon *Expédition en Mésopotamie,* t. 1, p. 252, et la carte de Babylone.

(³) Voir mes *Mélanges persés,* p. 3.

soient mis en croix à Babylone». Le perse est à lire *uzmayāpatiy ākariyañtām Bābirauv*. Il faut, du reste, toujours lire *uzmayāpatiy ākunavam,* «je posai sur la croix » ,non pas *akunavam* «je fis (¹) ». La lecture *açariyatā* est fautive ; le *ç* est mal lu au lieu de *k*.

L. 60. — Le texte parle de neuf rois, le bas-relief en montre dix, les neuf chefs nommés et le Sace Skunkha.

L. 61. — A partir de cette ligne jusqu'à la fin du texte, la version médique a pu seule faire restituer l'original perse, et lui rendre sa forme et sa signification.

L. 60 — Il y a dans le texte médique :

*Yiak anka hićito ummanti Dayiyaosmi tarva astu.* Le mot *astu* est difficile, serait-ce la médisation d'une formule perse : *druvā açtuv?* Néanmoins, le texte perse porte :

*Yadiy avathā maniyāhy dahyāusmaiy duruvā ahatiy.*

Si « ita sic » dicis, terra mea perennis erit.

« Si tu dis : « qu'il en soit ainsi », mon pays durera toujours »,

Le mot *duruvā* est clair; il est surprenant qu'on n'ait pas vu depuis longtemps que le *duruçā* ne signifiait rien, et qu'il fallait ajouter au *ç* le petit trait horizontal pour en faire un *v*.

L. 64. Au lieu de *du-in nisgis*, mot incompréhensible, il faut sûrement lire *ap-in nisgis* « illos protege ». Ainsi s'écarte avec une grande facilité un mot qui nous a occasionné mal à propos bien des réflexions.

---

(¹) De la préposition *ā* et *kar;* ainsi *frābara* est *fra-ā-abara,* *bāźim abarañtā* (non *abarañtā*) de *ā-bar* int., *abartana* persan *āverden.*

L. 67. — Le médique *yini titkimmas ummanti* est en perse *mātya duružiyāhy,* ou peut-être *mātya durukhtam maniyāhy.*

L. 68. — Le texte médique donne le sens vrai d'un texte important. Il manque entre *Auramazda* et *tiyaiy* (col. IV, 44) deux lettres, dont l'une est sûrement un *y*, pour retrouver le médique *Oramazdara,* Mazdéen ; forcément l'autre ne pourrait donc être qu'un *a* correspondant au précatif de la 1re pers., *ankirinē.* Nous avons donc :

*Auramazdaya atiyaiy.*

Mazdaeus          moriar.

« Que je meurs en Mazdéen, que je participe de la la vie future en Mazdéen ». La phrase est claire.

« Que je meurs en Mazdéen, comme cela est vrai. Je n'ai pas fait un mensonge dans toute ma vie. »

Car selon Hérodote, la chose la plus infâme chez les Perses, était de mentir αἴσχιστον δὲ αὐτοῖς ψεύδεσθαι νενόμισται (Hér., I, 138).

L. 69-71. — Dès le commencement on a mal compris tout ce passage. Darius n'a pas écrit tout à Bisoutoun, parce qu'ailleurs il a fait d'autres monuments. Qu'on ne croie pas que cela soit faux, parce que ce n'est pas écrit ici. Le perse est à restituer ainsi :

*Mātya hya aparam imām dipim patiparçātiy avahyā paruv thaćayātiy tya manā kartam, naisim varnavātiy durukhtam maniyātiy.*

« Ne illi qui postea illam tabulam perleget, ei nimis videatur, quod ego feci, (ne) id ei incredibile appareat, ne dicat : « mendacium ».

L'assyrien mutilé porte seulement (l. 100) :

*La ikibbu iqabbu umma : parṣāti sina.*

Ne rejiciat (ne) dicat ita : « mendacia haec. »

L. 70. — Le perse a été mal lu : au lieu de *hamahyāyā duvartam*, ce qui ne donne aucun sens, il faut lire : *hamahyāyā tharda kartam*. Le *du u v* provient d'une oblitération des signes : *th r d k*.

L. 70. — *Git* est en perse *adā nuram* « nunc igitur ».

L. 74. — Le médique a *hiċito ummas*, le perse : *avathā maniyā*, « ita sit » dic.

*Tartinti* traduit le perse *apagaudaya* « nie, demens », non pas « cache ». Comment cacher un rocher ?

L. 77. — Nous avons déjà insisté sur l'importance de l'interpolation appartenant seule au texte médique de *annap Harriyanam*, de la forme perse *baga Ariyānām* [1].

Les lignes 72 à 82 sont d'une importance capitale pour la connaissance même du zend. Le texte perse fournit le mot d'où vient Avesta, doctrine : *ābastā*. Voici tout le passage (col. IV, I. 62-38) :

*Avahyarādiy Auramazdā upaçtām ābara utā aniyā bagāha tyaiy hañtiy yathā naiy arika āham naiy draužana āham naiy zaurakara āham naiy adam naimaiy taumā apariy ābastām upariyāyam naiy uvārim naiy druvaçtam zaura akunavam martiya hya hamatakhsatā manā vithiyā avam ubartam abaram hya viyanāthatā avam ufraçtam aparçam.*

Ce sont surtout les mots : *apariy ābastām upariyāyam* « secundum legem regebam », qui sont importants [2].

[1] Voir page 14.
[2] Voir *Journal asiatique*, 1872, vol. XIX, p. 295.

Les mots *uvārim* èt *druvaçtam* sont « coutume »
et « usage ». Le mot *druvaçtam*, le zend *druvaçta*, se
retrouve à Nakch-i-Roustam, dans le texte mutilé. La
version assyrienne semble contenir le terme abstrait; mais
dans la version médique Darius se vante évidemment de
n'avoir jamais fait injustice à un *homme* juste et intègre.
Je ne cache pas non plus que le débris du mot, selon
Rawlinson, *h u v t m* pourrait se restituer en . . .*huvañ-
tam*, ce qui serait sûrement un adjectif formé par
l'adjonction de *vat* à un abstrait en *as*, comme *dānau-
vañtam* ou *mānauvañtan*, en changeant le *s* en *h*.

L. 84. — Le texte perse restitué porte (l. 67 ss.) :

*Tuvam kā khsāyathiya hya aparam āhy mar-
tiya hya drauẑana ahatiy hyavā çtravaka ahatiy
avaiy mā daustā azdiy mā nāfrastādiy parça.*

« Toi qui seras roi après moi, l'homme qui sera
menteur ou qui sera scélérat, de ceux-là ne sois ni
l'ami, ni ne les punis sans justice. »

L. 85. — Le médique *çarinti* traduit comme (III, 49)
la perse *vikanāhy*, lu à tort *viçanāhy*.

Sur *innippēta*, perse *utataiy tautā yātā ahatiy,*
« aussi longtemps que tu pourras », voyez p. 97.

L. 87. — *Huhpē Oramasda hazzasnē* est le perse
(l. 76) *avataiy Auramazdā vazrakan kunautuv*. La
forme monstrueuse *ẑadnautuv* ne provenait de ce qu'on
avait lu ⸗ *z d* au lieu de ⸗ *k u*.

L. 89. — *Rippisnē* « qu'il maudisse », sens assuré
par l'assyrien *lirur*. Aussi au lieu de *nikañtuv*, qui ne
donne aucun sens, il faut lire en perse *hañdaçatuv*
« qu'il maudisse ».

L. 89-94. — Le dernier paragraphe qui contient les

noms de six aides de Darius sont, comme on le sait, d'une importance historique de premier ordre. Le texte médique complète le sens du passage. Cinq noms sur six sont cités par Hérodote : quant au sixième, Ardumanes, fils d'Ochus, le père de l'histoire le remplace par Aspathinès, et cette erreur même milite en faveur de l'historien ; car elle ne remonte pas à lui, mais à la source, en général véridique, qu'il consulta. Aspathinès fut, en effet, un grand de la cour de Darius, et en faveur auprès du roi, qui fit graver le portrait de cet homme sur son propre tombeau à Nakch-i-Roustam.

Les noms des pères sont également ceux d'Hérodote, sauf celui d'Otanes, qui n'est pas Pharnaspe (¹), mais *Thukhra*, le brillant, le rouge. Le père de Megabyze, *Bagabukhsa,* est Dadyes, nom cité dans les Perses d'Eschyle ; aucun passage d'Hérodote n'autorise de faire d'un nommé Zopyre le père de Mégabyze(²). Le père

---

(¹) Hérodote (III, 68) nomme le père d'Otanès *Pharnaspes* (perse *Franāçpa*). Le même nom de Pharnaspès est donné par l'auteur (II, 1. III, 2) dans deux passages au père de *Cassandane*, mère de Cambyse et de Smerdis. Mais Hérodote, quand il parle d'Otanès comme ayant soupçonné l'imposture du Pseudo-Smerdis, et comme ayant instruit sa fille Phédime pour découvrir la fraude, ne dit pas qu'Otanès fut l'oncle de Smerdis. Dans le récit du père de l'histoire, Otanès est représenté comme républicain.

(²) Ce Megabyze eut pour fils Zopyre, dont provint un autre Megabyze (Hér. III, 160. VII, 82), celui-ci est véritablement fils de Zopyre, lequel commanda une partie de l'infanterie perse sous Xerxès (en 480), combattit plus tard en Egypte contre les Athéniens et recouvra l'Egypte pour Artaxerxès I (456). Le père du premier Megabyze n'est pas cité dans Hérodote qui l'aurait nommé Dadyès ; Rawlinson, dans son magistral travail (introd., p. LXVI), a, par erreur, parlé de Zopyre comme du père du conjuré, et beaucoup de monde, dont je suis moi-même, ont répété cette méprise. Le conquérant d'Egypte s'appelle aussi Mégabare (Thucydide I, 109).

d'Hydarnès n'est pas Ariabignes, comme il figure dans Hérodote, mais Megabignès.

Le dernier paragraphe, coté *L* par Norris, se trouve en haut et est bien conservé. Le texte perse est détruit ; il ne reste que le mot *akunavam*,

L'inscription est d'une importance capitale ; elle a été placée sur le frontispice du bas-relief, en médique, pour faire comprendre aux Mèdes le vrai but de l'œuvre de Darius. Le roi raconte qu'il a fait cinq choses, dans un livre en arien, qui n'existaient pas auparavant. Il fit envoyer ces choses dans tous les pays pour rétablir l'ancienne loi. Ces cinq choses étaient :

Une loi nouvelle, en perse.

Le texte de l'Avesta, *hadugā ābastāyā*.

Les commentaires de l'Avesta, . . . . . . . *ābastāyā*.

La prière, le *žañdi*.

Les traductions dans les différentes langues.

Le *hadugā*, « texte », est conservé dans le *Ha du g* du médique.

Le commentaire est exprimé par le monogramme *ZU*, en assyrien *talmed*, instruction.

La prière est rendue par le signe *HI*, en assyrien, bénédiction, prière.

Le mot « traduction » semble être le sens du mot médique *eippi*.

Le mot *vaggiya* a le sens de « restaurer » et traduit le perse *patipadam akunavam*. (Voir plus haut, p. 166).

LES TEXTES DÉTACHÉS.

Ces petites légendes donnent lieu à peu de remarques, si ce n'est que les pluriels *Babiluppē, Asagartiyappē, Habirdippē* à côté de *Madapēna, Marguspēna*.

Il nous manque le contenu des textes supplémentaires médiques que Rawlinson n'a pas copiés et qui, pourtant, peuvent être d'une très-grande importance historique et philologique.

—

## CHRONOLOGIE

### DE L'INSCRIPTION DE BISOUTOUN.

| | | | |
|---|---|---|---|
| 529 | 9,472 avril | . . . . . . . . | Mort de Cyrus, avènement de Cambyse. |
| 522 | 9,479 mars | 14 Viyakhna | Soulévement du Mage à Pasargades. |
| 522 | 9,479 août | 9 Garmapada | Mort de Cambyse et règne de Gomates Pseudo-Smerdis. |
| 521 | 9,480 avril | 10 Bagayadis | Mort du Pseudo – Smerdis et règne de Darius. |
| 521 | 9,480 mai | . . . . . . . . | Révolte de Susiane. Nidintabel, roi de Babylone, sous le nom de Nabuchodonosor. |
| 521 | 9,480 décembre | 27 Athriyadiya | Bataille sur le Tigre. |
| 520 | 9,481 janvier | 2 Anamaka | Bataille à Zazana. Babylone assiégée., Soulèvement de l'Égypte. |
| 520 | 9,481 . . . . . . . . . . . | | Révolte de Martiya en Susiane. Phraortès se déclare roi de Médie sous le nom de Xathritès. |
| 519 | 9,482 janvier | 27 Anamaka | Campagne d'Hydarnès en Médie. Bataille de Maru. |
| 519 | 9,482 mai | 6 Thuravahara | Campagne de Dadarsès en Arménie. Bataille de Zuza. |
| 519 | 9,482 mai–juin | 18 Thuravahara | Bataille de Tigra. |
| 519 | 9,482 juin | 9 Thaïgarcis | Bataille d'Uhyama. Prise de Babylone par Darius. |
| 518 | 9,483 janvier | 9 Anamaka | Campagne d'Omisès en Arménie et en Assyrie. Bataille d'Izzit. |
| 518 | 9,483 mars | 22 Viyakhna | Campagne d'Hystaspe contre les Parthes. |
| 518 | 9,483 mai | 30 Thuravahara | Bataille d'Autiyara. |

| | | | | |
|---|---|---|---|---|
| 518 | 9,483 octobre | 25 | Adukanis | Darius, sorti de Babylone, défait Phraortès à Kundur en Médie. |
| | | | | Prise de Rhages, et exécution du rebelle à Ecbatane. |
| | . . . . . . . . . . . . . . . . | | | Soumission de la Susiane, et mort de Martiya. |
| 517 | 9,484 . . . . . . . . . . . . | | | Révolte de Citrantakhma en Sagartie. |
| 517 | 9,484 août | 1 | Garmapada | Défaite des Parthes par Hystaspe à Patigrapana. |
| 517 | 9,484 . . . . . . . . . . . . | | | Révolte de Phraates en Margiane. |
| 517 | 9,484 . . . . . . . . . . . . | | | Oeosdates, second Pseudo-Smerdis. |
| 517 | 9,484 mai | 12 | Thuravahara | Campagne d'Artavardiya contre l'imposteur. |
| | | | | Bataille de Rakha. |
| | | | | Darius reste à Rhages. |
| 517 | 9,484 mai | 6 | Garmapada | Bataille de Forg. |
| | | | | Oeosdates est pris et tué à Audedj. |
| | | | | Campagne de Vivana contre les adhérents d'Oeosdates en Arachosie. |
| 516 | 9,485 janvier | 13 | Anamaka | Bataille de Kapissakanis. |
| 516 | 9,485 mars | 7 | Viyakhna | Bataille de Gandumava. |
| | | | | Prise du fort d'Arsada en Arachosie et fin de la révolte. |
| 513 | 9,488 . . . . . . . . . . . . | | | Arakha, roi de Babylone, sous le nom de Nabuchodonosor. |
| 512 | 9,489 février | (2)2 (¹) | Margazana | Prise de Babylone par Intaphernes le Mède. |
| 512 | 9,489 décembre | 27 | Athriyadiya | Défaite des Bactriens par Dadarses et prise de Frada. La pacification de l'Egypte est postérieure à cette date. |
| 510 | 9,491 . . . . . . . . . . . . | | | Révolte de la Susiane. |
| 509 | 9,492 . . . . . . . . . . . . | | | Révolte des Saces et prise de Skunkha, le Sace. |

CALENDRIER PERSE.

| | |
|---|---|
| Bagayadis. . . . . . . . . | mars-avril. |
| Thuravahara . . . . . . . | avril-mai. |
| Thaïgarcis . . . . . . . . | mai-juin. |
| . . . . . . . . . . . . . | juin-juillet. |

(¹) Le perse donne 2, et non 22.

| | |
|---|---|
| Garmapada. . . . . . . | juillet-août. |
| . . . . . . . . . . . | août-septembre. |
| Adukanis. . . . . . . . | septembre-octobre. |
| . . . . . . . . . . . | octobre-novembre. |
| Athriyadiya. . . . . . . | novembre-décembre. |
| Anamaka. . . . . . . . | décembre-janvier. |
| Margazana . . . . . . . | janvier-février. |
| Viyakhna. . . . . . . . | février-mars. |

Les neuf noms de mois que voilà sont exprimés dans la traduction assyrienne par les mois assyriens, et cela avec les mêmes quantièmes des mois. Puisque les mois assyriens étaient des mois purement lunaires, on pourrait être amené à conclure de cette circonstance que les Perses comptaient également d'une néoménie à l'autre. Néanmoins, la conclusion n'est nullement forcée : car les noms de mois se prêtent à une sorte de traduction ; ainsi les mêmes noms qui, dans le texte de Bisoutoun, traduisent les mois perses, servent aujourd'hui en Orient pour indiquer les mois européens. Le 14 Adar qui rend le 14 Viyakhna perse, indique aujourd'hui le 14 mars julien ou grégorien. Les mois des Perses semblent, au contraire, avoir imité le principe égyptien de l'année de 365 jours, divisé en 12 mois de 30 jours chacun, et augmenté de 5 épagomènes ; peut-être y introduisit-on également un jour intercalaire.

Nous supposons l'existence de l'année solaire à cause de la tradition perse elle-même. L'année zoroastrienne était une année solaire, et les Sassanides l'ont également adoptée. Le fait étant constaté pour ces derniers, il est bien difficile d'admettre que ces rois, si jaloux de continuer les traditions des anciens Perses, eussent simplement adopté un usage égyptien : cela n'est pas à concilier avec les aspirations vivaces de cette dynastie. Mais ce qui est surprenant, c'est que les noms des anciens Perses aient été complétement oubliés et remplacés par des noms des Amschaspands et des autres divinités, auxquels ces mois étaient probablement consacrés. Ces noms sont : Farvardin, Ardibehisht, Khordad, Tir, Amerdad, Shahriver, Mihr, Aban, Ader, Deh, Bahman, Sapandarmad.

La suite étant fixée ainsi que depuis la grande réforme de Djellal-ed-din (samedi, le 14 mars 1075), il n'est pas utile de vouloir assimiler les noms perses aux divinités bactriennes. Mais l'année persane moderne, la plus parfaite qui existe, commence comme l'ancienne, par l'équinoxe du printemps, le *nō-rūz*, perse *navarauċa,* « le jour nouveau ». Le premier mois arménien, *navasardi,* rappelle le perse *navatharda* « nouvelle année »; quelques mois arméniens rappellent même les termes perses.

Il est vrai que quelques auteurs font commencer l'année moderne, avant la réforme de Djellal-ed-din, avec l'équinoxe de l'automne : mais il est probable que le novateur a seulement rétabli l'ancien système. Dans le nouveau calendrier, le mois d'Ader est le neuvième comme dans l'année perse l'Athriyādiya. Le nom du mois *Deh* semble également indiquer le froid et fait penser à un passage du Vendidad, Fargard I. Ce mois est l'*Anāmaka,* le mois « innommé ».

## AUTRES TEXTES DE DARIUS.

### INSCRIPTION D'ELVEND. N° 5 (O. de Lassen).

Le texte gravé dans le roc a été souvent copié, en dernier lieu, par Texier, Coste et Flandin. On ne comprend pas bien le but de ce texte, gravé dans le roc et dans un lieu désert : probablement il y avait autrefois un lieu de réunion.

### INSCRIPTION D'ELVEND.

### N° 5 (O. de Lassen).

*[1]Annap an irsarra [2]Oramasda, akka hi ➤ Mu[3]run pesta, akka (an)k[4]ikka hupē pesta, akka [5]Ruh(M)irra ir pesta, [6]akka siyatis pesta [7]Ruh(M) irrana, akka [8]Dariyavaos Unan ir [9]huttasta, kir Irse[10]kipna Unan, kir Ir[11]sekipna pirramata[12]ram. U Dariyava[13]os Unan irsarra, Unan [14]Unan-ip-irra, Unan Da[15]yiyuspēna Parruza [16]nanam, Unan ➤ Mur[17]un hi ukku-va hazzaik[18]ka pirsatanēka, Vi[19]staspa Sakri, [20]Hakkamannisiya.*

### TRADUCTION.

### INSCRIPTION D'ELVEND

#### PRÈS DE HAMADAN (ECBATANE).

#### O. DE LASSEN.

Un grand dieu est Ormazd qui a créé cette terre, qui a créé ce ciel, qui a créé l'homme, qui a donné à l'homme le bon principe, qui a fait Darius roi, seul roi de beaucoup de rois, seul empereur de beaucoup d'empereurs.

Je suis Darius, grand roi, roi des rois, roi des pays où se parle beaucoup de langues, roi de cette terre dans l'univers, l'étendue, la vaste, fils d'Hystaspe, Achéménide.

### REMARQUES.

Le texte du mont Elvend (perse *Aruvañta*), près de Hamadan, l'ancienne Ecbatane, a été le premier document que Burnouf examina. MM. Westergaard et de Saulcy en ont interprété la version médique avant Norris. Le travail de M. de Saulcy a déjà, en 1850, résolu plusieurs questions importantes, et, sous quelques rapports, il offre encore aujourd'hui plus qu'un intérêt purement historique.

L. 1.— On remarquera que les textes suivants ont un glossaire assez différent du texte de Bisoutoun. C'est d'ailleurs la même formule qui revient presque à tous les textes, et elle nous poursuit depuis Darius jusqu'à Artaxerxès III. Cette uniformité que nous ne trouvons nulle part ailleurs avec une pareille ténacité, peut faire penser que ces mots formulaient une sorte de serment royal.

L. 2. — Le mot *pesta* est remplacé ailleurs par celui de *tastá*.

L. 3. — Le mot *murun* est précédé de *hi*, perse *imâm* « celle-ci », le mot de *(An) kik* « ciel pur », *hupē*, perse *avam* « celui-là ».

L. 5. — Nous avons, dans le texte de Bisoutoun généralement mis le texte du monogramme après *Ruh*.

L. 6. — Le mot *siyātis* n'est pas traduit, il n'y est que transcrit en médique : C'est le *bon principe*, l'assyrien *dumqu;* dans le texte d'Elvend il est traduit par *gabbi nuḥsu* « tout bonheur ». Le sens du mot sur lequel on a longtemps divagué, est aujourd'hui un fait acquis à la science. Le *siyātis* « c'est le bon principe » qui terrasse le méchant. Voir *Journal asiatique* 1872, t. XIX, p. 296, puis *Records of the Past*, vol. IX, p. 71.

L. 11. — Le mot *pirramataram* est une transcription du perse *framātāram*, ainsi que *parruzananam*, perse *paruzanānām* « où se parle beaucoup de langues ».

L. 12. — *Dayiyus* est écrit ici comme ailleurs *Da-yi-u-s*.

L. 17. — Le mot *ukku*, traduisant le perse *vazarkāyā*, n'est pas à confondre avec le mot *ukku* qui, dans le texte de Bisoutoun, traduit le perse *ābastām* « la loi », l'*avesta*. Il signifie l'univers et peut être lu *humku*.

Les mots *hazzaïka pirsatanēka* traduisent le perse *duraiy āpaiy*; les mots médiques désignent tous les deux l'idée de « loin, étendu. » La phrase perse n'a pas été comprise jusqu'aujourd'hui; *ahyāyā bumiyā vazrakāyā duraiy āpaiy* « de cette terre qui s'étend au loin dans l'univers ».

## INSCRIPTIONS DE PERSÉPOLIS

### TEXTE DES PORTES DU PALAIS DE DARIUS.

### Nº 2 (B. de Westergaard).

[1]*Dariyavaos Unan irsa*[2]*rra, Unan Unan-ip-inna, Unan Dayiyuspēna vispazana*[4]*spēna, Vistaspa Sakri, Hakkamannisiya, akka* [6]*hi* ➤ *Tazzaram huttasta.*

### TRADUCTION.

Darius, roi des rois, roi des pays où se parlent toutes les langues, fils d'Hystaspe, Achéménide, a bâti cette maison.

REMARQUES.

L. 2. — Le texte porte *Unan-ip-inna*, et le texte d'Elvend *Unan-ip-irra*. Le susien de Mal-Amir a également les formes *irra* au lieu d'*inna*.

L. 3. — *Vispazanaspēna* est un mot hybride, moitié perse, moitié médique. Le mot signifie « où se parlent toutes les langues. »

L. 6. — *Tazzaram* transcrit le perse *taċaram*, rendu par le babylonien *bit* « maison » : cette version a donné raison à MM. Lassen, Westergaard et de Saulcy, qui ont interprété ce mot par palais. Quant à l'étymologie elle est toujours obscure ; mais tout indique que ce fut un terme d'architecture spéciale, que n'expliquent ni le médique qui le transcrit, ni l'assyrien qui le rend par un terme trop général. Le fait de la transcription du médique ne donne-t-elle pas à penser sur le fort argument qu'il apporte encore aux preuves sur la nationalité de la seconde espèce d'écriture ? Car quel autre peuple que la nation médique fut assez lié aux Perses pour lui emprunter sa nomenclature politique et religieuse ?

## INSCRIPTION DES FENÊTRES
N° 10 (L. deWestergaard et Lassen).

*Ardastana-HAR (M)-inna Dariyavaos Unan-na*
➤ *UL. HI (M) eva huttukka.*

TRADUCTION.

INSCRIPTION DES FENÊTRES.

Colonnade voûtée bâtie dans la maison de Darius.

REMARQUES.

Ce petit texte, qui se trouve autour des chambranles d'une salle à Persépolis, a été diversement expliqué par tous les interprètes. Le perse porte :

*Ardaçtāna āthañgaina Dāriyavahus khsāya- thiyahyā vithiyā kartam.*

Le mot *Ardaçtāna* est un terme architectonique, pour lequel le persan moderne ne nous offre aucun secours ; il en est autrement du second mot *āthañgaina*, dans lequel je crois reconnaître le mot *āheng*, non pas avec le sens commun de « propos », perse *āhañga*, mais avec celui de « voûte ». Le signe *har* qui figure dans le texte médique, suivi du signe de monogramme a, en assyrien, la valeur de « cercle », d'où « bracelet, anneau ».

Le texte assyrien est ainsi conçu : *kubur rēmu galala ina bit Dariyavus sarri ipsu.* (Voir *Expédition en Mésopotamie*, t. II, p. 250.) Le mot *kubur* est obscur, quoiqu'il se retrouve dans les textes do Sargon, le mot *rēmu* indique une « colonne ». Le terme de *galala* peut signifier « voûte ».

La version assyrienne qui a été donnée, ainsi que le texte médique, d'après les estampages de Lottin de Laval, par M. de Saulcy, nous rend le grand service de mettre fin à toutes les explications hasardées qui avaient été mises en avant à l'égard de la petite légende. Comparez de Saulcy : *Recherches analytiques sur les inscriptions cunéiformes du système médique,* p. 221.

## TEXTE UNILINGUE MÉDIQUE

### N.º 3 (de Norris, L. de Westergaard et de Saulcy).

#### INSCRIPTION DE LA FORTERESSE DE PERSÉPOLIS.

[1]*U, Dariyavaos, Unan irsar*ra, Unan Unan-ip-
inna, Unan Dayiyus-pēna, Unan ➤ Mu*run hi
ukkurarra, Vi*stāspa Sakri, Hak[6]kamannisiya.*

*Yiak Da[7]riyavaos Unan nanri : — izkat hi[8]va
uktas Halvarras hi kusika;* [9]*appuka hi-va ➤ Halvarras innē* [10]*kusik; zaomin Oramasda*[11]*na hi ➤
Halvarras U kusi*[12]*ya, yiak Oramasda hiċi*[13]*to rasvinēna, annap varpep*[14]*ta itaka, appo hi ➤ Halvarras* [15]*kusika; yiak U kusiya, kut*[16]*ta kusiya
tarva, yiak sisnē* [17]*kutta tartoak hiċito çap* [18]*U
rasvanna.*

*Yiak Dariya*[19]*vaos Unan nanri : — U Ora*[20]*-
masda Uun nisgisnē annap* [21]*varpepta itaka, yiak
kutta ➤ Hal*[22]*varras hi; kutta sarak izkat hi ikka
*[23]*kippoka; hupē yini laninē hupē* (a) *appo Ruh (M)*[24]*-
irra harikka ummavanra.*



Moi, Darius, grand roi, roi des rois, roi des pays,
roi de cette vaste terre, fils d'Hystaspe Achéménide.

Et Darius le roi dit : Au-dessus de cette place, cette
forteresse a été fondée ; auparavant ici une forteresse
n'avait pas été fondée. Par la grâce d'Ormazd, j'ai fondé
cette forteresse et Ormazd avec des autres dieux m'inspira
la volonté que cette forteresse fut fondée.

(a) Ces lettres n'avaient pas été déchiffrées jusqu'ici.

Et je l'ai fondée forte et belle et parfaite, comme c'est mon bon plaisir.

Et Darius le roi dit : Que me protége Ormazd avec tous les dieux, et cette forteresse, et aussi ce qui est dans cette forteresse. Que jamais je ne voie ce que l'homme méchant souhaite (que je voie) !

### REMARQUES.

Ce texte a été analysé par Westergaard, de Saulcy et les autres savants qui se sont occupés des textes médiques (voir surtout de Saulcy, p. 127 à 151 ; Norris, p. 148). La fin n'avait pas été déchiffrée jusqu'à présent.

L. 7-8. — *Izkat hi uktas* doit être traduit « loco isto insuper » ; le mot *uktas* (peut-être *mu-tas*) ne se rencontre pas ailleurs.

Le verbe *kusi* se trouve aussi dans les textes susiens ; il lui convient la signification de « fonder ». La traduction perse de ce vocable n'existe pas.

Le mot *Halvarras* (¹), *hal-var-ras*, précédé du clou horizontal est connu de l'inscription de Bisoutoun *(hal-var-ri-s)*, où il rend le perse *didū* « forteresse ».

L. 13. — Les mots *rasvinēna* et *rasvanna* sont difficiles à interpréter. Il semble que les deux mots n'ont pas la même signification, mais le premier semble être le factitif, et le second la voix simple de l'actif. La signification est « vouloir », de sorte que le factitif est « inspirer la volonté ». On peut aussi lire *tukminēna* et *tukmanna*.

L. 16-18. Les trois mots *tarva, sisnē tartoak* sont connus ; *tarva* veut dire « fort », perse *duruvām, sisnē*

---

(¹) Nous ne savons pourquoi Norris a transcrit Afvarrus.

est le perse *nibām*. *Tartoak* est un participe passif au présent, pour *tartovak*, de *tarto*, « parfaire. »

L. 19 et suivantes. La formule finale est rédigée différemment que dans les autres textes. Le mot *kippoka* semble traduire le perse *añtar* « au dedans ». Quant à la fin, il se trouve, en effet, un signe nouveau que nous avons transcrit par *la*, car cette articulation manquait. Nous traduisons *laninē*, que je voie « (en vivant) » Quant à l'autre signe supposé, il est évidemment *hu-pē* « cela ».

Le texte, ainsi que nous l'avons dit, n'est pas traduit littéralement, ni en perse, ni en assyrien. Les deux textes perses qui l'accompagnent et qui sont sur la même plaque de pierre, cotées I et H, sont trop importantes pour ne pas trouver leur place ici. L'une d'elles énumère les pays gouvernés par Darius, et l'autre contient la seule mention qui nous soit conservée dans les textes perses, du Mauvais Esprit ou Ahriman.

Voici les deux textes qui, en verité, ne forment qu'un seul document :

« (Texte I). Je suis Darius, le grand roi, roi des rois, roi des pays où se parlent beaucoup de langues, fils d'Hystaspe, Achéménide, »

« Darius le roi dit : Par la grâce d'Ormazd, voici les pays que je possédais à l'aide du peuple perse : ils me redoutaient et me portaient leurs tributs. La Susiane *(Uvaža)*, la Médie, Babylone, l'Arabie, l'Assyrie, l'Egypte, l'Arménie, la Cappadoce, la Lycie *(Sparda)*, les Ioniens, ceux du continent et ceux de la mer. Et les pays de l'Orient : la Sagartie, la Parthie, la Sarangie, l'Ariane *(Haraiva)*, la Bactriane, la Sogdiane, la Chorasmie, la Sattagydie, l'Inde, la Gandarie, les Saces, la Macie.

« Darius le roi dit : Si tu (Ormazd) dis : « Qu'il en soit ainsi : », je n'ai pas crainte de l'Autre *(Ahriman)*. Protége l'Etat perse. Si l'Etat perse est protégé (par toi, Ormazd), le Bon Principe, qui toujours a détruit le Démon, descendra en Souverain sur cette maison.

« (Inscr. H). Le grand dieu Ormazd, qui est le plus grand des dieux, a fait Darius roi ; il lui a conféré la royauté, par la grâce d'Ormazd, Darius est roi.

« Darius le roi dit : Ce pays perse, qu'Ormazd m'a donné, est beau, riche en chevaux et en hommes ; par la grâce (volonté) d'Ormazd et par la mienne¹ (¹), le roi Darius n'a pas crainte de l'Autre (Ahriman).

« Darius le roi dit : Qu'Ormazd me porte secours, lui avec tous les dieux. Et qu'Ormazd protége ce pays de la guerre, de la famine et de l'impiété. Que l'Autre n'envahisse pas ce pays, ni la guerre, ni la famine, ni l'impiété. C'est que je prie Ormazd avec tous les dieux. C'est ce qu'Ormazd avec tous les dieux veuille me donner ».

On comprendra aisément la grande importance de ces textes. Les noms géographiques ont été le point de départ des déchiffrements de Burnouf. Nous avons déjà cité la phrase : *hyā siyātis duvaisañtam akhsatā* « quæ virtus bona Invidentem exterminavit ». Le mot *duvaisat*, participe de *duvais*, scr. *dvēsh*, est le zend *tbaēsat*, appliqué à Ahriman, persan *bīš*. L'interprétation du mot *aniya* « autre » par Ahriman, illustre en quelque sorte le premier Fargard du Vendidad qui représente *Añhra-*

(¹) Ce passage pourrait prouver que le mot *vasanā* a le sens de « garde, précaution », et que l'assyrien *ṣilli* rend approximativement.

*Mainyu* comme opposant une chose ennemie (*paityārem*) à tous les bienfaits d'Ormazd. La répétition des trois malheurs *hainā* « guerre », *dusiyāram* « famine », *drauga* « mensonge, impiété », rend l'explication certaine. Le passage rend aussi sa vraie signification au terme *siyātis*, le bon principe au féminin, qui descendra sur la maison en *aurā*, en souveraine, en compagne d'Auramazda.

Peut-être le monarque avait-il ses raisons pour ne pas insister sur cette question dans le texte médique. Il ne la touche pas non plus dans le texte assyrien qui se prévaut également d'une rédaction indépendante. Ce dernier est ainsi conçu :

« Un grand Dieu est Ormazd qui est le plus grand parmi tous les dieux, qui a créé le ciel et créé la terre, qui a créé les hommes, et qui a donné le Bon Principe aux hommes seuls parmi tous les êtres vivants, et qui a fait Darius roi et a donné à Darius la royauté sur cette vaste terre, qui renferme beaucoup de pays, la Perse et la Médie et d'autres contrées et d'autres langues sur les montagnes et dans les plaines en deçà de la mer et au-delà de la mer, en deçà du désert et au-delà du désert. »

« Darius le roi dit : Voici les pays qui feront ceci et qui sont rassemblés ici : La Perse et la Médie et les autres pays et les autres langues sur les montagnes et dans les plaines, en deçà de la mer et au-delà de la mer, en deçà du désert et au-delà du désert. Ce que je leur ordonnais, ils le faisaient. Tout ce que j'ai fait, je l'ai fait par la grâce d'Ormazd. Qu'Ormazd me protége, avec tous les dieux, moi et ce que j'ai fait. »

Il faut faire observer que dans ce texte destiné pour les Assyriens et les Babyloniens, Darius se dispense de

parler de ces peuples mêmes, et qu'il ne cite nommément
que la Perse et la Médie comme peuples et langues. Ce
texte apporte donc un argument en plus en faveur du nom
de la langue *médique*. Car si, en effet, la langue de la
seconde espèce avait été un idiome autre que celui de
la Médie, ç'aurait été une occasion ici pour la désigner.
C'était le cas, où jamais, de citer le nom de la *langue* qui
tenait la seconde place après l'idiome des maîtres perses.
Cet argument devient encore plus fort par la circonstance,
que dans aucun autre texte, sauf celui de Bisoutoun,
la Médie est ainsi associée seule à la Perse ; le seul
texte, où nous remarquions ce fait, est un texte unilingue
*assyrien*, qui parle des différents idio  es.

Les textes perses et assyriens ont été interprétés par
moi dans les *Records of the Past*, vol. IX, p. 70 et suiv.
Le texte assyrien a été analysé par M. de Saulcy, puis par
moi dans l'*Expédition en Mésopotamie*, t. II, p. 202,
et je n'ai plus à signaler de découvertes nouvelles, faites
depuis, sur le texte principal, ni par moi-même, ni par
d'autres.

## INSCRIPTION FUNÉRAIRE DE NAKCH-I-RUSTAM

### N° 6.

[1]*Annap irsarra Oramasda, akka* ➤ *Murun*
[2]*dasta, [akka] ankik hupē dasta, akka Ruḥ(M)*[3]*peptosta, akka siyatim peptos*[4]*ta Ruḥ(M)irrana, akka
Dariyavaos* [5]*Unan ir huttasta, kir irsekip* [-in] *na
Unan, kir* [6]*irsekip-inna dēnimdattira. U Da'ri-
yavaos, Unan irsarra, Unan Unan-ip-irra,* [8]*Unan*

*Dayiyuspē vissadanaspēna, Unan ⟩ Mu⁰run hi ukku-*
*rarra irsanna pir* (ᵃ) *satanika, a¹⁰tē Vistaspa Sakri,*
*Hakkamannisiya, Par¹¹sar [Par]sar Sakri, Harriya,*
*Harriya ċissa. — yï¹²ak Dariyavaos Unan nanri : —*
*zaomin Ora¹³masdana, hi Dayiyaos appo U mar-*
*rira, vassavas¹⁴raka Parsan-ikkamar; U-ikki-vas-ir*
*danip, manna¹⁵tmas Unēna kutis ; appo U-ikkamar*
*ap-turrika, ¹⁶hupē huttas ; datam appo Unēna hupē*
*ap-in marri¹⁷s : — Mada, (HAL) Appirti, Parçuva,*
*Harriva, Baiktar¹⁸ris, Sugda, Varasmis, Sarranka,*
*¹⁹Harruvatis, Çattagus, Kandara, Hin²⁰dos, Çakka*
*Omuvargap, Sakka appo Tigra ²¹kaudap, Babilu,*
*Assura, Harbaya, Muzir²²raya, Harminiya, Katpa-*
*toka, Isparda, ²³Yaona, Sakka appo ANGO (M) vit-*
*[to]* (ᵇ) *vanna, ²⁴Iskudra, Yaona takabarrapē, Peuti²⁵-*
*yap* (ᶜ), *Kusiya, Maċċiyap, Karkap. yiak ²⁶Dariyavaos*
*Unan nanri : — Oramasda ²⁷çap ċiyasa ye ⟩ Murun*
*pirra varpipomar ²⁸haltik* (ᵈ) *vasnē U-danas (?) U*
*Unain huttas* (ᵉ); *²⁹U Unan gini, zaomin Oramasdana*
*U izga³⁰tēva harta ; appo U ap-tirira, yupē hut³¹tas ;*
*çap U hanēra* (ᶠ) *chito. anka sarak umman³²ta appo :*
*havak Dayiyaos hupē appo Da³³riyavaos Unan*

(ᵃ) Le trait vertical donné par Westergaard et de Saulcy indique
sûrement la présence de *pir*.

(ᵇ) Lecture très peu sûre.

(ᶜ) Mot peu lisible.

(ᵈ) La suite du texte entier a dû être restauré par moi. *Pirra*
*varpipamar haltik.* Le mot lu *halrusini* par Norris, se lit *ha-al-tik*,
le crochet appartenant au mot suivant *vasnē*. Le sens de *varpipamar*
est « de tous côtés. »

(ᵉ) Le mot *Unain* se trouve ici en toutes lettres.

(ᶠ) Lecture peu sûre.

*marrista, nainta ZAL* (a) *(M) ćis*[34] *akkapē izkaat kutvampi; havi turna*[35]*inti. hupivas-ir turṇainti, Ruh-irra Parsar*[36]*rana satanēka istirrum inporik* (b)*; hupi*[37]*vas-ir turnainti, Ruh (M) Parsarra satanēka Par*[38]*san-ikkamar pemas zatoinra* (c)*. Dariyavaos* [39]*Unan nanri : hupē appo huttukka, hupē varri*[40]*ta zaomin Oramasdana hutta : Oramas*[41]*da pikti U-tas, kus hutta tarva; U* [42]*Oramasda Un nisgisnē visnika-*[43]*ikkamar, kutta ➤ ULHI (M)-mi, kutta hi* [44]*Dayiyaos; hupē U Oramasda yazu* [45]*davan; hupē Oramasda U-dunisnē.*

[46]*RUH (M) -irra ! appo Oramasdana dēni*[47]*m hupē yini visnika ummanti; ➤ MAR (M) appo mar*[48]*tarrakka yini vazdēinti, yini appantainti* (d)*.*


## INSCRIPTIONS DÉTACHÉES SUR LES IMAGES.


### I. — SUR LE PORTRAIT DE GOBRYAS.

*Gobarva Patisvarris Dariyavaos Unanna iztir-rum kuiktikra* (e)*.*


(a) Le *Salpohus* sur lequel on a fait des rapprochements avec Zamolxis (!) n'existe pas : le texte médique a été restauré d'après le perse et l'assyrien.

(b) Je lis *inporik* au lieu de *hi porik* qui ne donne pas de sens.

(c) Au lieu de *zatointa.*

(d) Cette leçon a été défigurée en *anturtainti.*

(e) *Iztirrum (Iz-tir-ru-m* ou *Iç-çi-ru-m)* prouve la lecture *arçtibara.* Le terme *kuiktikra* veut dire « conservateur (des lances) », comme ailleurs le verbe perse *bar* est exprimé par le médique *kukti;* notre restitution de l'assemblage de clous semble sûre.

## II. — SUR LE PORTRAIT D'ASPATHINÈS.

*Áspazana akka çattuk ( M ) kutikra Dari[ya-vaos] Unanna dē-nē marris* [a].

## III. — SUR L'IMAGE DES MAXYENS.

*Hi Mazziyara.*

### TRADUCTION

# DE L'INSCRIPTION FUNÉRAIRE DE DARIUS

### FILS D'HYSTASPE, A NAKCH-I-ROUSTAM.

## N° 6.

Un grand dieu est Ormazd qui a créé cette terre, qui a créé ce ciel, qui a créé l'homme, qui a donné à l'homme le Bon Principe, qui a fait Darius roi, roi de beaucoup de rois, législateur de beaucoup de législateurs.

Je suis Darius, grand roi, roi des rois, rois des pays où se parlent toutes les langues, roi de cette terre étendue, vaste, fils du père Hystaspe, Achéménide, Perse, fils de Perse, Arien, de semence arienne.

Darius le roi dit : Par la grâce d'Ormazd, voici les pays que j'ai possédés [1] en dehors de la Perse, ils m'obéissaient, ils m'apportaient leurs tributs, ce qui leur était ordonné de ma part, cela ils le faisaient. Ma loi, ils

---

[a] Nous croyons pouvoir restituer ainsi ce passage intéressant : *Ak-ka ça-t-tuk (M) hu-tuk-ra* avant le nom du roi. Le mot commençant la seconde ligne se lit d'après Norris : *as-tap-ap*, mais le perse prouve que le clou avec *as* et *tap* est simplement *na*. Le mot suivant se lit *dē-nē*, mais est-il bien reproduit ? et le dernier mot, le seul clair de tous, est sûrement *marris*. Le mot *çattuk*, suivi du monogramme, est l'assyrien emprunté *s'attuk* « ordre ».

[1] Perse et assyrien : « Que j'ai gouvernés. »

l'observaient ; la Médie, la Susiane, la Parthyènc, l'Ariane, la Bactriane, la Sogdiane, la Chorasmie, la Sarangie, l'Arachosie, la Sattagydie, la Gandarie, les Saces Amyrgiens, les Saces qui portent des bonnets pointus, Babylone, l'Assyrie, l'Arabie, l'Egypte, l'Arménie, la Cappadoce, la Lycie (Sparda), l'Ionie, les Saces d'au delà de la mer, le Scodrus, les Ioniens qui portent des nattes (sur leurs têtes), les Put, les Cus, les Maxyens, Carthage.

Darius le roi dit : Lorsque Ormazd regarda cette terre, il y avait de la rébellion et l'inimitié de tous contre tous. Puis il me la donna, il m'en a fait roi. Je suis roi par la grâce d'Ormazd, je l'ai établie à sa place. Ce que j'ai ordonné (aux hommes), ils le faisaient comme c'était leur bon plaisir. Si tu penses : « Combien est grand le nombre des pays que Darius le roi a possédés », et que tu dis cela, regarde l'image de ceux qui portent mon trône, et tu le comprendras. Alors tu sauras que la lance de l'homme Perse allait loin ; alors tu sauras que l'homme Perse écarta la guerre loin de la Perse.

Darius le roi dit : Ce qui a été fait, cela je l'ai fait par la grâce d'Ormazd ; Ormazd fut mon soutien, jusqu'à ce que j'eusse tout fait. Qu'Ormazd me protége contre tout malheur, moi, et ma maison, et ce pays. Je demande cela à Ormazd, qu'Ormazd me l'accorde.

O homme, la loi d'Ormazd, ne la crois pas mauvaise ; n'abandonne pas la voie droite, ne péche pas !

## INSCRIPTIONS DÉTACHÉES DE NAKCH-I-ROUSTAM

### I.

Gobryas, le Patischorien, le gardien (¹) de la lance du roi Darius.

### II.

Aspathinès, qui fut le porteur des ordres, et fit observer les décrets du roi Darius.

### III.

Voici un Maxyen.

#### REMARQUES

##### SUR LES TEXTES DE NAKCH-I-ROUSTAM.

L'ensemble des textes importants qui se trouvent sur le tombeau de Darius, n'est connu que dans une partie assez faible. On pourrait se faire une idée de ce qui nous manque en examinant les reproductions de ce monument dans les ouvrages des voyageurs, tels que Texier, Coste et Flandin et d'autres. Le texte principal se trouve à côté et au-dessus des bas-reliefs représentant le roi Darius. Mais à l'étage au-dessous, si l'on peut dire ainsi, se voit une autre inscription trilingue d'une très-grande étendue, et malheureusement très-mutilée. Nous n'avons que quelques fragments du texte perse dont nous avons restitué le commencement. Ces quelques mots, dont chacun a son importance, nous fait mesurer le dommage que des mains barbares ont fait subir à notre connaissance de la langue des Achéménides. Le document mutilé

(¹) Gardien, à cause du verbe *kukti,* « préserver. »

pourrait néanmoins se prêter à un examen plus approfondi que celui qui en a été fait jusqu'aujourd'hui.

Les différentes figures du bas-relief se trouvaient accompagnées de plusieurs légendes explicatives : des six personnages de la cour de Darius, dont les portraits se trouvent reproduits dans les montants, deux seulement nous sont connus ; il est peu probable que ces deux seuls aient été jugés dignes d'être identifiés pour le spectateur. Parmi les images des peuples qui portent le trône, une seule, dit-on, porte une mention trilingue ; cependant cela paraît peu probable. Nous exprimons le vœu qu'un futur voyageur copie ces textes précieux, avant qu'une destruction complète n'ait fait définitivement disparaître ces débris de l'art perse.

Le texte de Nakch-i-Roustam qui est connu, orne, comme nous l'avons dit, le tombeau de Darius. Ctésias nous a transmis la donnée que, lors de la construction de ce monument, Hystaspe le père, et son épouse, la mère du roi, vivaient encore, mais que tous les deux périrent en voulant visiter le tombeau de leur fils. Les vieillards se firent monter dans un appareil qui cassa, et la chute entraîna la mort d'Hystaspe et de sa femme. Bien entendu les maladroits auteurs de cet accident expièrent leur négligence par leur mort.

Le texte médique du grand document a été publié par Westergaard, mais il reste bien des corrections forcées à faire.

L. 3. — Le mot *peptosta* ne se trouve qu'ici.

L. 6. — Le mot *dēnimdattira* nous fournit l'exemple d'un mot perse conservé par la seule transcription médique. Le mot « législateur » *dainimdātar*, mot composé avec l'accusatif, remplace le terme « empereur » *framātar*. Nous voyons que le perse avait la forme *daini*, non pas *dainā*, ce que le zend *daēna* nous aurait dû faire supposer. La forme *dainim* se trouve encore une fois l. 46.

L. 8. — *Vissadanaspēna*, forme hybride issue du perse *viçazana*, pour *vicpazana* « omnilinguis. »

L. 9. — *Ukkura* « univers », diffère de *ukku* « loi », traduction du perse *ābastā*, le prototype du mot *Avesta*. *Ukku* semble signifier « l'univers, l'infini », le perse *āpa*.

L. 11. — L'assyrien a bien traduit le perse *Pārça Pārçahya puthra*, mais non pas : *Ariya Ariyaçithra* « Arien, de semence arienne. » Darius, roi de Babylone, n'avait pas de raison pour insister sur son origine non sémitique qu'il exhibe et impose aux Mèdes.

L. 13. — *Vassavasraka*, perse *apataram* « en dehors ».

L. 14. — *U-ikki-vas-ir danip*, peut-être à lire *Ukkimer*. Quant à *danip*, perse *atarça* « ils craignaient », la certitude de cette lecture entraînerait la lecture *danis*, B. I, 39, et *danip*, B. II, 7.

*Mannatmas* pourrait être un terme assyrien : *mandanat*, perse *bāži* « tribut ».

L. 15. — *Ap-turrika*, autre façon d'écrire pour *ap-tirikka*.

L. 16. — Le *marris* d'ici suppose une autre construction que celle qui se trouve dans l'original perse : *tya manā dātam..... adāri* « ma loi fut observée », à moins qu'il ne faille lire ; *adāraya* « ma loi les contint ». Le même mot *marrira* (l. 13) « je tenais », traduit, de son côté, le perse *patiyakhsayaiy* « je régnais », l'assyrien *saltak* « je suis roi ».

L. 17. — Le nom de la Susiane, que Norris lisait mal *Aflufarti,* est : *Hal-Appirti; HAL* est un monogramme, et *to* est mal lu au lieu de *ap.*

L. 19. — Le nom de l'Inde est *Hindos.*

L. 20. — *Sakka Omuvargap* est le perse *Çakā Haumavargā*, les Saces Amyrgiens d'Hérodote. Le nom désigne probablement « ceux qui se servent des feuilles du Hom », j'ai pensé aux feuilles de thé, ce qui n'est qu'une conjecture.

Par contre, le nom des *Çaka Tigrakhaudā* est clair, quoiqu'il n'ait été compris que tardivement. Ce sont « les Saces aux bonnets pointus », comme les présentent les bas-reliefs de Bisoutoun, à l'endroit du Sace Skunkha. [*Sa khaudām*] *tigrām barañtiy*, dit le texte supplémentaire de Bisoutoun. Le récit du père de l'histoire parle de κυρβάσιας – εἰς ὀξὺ πεπηγμένας. La traduction assyrienne dit : *Sa karbalsutisunu rappa* « dont les kyrbasis sont pointus ». Le perse *khaudā* (zend *khaoda,* persan *khūd*) « casque » traduit par l'assyrien *karbalsut, karbuslu,* prototype du grec κύρβασις, « la tiare, le bonnet ».

L. 23. — La mer est écrit *AN. GO. (M).* Cet idéogramme est difficile à expliquer par les textes assyriens. Serait-il dérivé du groupe « fleuve » ?

L. 24. — Les sept derniers noms ethnographiques ne se trouvent que dans ce texte qui est le plus récent. Nous avons peu à ajouter à ce que nous avons dit dans l'*Expédition de Mésopotamie.* Les Ioniens *Takabarā* « porteurs de queue sur la tête » sont traduits en assyrien

14

*sa maginati ina qaqqadisunu b nasu* « qui portent des queues sur le sommet de leur tête ».

Les *Maččiya* ont leur portrait, et les *Karkap* peuvent être les Carthaginois.

L. 26 et suiv. — Les passages suivants ont été rétablis par moi, et mes successeurs ont accepté cette restauration. Le texte perse est fruste, il y manque une ligne. Nous ne savons pas si le graveur l'a oubliée, ou, ce qui est plus probable, si le copiste l'a sautée. Il y a :

*Auramazdā yathā avaina imām bumim yauda-*
*[nam ča aniyāniyaisāmčā vinātham].*
*Paçava manā frābara.*

« Lorsqu'Ormazd vit cette terre, et la [guerre et la discorde de tous envers l'autre], il me la confia. »

L. 30-35. — La restitution de ce passage a été faite en 1856 dans la *Zeitschrift der deutschen morgenländischen Gesellschaft,* pour le perse et l'assyrien. Elle est postérieure à l'édition du texte médique par Norris qui n'a pas compris la phrase, comme il l'aurait peut-être fait après la découverte du vrai sens.

L. 33. — La phrase : « regarde l'image de ceux qui portent mon trône, » a été lue *Salpohus*, et l'on a rattaché cela à Zamolxis ! Mais *zal,* et le signe du monogramme lu *po* (!), est le mot assyrien *salmu,* abrégé, et *hus* est, avec l'adjonction d'un seul petit clou, *čis* « vois », le perse *didiy,* l'assyrien *emur !*

On peut ensuite voir que les mots *akkapē isgaat kutvampi* remplacent le perse *tyaiy gāthum barañtiy.*

Le médique *turna* « savoir » traduit le perse *khsnāç* « connaître » et puis il se retrouve dans la phrase : « alors il te sera évident », où le médique a : « alors tu sauras ».

L. 36. — *Istirrum* rend le perse *arstis*, « lance ».
Ce même mot se trouve dans le texte de Gobryas. Le
texte perse porte *a r - t i s*, il manque une seule lettre
qui ne pouvait être qu'un *s*, et le sens de toute la phrase
fut trouvé.

L. 38. — Le mot *zato inta* n'est pas la vraie lecture ;
il n'est pas explicable par la grammaire ; nous corrigeons
*zatoinra* « il écartera. »

La forme *hupi vas-ir* peut être *hupimer*.

L. 44. — La phrase : « cela, je le demande à Ormazd,
qu'Ormazd me le donne », est rendu par : *Hupē U
Oramazda yazudavan, hupē Oramazda U dunisnē.*
Le dernier mot n'est pas *isnisnē*, mais *dunisnē*. Quant à
*yazudavan* (qui traduit le perse *žañdiyāmiy* « je prie »,
d'où vient même le mot *zend*), c'est peut-être un mot
hybride formé du perse *yaçna*.

L'épilogue a été très-mal compris jusqu'ici ; le perse
est :

*Martıyā hyā     Auramazdāhā framānā*
Homo     quæ est Oromazis          doctrina,
*hauvataiy gaçtā mā thaćaya pathim tyām*
illa tibi     mala   ne   videatur ; viam
*rāçtām   mā avarada   mā çtrava*
rectam   ne   derelinquas, ne pecces.

*Thaćaya* (non *thadaya*) est pour *thaćayat ;* c'est
la troisième personne, pour *thaćayat ;* pour n'avoir
pas pensé à cette solution, si préoccupé qu'on a été d'y
retrouver la seconde personne, comme dans *avarada*
(pour *avaradas*) et *çtrava* (pour *çtravas*), on a, jusqu'ici,
jamais pu construire la phrase. Qu'on compare tout ce que

MM. Spiegel, Kern et moi-même ont accumulé d'hypothèses pour trouver un accusatif qui s'obstinait à ne pas paraître.

Le sens était déjà donné par le médique qui, au lieu de *franānā* a *dēnim*.

Gobryas est nommé Patischorien ; selon Strabon, ce fut une tribu des Pasargades, et les nomme πατεισχωρεῖς. Le médique donne dans ce texte comme à Bisoutoun *Gobarva*. Il était *arstibara* (¹) ou « porteur de lance du roi Darius. » M. Spiegel veut lire *çarastibara*, mais le médique reproduit le mot même qui, dans le corps de la grande inscription, traduit *arstis* « lance ».

La seconde légende concerne Aspathinès qui est cité par Hérodote comme l'un des sept conjurés contre le Mage Gomatès. (Nous en avons parlé plus haut, p. 185). Le perse porte *vathrabara içuvām dāçyamā*, ce que nous avions traduit : « porteur des carquois, garde-flèches. » Mais la traduction ne nous paraissait rien moins que certaine, la lecture n'étant pas sûre. Quant au médique, il était, jusqu'ici, impossible de faire la moindre chose des traits accumulés que Norris a reproduits dans un article supplémentaire.

Une étude continue nous a fait enfin, nous le pensons du moins, triompher de ce texte aussi intéressant qu'obscur. M. Spiegel a, dans son édition, oublié le mot *vathrabara*. Or, le mot *bar* était exprimé en médique par *kuti*. Quand il a le sens de « porter », nous distinguions le *ku* ; les deux signes suivants pouvaient être un *tak* et *ra*. Devant le *ku*, il restait le signe du monogramme qui nous conduisait à un idéogramme ou à un mot emprunté à l'assyrien. Ce qui restait, entre le nom d'Aspathinès et

(¹) Voilà le nom d'Astibaras, donné par Ctésias à Cyaxares.

le signe du monogramme *(M)*, était figuré comme se composant de : *da u at tuk* ; le *da*, mal fait, est *ak-ka*, le trait avec le *u* ensemble, est l'assyrien *ša*, *ça* en médique: les *ut* et *tuk* complètent le mot assyrien. Maintenant nous devons abandonner aussi notre « porteur de carquois » du perse. Les lettres *v, thr, b, r*, sont à lire : *m, thr, b, r*, et s'expliquent facilement par *mañthrabara* « porteur d'ordres, conseiller ».

Nous avons déjà fait nos objections contre la lecture *içuvam dāçyamā*, et son interprétation par « gardien des flèches », en faisant remarquer que le génitif du mot *isu* « flèche » serait *isunām* et non pas *içuvām*. (*Exp. en Mésop.*, t. II, p. 193). Cela était juste. Le mot médique *marris* suppose ou le mot *garb* ou *dar*. Au lieu de *içuvām dācayamā* il y a : *daçuvā adārayatā* « qui fit observer les lois ». Nous restituons donc le perse en entier.

*Açpacinā hya mañthrabara Dārayavahus ksāyathiyahya daçuvā adārayatā.*

Si l'on veut admettre une forme perse participiale en *antā*, d'où proviendrait le persan *endeh*, on lirait *daçuvām dārayañtā*.

Le mot *mañthra*, zend *manthra*, scr. *mantra*, d'où *mantrin* « ministre », cadre bien avec la haute position qu'occupait Aspathinès. Quant au mot *bar* « porter », n'oublions pas que c'est un persianisme ; du mot *peigam*, perse *patigama* « l'ordre », on forme *peigamber* « le prophète ».

La courte légende *Hi Mazziyara* est intéressante ; on n'a pas comme dans le corps du texte : *Mazziyap* « les Maxyens » ; mais la légende dit : « Voici un Maxyen ».

Cela prouve que ce peuple excitait à un haut degré la curiosité des Perses.

Il est possible encore que l'apposition de ces légendes ne soit pas contemporaine à la construction du monument, et que l'idée de faire ces notes explicatives ne se sera formée que plus tard. N'oublions pas, d'ailleurs, que parmi tant de sépulcres royaux qui se trouvent à Nakch-i-Roustam, le tombeau de Darius est le seul qui soit orné d'un texte. Cela rend même possible que toute la légende ait été gravée selon les ordres du roi défunt, seulement après sa mort.

## INSCRIPTION DE DARIUS

### SUR LES STÈLES DE L'ISTHME DE SUEZ.

( D'après une photographie donnée par Mariette-Bey. )

*Annap irsa ¹irra Oramasda akka ankik hupē pesta akka Murun hi pesta akka Ruḥ (M)-irra pesta ²akka siyatim pesta Ruḥ (M)-irrana akka Dariyavaos Unan huttasta akka Dariyavaos ³Unanna ćunkukmas danas* (ᵃ) *appo irsanna appo PAZ KUR RA (M)* (ᵇ) *...... RUH...... U ⁴Dariyavaos Unan irsarra Unan Unan-ip-ēnna Unan Dayiyusna vispozananam Unan Murun hi hazzaikka ⁵pirsatanēka Vistaspa Sakri Hakkamanisiya. Dariyavaos Unan nanri: U Parsarra ⁶[gini Parsan itaka Muzarriyap marriya. vasnē] U sera[.....gizzavana]. . . . . . . . . .*

Le reste est perdu.

(ᵃ) La forme *danas* se trouve ici seulement.
(ᵇ) C'est l'idéogramme « cheval ».

### TRADUCTION (¹).

Un grand Dieu est Ormazd, qui a créé ce ciel-là, qui a créé la terre, qui a créé l'homme, qui a donné à l'homme le Bon Principe, qui a conféré au roi Darius cette royauté riche en chevaux, riche en hommes.

Je suis Darius, grand roi, roi des rois, roi des pays ou se parlent toutes les langues, roi de cette vaste terre, grande et étendue, fils d'Hystaspe, Achéménide.

Darius le roi, dit : Je suis Perse. A l'aide de la Perse, j'ai conquis l'Égypte. J'ai ordonné à creuser un canal à partir du fleuve nommé le Nil, qui coule en Égypte, jusqu'à la mer qui est en communication avec la Perse. Puis ce canal fut creusé ici, comme je l'avais ordonné. Alors je dis : « Allez, à partir de Bira, jusqu'au littoral, détruisez la moitié du canal, » comme c'était ma volonté.

### REMARQUES

#### SUR L'INSCRIPTION DE SUEZ.

Le texte qui est si mutilé aujourd'hui, existait encore en entier, quoique enfoui sous la terre, il y a quelques années. Les travailleurs du canal de Suez détruisirent ce monument important, dont peu de débris ont survécu au vandalisme des ouvriers. Ce fut une stèle quadrilingue ; sur le recto se trouvait l'image de Darius, son nom entouré d'un cartouche égyptien ; le texte ordinaire des titres royaux dans les trois langues cunéi-

---

(¹) Le texte perse de ce document important a été restauré et publié par moi dans le *Mémoire sur les rapports de l'Egypte et de l'Assyrie, dans l'Antiquité, éclairés par l'étude des textes cunéiformes.* (Mémoires de l'Académie des Inscriptions et Belles-Lettres, p. 125-126.)

formes, et puis une longue légende en perse, suivie des traductions médique et assyrienne. La dernière, occupant la base de la stèle, a complétement disparu.

De l'autre côté, au verso, il se trouvait le texte en égyptien, et quelque exigus que soient les débris de cette version, ils n'ont pas été inutiles à la restitution du texte perse. On y lit ces mots : « Allez de Bira », ce qui nous a fourni le nom de la localité où finit le canal.

Les différents fragments, et cunéiformes et hiéro-glyphiques, ont été photographiés par les soins de M. Mariette, qui a eu l'amitié de me les envoyer. Après un travail de six mois, j'ai réussi à rétablir le texte perse. La restitution a été publiée dans un mémoire lu à l'Aca-démie des Inscriptions et Belles-Lettres, et intitulé : *Rapports entre l'Egypte et l'Assyrie*. Le texte perse, que nous reproduisons plus loin, contient d'importantes contributions au lexique de la langue perse ; il fournit le nom du fleuve du Nil, que les Perses nomment *Pirāva*, le mot *yeor*, assyrien *yaaru*, avec l'article égyptien *pi*.

Le texte médique, malgré son état de mutilation, contient néanmoins quelques nouveaux mots auxquels il faut s'arrêter ; il comble d'ailleurs la seule lacune perse qui était restée dans le commencement de l'inscription. On y remarque l'idéogramme de « cheval » connu du texte de Bisoutoun, suivi après une lacune, du mot « homme ». Comme ces mots se retrouvent ailleurs après le mot « empire » et comme éléments d'épithètes, à ces termes, on voit que Darius a ici répété l'épithète de « l'empire, riche en chevaux, riche en hommes », *uvaçpam, umariyam*.

Le commencement du texte médique ne comporte pas

de remarques spéciales ; mais la fin du premier paragraphe est intéressante.

Nous avons d'abord le mot *danas* « il donna, il confia », où d'autres textes donnent *dunis* ; c'est une forme nouvelle.

L. 3. — Il manque après *PAZ KURRA* « cheval », et après « homme », le mot qui en médique indique le perse *u*, le grec εὐ. Ce ne semble pas être le mot *tartoka* comme à Bisoutoun.

L. 4. — Il n'est pas clair s'il faut lire *visbazananam* ou *vispozananam*; si c'est le dernier, la leçon nous fournira le seul exemple de la lettre *po* (*pa* assyrien) dans un nom transcrit.

A cette occasion, nous remarquons que le texte perse n'énumère pas les noms des provinces. Ce qui attache un grand intérêt, aux fragments du *verso*, qui renfermait l'égyptien, c'est que les noms des satrapies sont entourés par des cartouches, et parmi les mots conservés se trouve le nom de l'Inde.

Il ne se trouve de la ligne 6 que le mot *sera* « j'ordonnai », le perse *niyastāyam*.

Nous finissons les textes de Darius par la reproduction du texte perse de l'inscription de Suez, laquelle ne se trouve pas jusqu'ici dans les ouvrages spécialement consacrés aux textes perses.

TEXTE PERSE DE L'INSCRIPTION DE SUEZ.

*Baga vazraka Auramazdā hya avam āçmānam adā hya imām buªmim adā hya martiyam adā hya siyātim adªā martiyahyā hyā Dārayavum khsāyathiyam akunaus hya Dārayavahus khsāyathiyahyā khsathra¹m frābara tya vazrakam tya uvaçpam umartiyam.*

*Adam Dārayavus khsāyathiya vazraka⁵ khsāyathiya khsāyathiyānām khsāyathiya dahyunām viçpazanānām khsāyathiya ahyāy⁶ā bumiyā vazrakāyā duraiy āpaiy Vistaçpahyā puthra, Ha⁷khāmanisiya.*

*Thātiy Dārayavus khsāyathiya. Adam Pārça āmiy had⁸ā Pārçā Mudrāyam agarbāyam adam niyastāyam imām yuviyā⁹m kañtanaiy hačā Pirāva nāma rauta tya. Mudrāyaiy danuvataiy ab¹⁰iy daraya tya hačā Pārçā aitiy. Paçāva iyam yuviyā [akaniy]¹¹ avadā yathā adam niyastāyam utā athaham ayatā hačā Birā¹²yā naimām yuviyām abiy pāram vikatā yathā mām kāma āha.*

Dans ce document, le mot de « roi » est écrit avec le monogramme ordinaire qui autrefois avait, à tort, passé comme l'indice d'une origine plus récente.

Les mots *danuvataiy, rauta, Pirāva, aitiy, yuviyā, naimām, ayatā,* constituent une augmentation du dictionnaire perse : les mots *akaniy* et *vikatā* sont suppléés après l'examen fait sur l'espace de la lacune.

## INSCRIPTIONS DE XERXÈS.

Les textes de Xerxès ne sont nullement comparables, au point de vue historique et grammatical, aux documents laissés par Darius ; même les inscriptions des deux Artaxerxès les dépassent en importance. Tout au plus si, pour les versions médiques et assyriennes, elles apportent un contingent de formes intéressantes.

## TEXTES DE PERSÉPOLIS.

## Nº 11.

*Annap an irsarra Oramasda, akka hi ➤ Murun pesta, akka ankikka hupē pesta, akka RUH (M)- irra ir pesta, akka siyatis pesta RUH (M)-irrana, akka Ikser-issa Unan ir huttasta kir Irsekip-na Unan, kir Irsekip-na pirramataram; U Ikser-issa Unan irsarra, Unan Unan-ip-irra, Unan Dayiyos- pena Parruzananam, Unan ➤ Murun ye ukkuva hazzaikka pirsatanēka, Dariyavaos (Unanna) Sakri, Hakkamannisiya.*

### TRADUCTION.

### F. — Nº 11.

Un grand Dieu est Ormazd, qui a créé cette terre-ci, qui a créé ce ciel-là, qui a créé l'homme, qui a donné à l'homme le Bon Principe, qui a fait Xerxès roi, seul roi de beaucoup de rois, seul empereur de beaucoup d'em- pereurs.

Je suis Xerxès, grand roi, roi des rois, roi des pays où se parlent beaucoup de langues, roi de cette terre dans l'univers, l'étendue, la vaste, fils du roi Darius, Achéménide.

### REMARQUES.

Les variantes qui distinguent ce texte des autres documents, ont déjà été relevées par Westergaard, Norris, de Saulcy, Holtzmann et Mordtmann.

Ce texte fournit surtout une variante du nom de Xerxès, qui trahit déjà une sorte de décadence dans l'or- thographe médique. Le nom de Xerxès est écrit *Ik-se-r-*

*is-sa, Ikserissa,* ce qui rend le perse *Khsayārsā* moins bien que l'orthographe ordinaire de *Iksersa*. Xerxès se nomme le premier « grand roi ».

Le mot *ukkuva* est difficile ; *ukku* désigne aussi, comme nous savons, le perse *ābaśtā,* « loi, doctrine ». Mais il y a un autre mot, d'une origine peut-être toute différente, qui désigne « l'univers ». Peut-être même est-il *muku* ou *humku,* les signes *mu, hum* et *uk* étant souvent confondus dans les textes postérieurs. De *ukku* se déduit *ukkura* « immense ». On remarquera que le mot *duraiy* est rendu par *pirsatanēka,* assyrien *rabitu,* tandis que *hazzaïkka* semble répondre au perse *vazarkāyā,* l'assyrien *rapastuv ;* peut-être le perse *āpaiy* a-t-il la signification de « l'univers ».

### N° 12.

[1]*Ikser-issa, Unan irsar[2]ra Unan Unan-ip-inna, Da[3]riyavaos Unan sak[4]ri, Hakkamannisiya.*

TRADUCTION.

### G. — N° 12.

Xerxès, grand roi, roi des rois, fils du roi Darius, Achéménide.

Il n'y a rien à remarquer dans cette courte légende.

### N° 13.

*Annap ( an ) irsarra Oramasda, akka hi ➤ Murun pesta, akka RUH irra ir pesta, akka siyatıs pesta RUH (M)-irrana, akka Ikser-issa Unan ir hut-*

*tasta, kir Irsekipna Unan, kir Irsekipna pirra-
mataram. U Ikser-issa Unan irsarra, Unan Unan-ip-
irra, Unan Dayiyuspena Parruzananam, Unan
➤ Murun hi ukkuva hazzaikka pirsatanēka, Dariyavaos Sakri, Hakkamannisiya.*

*Nanri Ikser-issa Unan irsarra : zaomin Ora-
masdana hi ➤ ULHI (M) U hutta; U Oramasda un
nisgisnē, annappi itaka, kutta čunkukmas, kutta
appo huttara.*

TRADUCTION.

E. — N° 13.

Un grand Dieu est Ormazd, qui a créé cette terre-ci,
qui a créé ce ciel-là, qui a créé l'homme, qui a donné à
l'homme le Bon Principe, qui a fait Xerxès roi, seul roi
de beaucoup de rois, seul empereur sur beaucoup d'empereurs.

Je suis Xerxès, grand roi, roi des rois, roi des pays
où se parlent beaucoup de langues, roi de cette terre dans
l'univers, l'étendue, la vaste, fils de Darius, Achéménide.

Xerxès le grand roi dit : Par la grâce d'Ormazd j'ai
fait cette maison. Qu'Ormazd me protége avec les autres
dieux et cet Empire, et ce que j'ai fait.

REMARQUES.

Le troisième paragraphe renferme quelques mots
d'un certain intérêt, et qui ne se trouvent que dans les
textes de Xerxès.

C'est d'abord le mot *čun-uk*, ailleurs écrit *čunkuk*,
le *čunkik* des textes susiens. Ce mot signifie « royaume »,
peut-être même « roi ».

La forme *çunkuk-mas* semblerait indiquer la dernière solution ; mais le texte n° 15 et celui de Van s'y opposent. Le mot *ULHI (M)* est à lire : *ummanni*.

## INSCRIPTION DU PORTAIL.

### N° 15.

*Annap ( an ) irsarra Oramasda, akka hi ➤ Murun pesta, akka RUH (M)-irra ir pesta, akka siyatis pesta RUH (M)-irrana, akka Ikser-issa Unan ir huttasta, kir Irsekipna Unan, kir Irsekipna pirramataram. U Ikser-issa Unan irsarra, Unan Unan-ip-irra, Unan Dayiyuspēna Parruzananam, Unan ➤ Murun hi akka va hazzaikka pirsatanēka, Dariyavaos Sakri, Hakkamannisiya.*

*Nanri Ikser-issa Unan : — zaomin Oramasdana hi ➤ Evamas vissa-Dayiyus U hutta, Irseki, dayiēta sisnēna huttak ➤ Parsa hiva, appo U huttara, kutta appo Attata huttasta, appo sarak (?) huttakka ċiyavak sisnēna, hupē varrita zaomın Oramasdana huttutta ([a]).*

*Nanri Ikser-issa Unan : — U Oramasda un nisgisnē, kutta ➤ ċunkuk-mi ; kutta appo U huttara, kutta appo Attata huttasta, hupēta Oramasda nisgisnē.*

TRADUCTION.

### D. — N° 15.

Un grand Dieu est Ormazd, qui a créé cette terre-ci, qui a créé ce ciel-là, qui a créé l'homme, qui a donné à l'homme le Bon Principe, qui a fait Xerxès roi, seul roi

([a]) Ainsi écrit.

de beaucoup de rois, seul empereur de beaucoup d'empereurs.

Je suis Xerxès, grand roi, roi des rois, roi des pays où se parlent beaucoup de langues, roi de cette terre dans l'univers, l'étendue, la vaste, fils de Darius, Achéménide.

Xerxès le grand roi, dit : Par la grâce d'Ormazd, j'ai fait ce portail où sont représentés tous les pays. Beaucoup d'autres superbes monuments ont été élevés dans cette Perse, lesquels j'ai faits et que mon père a faits. Ce qui a été fait paraît beau ; tout cela nous l'avons fait par la grâce d'Ormazd.

Xerxès le roi, dit : Qu'Ormazd me protége et mon Empire ; ce que j'ai fait et ce que mon père a fait, qu'Ormazd protége cela.

### REMARQUES.

Le texte du portail est, avec celui de Van, le moins nul des textes de Xerxès. Il est construit auprès des bas-reliefs qui figurent les peuples gouvernés par Xerxès. Par cette raison, le portail est nommé *viçadāhyaus* en perse, et ce mot est transcrit et en médique et en assyrien. Il provient de *viça*, pour *viçpa* « tout » et *dāhyaus* le « pays » ; c'est donc un portail *panchorion*.

Le texte donne aussi le mot *duvarthi* « la porte », tout comme aujourd'hui la Sublime-Porte, le symbole de la souveraineté, où le droit et la justice sont rendus. La porte se dit *eva*, et, le portail, l'enceinte des entrées, *evamas*. Dans le texte de Bisoutoun, le mot médique correspond à *čip*.

Le terme *ćiyavak* est très-important, parce qu'il donne la forme du présent passif.

*Hultutta (Hu-ut-du-ut-da)* est à lire *huttuyutta* « nous avons fait ».

Le mot *Parsa hiva* indique clairement que le terme perse *anā Parçā* n'est pas l'instrumental, mais le locatif, dans cette Perse, ou plutôt dans ce Persépolis. Le mot de Πέρσαι exprime, comme on sait, la ville de Persépolis ; on trouve aussi la ville des Perses, peut-être *Parça-vardanam* ou *Parça-didā*. Le nom plus antique est devenu le nom de nos jours ; de *Çtakhra* se forme de l'*Istakhar* des Persans.

Nous trouvons ici le mot *ćunkuk,* le perse *khsa-thram ;* la forme *ćun-uk* pourrait faire penser, avec Norris, à une prononciation analogue à celle de *Saghir Noun.*

Dans ce texte, comme celui de Van, Xerxès n'a pas encore pris le titre de « grand roi ».

## INSCRIPTION DE XERXÈS, A VAN.

### N° 16.

*Annap irsarra Oramasda, akka hi ➤ Murun pesta, akka RUH (M)-irra ir pesta, akka siyatis pesta, RUH (M)-irrana, akka Ikser-issa Unan ir huttasta, kir Irsekipna Unan, kir Irsekipna pir-ramataram. U Ikser-issa Unan irsarra, Unan Unan-ip-irra, Unan Dayiyuspena Parruzananam, Unan ; ➤ Murun hi akka va hazzaikka pirsata-nēka, Dariyavaos sakri, Hakkamannisiya.*

*Nanrı Ikserssa Unan : — Dariyavaos Unan,*

*akka U Attata, hupirri za [o] min Oramasdana
irseki appo sisnēni huttas, kutta hi ➤ istana hupirri seras gizzavana; yanayi ➤ Tippi innē
rilusa, tur vasnē U sēra, Tippi riluva (na); U Oramasda Un nisgisnē, annappi itaka, ➤ ċunkukmi;
kutta appo U huttara.*

TRADUCTION

DE L'INSCRIPTION DE XERXÈS A VAN.

N° 16.

Un grand Dieu est Ormazd, qui a créé cette terre-ci,
qui a créé ce ciel-là, qui a créé l'homme, qui a donné à
l'homme le Bon Principe, qui a fait Xerxès roi, seul
roi de beaucoup de rois, seul empereur de beaucoup
d'empereurs.

Je suis Xerxès, grand roi, roi des rois, roi des pays
où se parlent beaucoup de langues, roi de cette terre
dans l'univers, l'étendue, la vaste, fils de Darius, Achéménide.

Xerxès le roi dit : Le roi Darius mon père a fait
beaucoup de choses superbes par la grâce d'Ormazd ; il
ordonna de faire tailler dans le roc cette stèle ; néanmoins, il n'y a pas inscrit un texte. Alors j'ai ordonné
d'y écrire cette inscription. Qu'Ormazd avec les autres
dieux me protége, moi et mon Empire et ce que
j'ai fait.

15

### REMARQUES.

Le texte de Van est sans doute le plus important de Xerxès. Il rend compte d'une idée qui avait germé dans l'esprit de Darius et que, malheureusement pour nos connaissances, celui-ci n'exécuta pas. Il s'agissait, sans doute, d'un texte dans le genre de celui de Bisoutoun, quoique dans des proportions réduites. Car pourquoi Darius aurait-il eu l'intention de graver son nom à côté des textes arméniaques des *Argistis, Minua* et d'autres rois d'Arménie, si ce n'avait pas été pour perpétuer le souvenir de ses victoires ? Le fils de Darius fit quelque chose d'insipide : il constata le désir de son père de faire graver une inscription, pour n'écrire autre chose que la formule ordinaire qui termine ses documents.

Néanmoins, telle est l'exiguïté de nos connaissances en médique, que nous pouvons encore tirer quelques indications de ce texte. Nous voyons deux mots perses transcrits : *istanam,* le perse *çtāna* « l'endroit, le stèle »; si le mot de *çtāna* n'avait ici que le sens si connu « d'endroit », le médique ne l'aurait pas transcrit, mais traduit.

Puis c'est le mot obscur *yanaiy,* et M. Spiegel ne doutera plus, je pense, de la forme de ce mot, transcrit par le *yanayi (ya-na-a)* du médique. Le mot doit vouloir dire « néanmoins », et se compose de *ya* « quod » et *naiy* « non ».

Au point de vue purement médique nous y voyons la forme de l'infinitif en *vana,* ce qui est très-important.

Quant au mot *tar-vasnē,* il y a là sûrement une fausse lecture : de même, au lieu de *riluva,* il faut lire *riluvana,* l'infinitif.

## INSCRIPTION D'ELVEND.

### N° 17.

*Annap(an) irsarra Oramasda, akka hi ➤ Murun pesta, akka RUH (M)-irra ir pesta, akka siyatis pesta RUH (M)-irrana, akka Ikser-issa Unan ir huttasta, kir Irsekipna Unan, kir Irsekipna pirramataram. U Ikser-issa Unan irsarra, Unan Unanip-irra Unan Dayiyuspēna Parruzananam, Unan ➤ Murun hi ukkuva hazzaikka pirsatanēka, Dariyavaos sakri, Hakkamannisiya.*

*Nanri Ikser-issa Unan irsarra : — zaomin Oramasdana hi ➤ ULHI(M) Dariyavaos Unan huttas, akka U Attata; U Oramasda Un nisgisnē, annappipē itaka, kutta appo huttara, kutta appo Attata Dariyavaos Unan huttasta, hupēta Oramasda nisgisnē, annappipē itaka.*

### TRADUCTION.

### C.—N° 17.

Un grand Dieu est Ormazd, qui a créé cette terre-ci, qui a créé ce ciel-là, qui a créé l'homme, qui a donné à l'homme le Bon Principe, qui a fait Xerxès roi, seul roi de beaucoup de rois, seul empereur de beaucoup d'empereurs.

Je suis Xerxès, grand roi, roi des rois, roi des pays où se parlent beaucoup de langues, roi de cette terre dans l'univers, l'étendue, la vaste, fils de Darius Achéménide.

Xerxès le grand roi dit : Par la grâce d'Ormazd, Darius le roi, qui fut mon père, a fait cette maison. Qu'Ormazd me protége avec les dieux, moi et ce que j'ai fait, et ce que mon père Darius le roi a fait. Qu'Ormazd protége cela avec les autres dieux.

REMARQUES.

Quelque peu nombreuses que puissent être les observations auxquelles ce texte donnera lieu, il convient d'ajouter plusieurs remarques grammaticales. Nous avons ici les mots *annappipē* comme pluriel de *annap* ou *annappi*, qui, à lui seul, est déjà un pluriel. Les temps *huttas, huttasta,* et *huttara* sont distingués avec.intention.

Voilà les textes de Xerxès.

Nous n'avons aucun document du règne quarantenaire d'Artaxerxès-Longuemain (465-425). Néanmoins ce monarque, qui sous le nom d'*Artakhsathra,* surnommé *drāžadaçta,* ne gouverna pas sans gloire, ne s'est révélé à nous que par un texte fruste assyrien, débris d'un texte trilingue. M. Lottin de Laval le rapporta de Persépolis, et M. de Saulcy l'a publié et restauré. Il ne contient absolument rien que les titres ordinaires et la prière de protection pour la Maison et l'Empire.

Le fils légitime d'Artaxerxès II, Xerxès II, ne régna que deux mois, et fut tué par son frère bâtard Sekydianus, lequel subit, après sept mois de gouvernement, le supplice de la cendre. Son frère, également illégitime, Ochus, hérita du trône et prit en régnant le nom de son glorieux bisaïeul Darius. Darius, avec sa femme atroce Parysatis (*Paristu,* « l'hirondelle »), demeura surtout à Babylone, et semble s'être beaucoup occupé de constructions et de bâtisses, Pendant qu'il n'était que prince, sans espoir d'approcher des marches du trône, le fils illégitime du grand roi avait eu un fils nommé Oarsès *(Uvārsā)*, et, après son avènement, il eut un second fils nommé Cyrus, d'après le fondateur de l'Empire.

Oarsès, plus heureux que le frère aîné de Xerxès, Ariobarzanes, s'empara du trône, à l'exclusion de son frère puîné, mais né fils du roi, et prit le nom d'Artaxerxès. A cause de sa mémoire colossale, il eut dans l'histoire le surnom de Mnémon, perse [1] *Abiyātaka*.

Ces textes sont très-importants.

## INSCRIPTION D'ARTAXERXÈS-MNÉMON A SUSE.
## Nº 18.

*Nanri Irtaksassa, Unan azakarra, Unan, Unan-innap, Unan ⤙ Dayiyaosna, Unan yiyayiē bumiya, Dariyavaosna Unanna sakarri, Dariyavaosna Irtaksassana Unanna sakarri : Irtaksassana Iksersana Unanna sakarri ; Iksersana Dariyavaosna Unanna sakarri ; Dariyavaosna Vistaspana sakarri, Hakkamanassa* [a]; *Innaggi apadana Dariyavaos appaniyakka punina dasta; vassaka appuka Irtaksassa niyakkami mar-irva luvaikka; pikta An-Varmasdana, An-Nahit-Tanata (An)-Missa hu sēra appadana hi nata; An-Varmasda, (An)-Nahit Tanata, (An)-Missa hu-un nisgisnē visnaka vartava varpita, akka huttara anni hiyap anni giyap katin* [b].

[1] Une glosse grecque nous donne ABIΛΤΑΚΑ, μνήμονα, mais il faut lire, avec le changement du Λ en A, ἀβιάτακα, *abiyataka* persan *biyād* de *abi* et de *yāta*, persan *yād*.

[a] Ainsi écrit, non *Hakkamanapsa*. Peut-être faut-il lire *Hakkamunassa-inna aggi appadana*, etc.

[b] « Ne ruinas ne damna inferant » pour *yini hiyap yini giyap kustinē.*

## TRADUCTION

### DE L'INSCRIPTION D'ARTAXERXÈS II MNÉMON.

*Inscription de Suse.*

### N° 18.

Dit le roi Artaxerxès, grand roi, roi des rois, roi des pays, roi de cette terre, fils du roi Darius, fils du roi Artaxerxès, d'Artaxerxès, fils du roi Xerxès, de Xerxès, fils du roi Darius, de Darius, fils d'Hystaspe, Achéménide. Ce palais *(apadāna)*, Darius mon trisaïeul le fit ; plus tard, du temps d'Artaxerxès, mon grand-père, il fut brûlé par le feu. Par la grâce d'Ormazd, d'Anahita et de Mithra, j'ai ordonné de reconstruire ce palais. Qu'Ormazd, Anahita et Mithra me protègent contre tout mal, moi et ce que j'ai fait ; qu'ils ne l'attaquent pas, qu'ils ne le détruisent pas.

#### REMARQUES.

Ce texte est, avec le document en perse barbare et provenant d'Artaxerxès III (Ochus), le texte le plus important après l'inscription de Bisoutoun.

Dans quelques lignes, ces deux textes refont toute l'histoire des Achéménides, de Cyrus jusqu'à Darius III Codonan, non compris. Ces documents sont les seuls textes originaux qui donnent raison aux historiens grecs contemporains, contre l'histoire fantaisiste des mythographes de la Perse moderne. On voit par le témoignage irrécusable des deux Artaxerxès, dont le second remonte jusqu'à Arsamès, qu'Hystaspe n'a jamais été roi, et que le roi Vistaçpa, le Gustasp de Firdousi, est un roi bien antérieur.

Le texte assyrien, qui complète l'original et la traduction médique, dit que pendant le règne d'Artaxerxès, l'*appadana* « le palais », le chaldéïque אפדן, brûla. Pendant le temps de la destruction du temple, Darius II demeure à Babylone, et Artaxerxès II transporta le siége de nouveau à Suse. C'est, en effet, à Suse où Loftus a trouvé ce texte important.

La langue médique y est très-maltraitée ; n'oublions pas qu'un siècle entier sépare la rédaction des textes de Xerxès de ceux d'Artaxerxès II. Le perse, déjà en désagrégation comme l'empire lui-même, est à l'unisson de cette détérioration du médique. Seul l'assyrien est pur, et s'est conservé, parce qu'il était, du temps de Ctésias, langue vivante dans la force du terme, et le temps de son extinction n'était pas proche.

Nous trouvons aussi des indications religieuses importantes ; à Suse, nous avons le nom d'Anaïtis, dont le culte, selon les conteurs Ctésias, Bérose et autres, cités par Agathias, fut introduit à Babylone par Artaxerxès. Le nom de Mithra, que mentionne aussi Artaxerxès-Ochus, est transcrit *Missa* ; puisque ce nom est écrit *M i th r* en perse, il ne donnerait pas raison à M. Lepsius qui voulait transcrire le perse *thr* par un *s* palatal.

Nous ne nous étendrons pas sur les formes médiques barbares *sakarri (Sakri), Unan-innap (Unan-ipinna) Hakkamannassa, Vunina (Unena) akka (appo), katin* pour *kutisnē*. Mais à côté de cela nous avons des mots nouveaux *mar-ir* « temps », *luva* « brûler », *nata*

— 232 —

« bâtir » (¹). Le perse donne les noms du grand-père *niyāka* (zend et scr. *nyāka*) et du trisaïeul *apanyāka*, terme que le médique s'est contenté de transcrire. Ainsi nous voyons la transcription de « cette terre » *yiyayié bumiya,* perse *ahyāyā bumiyā; innaggi* est difficile à expliquer; peut-être *Hakkamanassainna aggi.*

## LÉGENDE D'ARTAXERXÈS.

### Nº 19.

*U Irtakiksassa, Unan irsarra, Unan Unan-ip-inna, Dariyavaos Unanna ➤ sakri.*

TRADUCTION.

### Nº 19.

Moi, Artaxerxès, grand roi, roi des rois, fils du roi Darius.

Cette courte legende se trouve autour des colonnes du palais de Suse.

La légende du vase de Venise ne donne que le nom d'Artaxerxès. La forme médique *Irtaksassa* provient du perse corrompu *Artakhċasda* qui est le prototype de l'hébreu ארתחששתא, et des altérations assyriennes *Artaksatśu, Artaksaśśu* et *Aldaksatsu.* La forme pehlevie ארתחשתר a rétabli plus tard la vraie pro-nonciation antique.

(¹) Voir *Journal asiatique*, 1872, vol. XX, p. 555.

# GLOSSAIRE

# GLOSSAIRE

Nous ne connaissons le dictionnaire de la langue médique que par les traductions des textes perses, des documents originaux dans cette langue ne nous sont pas encore
connus. Dans la confection du glossaire, l'excellent travail
de Norris nous a grandement aidé, parce qu'il donne un
répertoire presque complet de toutes les formes qui s'y
trouvent. L'arrangement de la matière a dû se faire généralement selon les règles grammaticales que nous avons
établies.

Nous suivrons, pour simplifier la manière de citer que
Norris a introduite, la suite des lettres et celle observée
dans tous les glossaires qui procèdent de l'ordre des lettres
sanscrites, sauf les modifications que la nature même du
syllabaire médique exige. Les chiffres romains indiquent
les colonnes du texte de Bisoutoun jusqu'à trois. Les
petits textes de Cyrus, de Darius I<sup>er</sup>, de Xerxès et d'Artaxerxès II, sont désignés par les numéros d'ordre de
notre travail, et sont souvent indiqués par des lettres
initiales.

## HA

*Hayinayira*, I, 60, nom propre d'homme, perse
*Ainaira*.

*Haotiyarus*, II, 59, nom propre d'un district de
l'Arménie, perse *Autiyāra*.

*Hakkamannis (Ha-ak-ka-man-ni-is)*, I, 4-5, nom
propre Achéménès, latin Achæmenès, perse *Hakhā-
manis*.

*Hakkamannisiya (Ha-ak-ka-man-ni-si-ya)*, nom propre Achéménide, I, 5, et passim.

*Hakamanapza*, nom propre Achéménide. Inscription d'Artaxerxès. Le mot semble être mal lu pour *Hakamanassa*, probablement *Hakamanassainna*, p. 232.

*Hativa*, I, 17, 26, 27 ; III, 60, postposition, « dans, parmi ».

*Hatē, Atē*, VI, 9, 10 ; XI, 18 ; XIII, 8, « père ». Pour les formes dérivées, voyez *at*.

*Hadukannas*, II, 53, nom d'un mois ; perse *Adukanis*, probablement le *Tisri* des Assyriens.

*Haduk (Ha-du-uk*, au lieu de *Ha-du-al*, que donne Norris), précédé d'un clou. L. 4-5, « texte, original » ; c'est une transcription du perse *hadugā*.

*Hatarrivan (ha-tar-ri-van)*, II, 57 ; III, 17, 33, 44, « adhérent ».

*Hapadana (Ha-ba-da-na)*, XVIII, 3, « partie de palais », transcription du perse *apadāna*, le biblique אפדן.

*Hapirti (Ha-pir-ti)*, I, 58, 59 ; III, 50, 53 ; G, 4 ; F, 2 ; nom propre « la Susiane ».— Pluriel *Hapirtip*.

*Hapirtip (Ha-pir-tip)*, I, 10, 58, 64 ; II, 2, 5, 6, 67, nom propre « la Susiane ». Dans les textes susiens, un district d'Elam est nommé *Hapirti*.

*Hapirtora*, I, 57, nom propre « Susien ».

Ces mots sont souvent écrits par l'idéogramme qui indique la Susiane, le Tigre et le pays adjacent, suivi du complément phonétique, *pirti*, II, 7 ; III,

50. — Dans l'inscription de Nakch-i-Roustam, ligne 17, le mot est écrit par le même idéogramme indiquant « pays du Tigre », suivi de *Appirti*, ce que Norris n'avait pas compris ; en outre, la copie du texte est fautivement donnée *hal-to-pir-ti*.

La différence de l'expression médique pour la Susiane et les Susiens indiquent clairement que ce peuple fut une nation apparentée aux Mèdes touraniens, ce que du reste constatent les inscriptions susiennes. On a donc pu croire que l'idiome de la seconde espèce était celui des Susiens, mais le même principe de la diversité des noms propres peut s'appliquer à ceux de la Médie, et la domination susienne n'a jamais été assez puissante pour obtenir le pas sur les textes assyriens. Cette dernière considération, que ne pourraient repousser que des gens privés de sens commun, milite avant tout en faveur du peuple médique.

*Havak (Ha-va-ah)*, VI, 32 (N.R.), adverbe « combien ».

*Havi*, I, 5 ; II, 5, 16, 20, etc., adverbe « là ».

*Havimar*, II, 55, « de là ».

*Havasir (Ha-vas-ir)*, H, 7, 17 ; peut-être *haver*, III, 93, adverbe « alors », en perse *adakaiy*.

*Ham (Ha-m)*, III, 79. Norris croit que ce mot est une transcription du mot perse *aham*, dans la phrase *arika āham* ; cela est possible, quoiqu'on ne voie pas la raison d'une transcription, à moins que cette phrase ne fût un terme consacré pour confesser les péchés dans le Mazdéisme : « j'étais méchant ».

*Hanamakkas (Ha-na-ma-ak-kas)*, I, 77; II, 19, 43; III, 26, nom du mois perse *Anāmaka*, « Cislev ».

*Hanē*, « vouloir ».

*hanēra*, **VI**, 31, première personne du plus-que-parfait, « je voulais ». — La lecture néanmoins n'est pas sûre ; il est possible que le mot soit le même que celui de *tuk-vanne* (qu'il faut voir) qui se trouve dans le texte médique de Persépolis. Le mot est suivi de *ćito* « ainsi », et traduit le perse *yathā mām kāma āha*, « comme c'était mon bon plaisir ».

*Hariiya*, nom propre d'un pays, perse *Haraiva*, « l'Ariane ». — Pluriel *Hariiyap*, I. 13, « les Arianiens. »

Il est très-curieux de voir le mot perse qui n'a pas le moindre rapport avec *ārya* (arien), transcrit dans le système médique par ce mot qui devait frapper surtout les Mèdes touraniens.

*Hari, Harir*, II, 17, « quelque peu ».

*harikip*, I, 43, 79, « peu nombreux ».

*harikki*, II, 13, « peu ».

*harikkip*, II, 54 ; III, 31, « peu nombreux ».

*Harikka*, III, 79 ; K, 24, « méchant ».

*harikkas*, I, verbe dénominatif, troisième personne du passé, « il devient méchant ».

*Harakka (Ha-rak-ka)*, III, 36, 38, 44, 42, 58, nom propre *Arakha*, « l'insurgé babylonien ».

*Harakkadarris (Ha-rak-ka-dar-ri-is)*, nom propre de la montagne Arakadris, I, 28.

*Haltik (Ha-l-tik)*, VI, 27, 28, « inimitié ».

*Hassina (Ha-is-si-na)*, I, 57, 59, 64, ou *Hasina*, petite inscription C, nom du rebelle susien Athrina.

*Hassiyadiyas (Ha-is-si-ya-di-ya-is)*, I, 71 ; II, 84,
nom du mois *Athriyādiya* (novembre-décembre).

*haċaka (hazaka)*, 1, 13, 14, et *hāċakarra
(ha-ċa-kar-ra)*, XVIII, 1, « grand ». Ces mots
proviennent de la racine :

*haċċa (hazza) (ha-iċ-ça)*, « grandir ».

*haċċaasnē*, III, 87, « qu'il fasse grandir ».
Cette racine est aussi écrite *aċċa*.

*Aċċa (Aċ-ċa)*, dans le mot *aċċikka*, participe-adjectif,
XV, 8, « grand, lointain ».

*Hahutta* doit signifier « devenir ».

*hahuttap (ha-hu-at-ta-ip)*, troisième personne
de l'intransitif pluriel, « ils devinrent », II, 78,
85 ; III, 34.

## HAR.

*HAR*, idéogramme de « voûté », dans *HAR (M) inna*,
« rond, voûte », le perse *athañgaina,* petite inscription
des fenêtres de Persépolis, « établir ».

*harta*, « établir », première personne, singulier
du passé, « j'établis », VI, 30.

*hartak*, troisième personne du passif, « il demeura, il s'était établi », II, 5.

*Hartavardiya*, nom propre d'un général perse, Artavardiya.

*Hardastana (har-da-is-da-na)*, petite inscription
des fenêtres, et de la transcription du perse *ardaçtāna,*
« colonnade ».

*Harbaya*, I, 11 ; VI, 21, nom propre, l'Arabie, au
pluriel *Harbayap*, perse *Arabāya.*

*Harbēra*, II, 66, perse *Arbairā*, la ville d'Arbèles.

*Harminiya*, I, 12 ; II, 22, nom propre, l'Arménie.

*Harmiviyara*, III, 58, Arménien.

*Harminiyar-kir*, un Arménien, II, 22 ; III, 36.

*Harraovatis*, I, 14 ; III, 24, 25, 31, 34-6, nom propre de l'Arachosie.

*Harruvatis*, VI, 19, nom propre, idem.

*Harriva*, VI, 17, nom propre de l'Ariane, perse *Haraiva*. Voir *Hariya*.

*Harriya*, Arien, VI, 11.

*Harriyanam*, III, 77, 79, transcription du perse *Ariyānām*, génitif pluriel. Ce génitif perse ne se trouve pas dans l'original.

*Harriyara*, locatif, « en langue arienne », L,3.

## HAL.

*HAL (M)*, idéogramme de « ville », perse *vardana*, I, 73 ; II, 5, 16, 50, 75 ; III, 1, 8 ; et III, 37, il traduit le perse *dahyāus*, « pays ».

*HAL*, avec le complément phonétique *pirti*, indique la Susiane, II, 6, et les Susiens, II, 7.

*Hal appirti*, la Susiane, VI, 17, mal lu *hal topirti ;* c'est le nom de la Susiane, *Appirti*, précédé du clou brisé *(HAL)* idéographique.

*Haldita*, nom propre d'un Arménien, en perse *Haldita*, III, 36 ; ce mot semble avoir du rapport avec le dieu arménien *Haldia*.

*Halnu*, « punir ».

*halnuva*, première personne du passé « je punis, je punissais », III, 82.

*Halpi*, « tuer ».

*halpi*, I, 77 ; II, 53. *Halpiya*, I, 45 ; III, 49, première personne du passé, « je tuai ».

*halpis*, I, 25, et passim, troisième personne du singulier, « il tua ».

*halpis* (pour *halpiyas*), II, 8, et passim, troisième personne du pluriel, « ils tuèrent ».

*halpisnē*, III, 76, 88, troisième personne du précatif, « qu'ils tuent ».

*halpis*, impératif, III, 23, « tue ».

*halpis-vanka*, impératif au singulier, II, 23, 39 ; au pluriel, II, 15, 62 ; III, 41.

*halpis-nēvanka*, II, 82, « tue », impératif, *vanka* et *nēvanka* sont des particules pour renforcer l'impératif.

*halpik*, I, 33 ; *halpika*, troisième personne du passif, I, 25, « il fut tué ».

*halpe......su*, mot mutilé, traduit le perse *uvāmarsiyus*, « se tuant lui-même », c'est-à-dire « se suicidant », I, 33.

## I

*I.....*, mot mutilé, I, 30, « frère ».

*Iyaona*, I, 11, n. pr. de l'Ionie, écrit *Yaona*, VI, 23, 24.

*Iutiyas*, III, 1, n. pr. d'un peuple perse, *Yutiyā*, les Οὔτιοι d'Hérodote (III, 93 ; VII, 68).

*Idaka*, II, 15, 54, 63, 70, 75, 82 ; III, 9, 32, 45, postposition « avec », il rappelle le turc *ileh*.

*Iva*, verbe neutre « surgir ».

*ivaka*, I, 29, 58, 61 ; II, 6, 9 ; III, 2, troisième

16

personne du passé intransitif « il surgit, il se souleva ».

*Yanayi*, XVI, 22, transcription du perse *yanaiy*.

*Yazu*, « prière », peut-être le mot bactrien *yaz*, *yazudavan*, VI, 44, « je prie ».


## HI.


*HI (M)*, idéogramme indiquant « la prière », L, 5.

*Hi*, démonstratif, « cela », employé avant ou après le mot.

 *hiva*, K, 9, « ici ».

 *hiċito*, passim, « ainsi » ; perse *avathā*.

 *hi*, datif du pronom de la troisième personne du singulier, II, 39, et passim.

*Hisē*, nom, employé après le n. pr., pour indiquer le français « nommé » ; perse, *nāma*.

*Hisim-mas*, « nez », II, 55, 65, n'a rien à faire à l'arabe *hisim*.

*Hiya* « attaque ».

 *hiyap*, pluriel « attaques » (lu faussement *hiyadu*), XVIII, 5.


## YI

### (La lettre assyrienne A).


*YI (M)*, idéogramme de l'eau, de fleuve, au locatif, I, 67, où il est mis devant le fleuve du Tigre, précédé du clou horizontal, pour indiquer ce fleuve du Tigre, avec la signification de « l'eau », I, 78.

*Yiak*, « et », passim.

*Yika*, I, « après », douteux.

*Yini*, la particule non prohibitive, employée avec l'impératif, « ne fais pas », III, 67, 70, 76, 83, 88 ; dans les textes d'Artaxerxès, *anni*.

## E.

*E*, « maison », au locatif *eva*. Inscription des fenêtres. Le mot se trouve aussi en susien.

*Eva*, XV, 11, « portail », il n'y a pas *evavas* comme le croyait Norris. Le trait horizontal introduit le mot suivant :

*Eha*....., « punir », I, 18. Le mot est mutilé.

*Eppi* (*e-ip-pi*), L, 6, peut-être un pluriel signifiant « traductions ».

*Evidu*, *evaddo*, « prendre », peut-être un mot composé d'*evi*, « soi-même », et de *du*, « faire, être ».

> *eviduva*, I, 45, première personne du passé, « je pris ».
>
> *evidus*, I, 35, troisième personne du passé, « il prit ».
>
> *evidusti*, I, 34, imparfait, « il avait pris ».
>
> *evidusra*, I, 38, pl.-que-pàrf., « il avait pris ».
>
> *evaddusta*, I, 50, plus-que-parfait, « il avait pris ». Il me semble que cette lecture peut remplacer celle d'*evapdusta*.
>
> Si la lecture de M. Norris, *éva-apdusta*, est correcte, la composition du verbe serait prouvée par la tmèse, formée par le pronom *ap*.
>
> *evidusa*, I, 36, « il fit, il agit selon sa volonté »; en perse *uvāipasiyam akutā*.
>
> Il se peut que *evidusa* soit composé de *evi*,

« même », et de *dusa*, « volonté », de sorte que la phrase serait « selon sa propre volonté, il était ».

## U

*U*, pronom personnel du singulier, comme en *susien*.

*U*, « je », nominatif *U*, toujours précédé par le clou vertical.

*U*, II, 67 ; III, 37, etc. ; VI, 13.

*U*, placé devant un substantif possessif, II, 22, 38, etc.; XVI, 18 ; XVII, 19.

*U*, devant un verbe, l'objectif « me », I, 9.

*Unēna*, génitif, I, 7, et passim.

*U-un*, accusatif, « moi », II, 36 ; XVII, 20.

*Uikki*, datif, II, 55, 65.

*Uikkimar*, « de moi », ablatif, I, 19; II, 7, 11, 68; VI, 15.

*U-kik*, « après moi », III, 7.

*U-das*, « à moi il fût », II, 13, 17, 26, 36 ; III, 25, 42, 78.

*Uiyama*, II, 33, nom propre d'un fort en Arménie; en perse, *Uhyāma*.

*U-ut*, *yut*, I, 6, « nous sommes ».

*Uprato*, (*U-ip-ra…*), nom propre du fleuve l'Euphrate; perse *Ufrātu*, I, 73.

*Uttasta*, pour *huttasta*, XVI, 7.

*Ummanni* ou *Ummani* (*U-um-man-ni*, *U-um-ma-ni*), II, 11 ; III, 3, « maison »; perse *vitha* pour *vith*, en susien *umman*.

*Upē*, XV, 2, voyez *huppe*, « cela ».

*Uvaddēcis*, nom propre d'une forteresse perse, *Uvadaicaya*, le *Audedj* moderne, III, 19.

# O

(L'assyrien *U,* le crochet).

*Omuvargap,* pluriel, nom propre des Scythes Amyrgiens d'Hérodote ; en perse *Haumavargā ;* en assyrien *Umurgā,* « ceux qui boivent (les feuilles) du *hauma* », la plante est ou l'*asclepias* ou peut-être le *thé.*

*Ori,* verbe, « croire ».

    *oris,* impératif, III, 67, 73, « ajoute créance ».

    *orinra,* III, 71, troisième personne du futur, « il croira ».

*Oramasda,* toujours précédé du signe divin *an, Ormazd,* le Bon Principe des Perses zoroastriens ; perse *Auramazdā,* dans les passages III, 77, 80, on ajoute dans le texte médique deux autres mots (Dieu des Ariens), qui ne se trouvent pas dans l'original perse.

*Oramasdara,* III, 68, Mazdéen, sectateur d'Ormuzd.

*Ovaspirvana,* assemblage mutilé, voyez *si.*

# HU

*Hu,* XVIII, 4, « je », pour *U.*

*Hu,* pronom démonstratif.

    *hupē,* « cela », VI, 16 ; K, 23.

    *hupēta,* XV, 20.

    *hupētē,* XVII, 14, « cela » ou « que ».

    *hupipē,* « ils » ; II, 11 ; III, 41.

    *hupipēna,* « d'eux », III, 72 ; XV, 2.

    *hupivas,* VI, 35, 36, « alors », l'inscription est fruste.

    *huhpē,* I, 19, « ainsi » ; perse *avathā.*

*huhpeintukkimas*, I, 5 ; III, 78, « à cause de cela ».

*hupeintukkimmas*, I, 39 ; III, 70, « à cause de cela », les deux termes traduisent le perse *avahyarādiy*.

*hupirri*, passim, « il, lui, celui-là ».

*Hutṭa*, verbe, « faire » ; une autre forme du verbe est *hutti*.

*hutta*, première personne du passé, passim, « je fis ».

*huttas*, troisième personne du singulier, « il fit », passim.

*huttihut (hu-ut-ti-hu-ut)*, II, 53, « nous fîmes ».

*huttahut (hu-ut-ta-hu-ut)*, « nous fîmes », I, 71, 75, 77 ; II, 51.

*huttas*, « ils furent » (pour *huttavas*).

*huttara*, première personne du passé indéfini, « j'ai fait », XV, 14, 19 ; XVII, 12.

*huttata*, « j'avais fait ».

*huttasta*, XVII, 14.

*huddu-u'ta* (pour *huttu-utta*), plus-que-parfait, « nous avions fait », XV, 16.

*huttasti*, III, 30, pl.-que-parf., « il avait fait ».

*huttak*, I, 54 ; III, 73, passif, « il fut fait ».

*huttuk (hu-ut-tuk)*, « il fut fait ».

*huttukka (hu-ut-tuk-ka)*, XV, 15 ; VI, 39.

*huttavara*, II, 51, petite inscription, « je fais », présent.

*huttis*, III, 84, impératif, « fais ».

*huttivanra*, I, 74, et passim, futur, « il fera », pour faire.

*huttiniunyupa* (*huttini-un-uba*), II, 25, 29, 33 ; III, 45, troisième personne du pluriel du désidératif, « ils voulurent faire ».

*huttanti* (douteux), III, 87, « tu fais ». Le mot était mal lu : *hut-ir-ti.*

*Hutto*, « envoyer ».

*hutto*, II, 22, « j'envoyais ».

*huttuk* (*hu-ut-tik*), I, 64 ; II, 81 ; passif, « un envoyé ».

*Huttana*, III, 90 ; nom propre d'Otanès ; perse *Utāna.*

*Hupo*, « être chef, dominer ».

*hupo*, I, 44 ; III, 17, 18, 33, 45, 46, « chef », toujours au pluriel *hupoppi.*

*hupogit*, du verbe *hupo*, première personne du prétérit, III, 80, « je régnais » ; perse *upariyāyam.*

*Humanis*, I, 44, « forteresse » ; II, 25, « ville ».


## HUM

*Humbadaranma*, nom propre susien, I, 57 ; c'est le nom *Humbadaramā*, rendu en perse par *Upadarma.*


## KA, GA

### (L'assyrien *QA*).

*Gatē*, au locatif, *gatēva*, I, 47 ; le perse *gāthavā*, « dans la place » ; voir *izgate.* (Texte médique : N. R.)

*Kappissakanis*, III, 24, nom propre d'un fort de l'Arachosie ; perse *Kāpisakānis*, peut être « chasse aux singes ».

*Katpatukas (ka-at-ba-du-kas)*, I, 12.

*Katpatoka (ka-ut-ba-to-ka)*, VI, 22, nom propre de la Cappadoce, en perse *Katpatuka*.

*Ka-m (M)*, idéogramme transcrivant le perse *kamakā*, « petite partie, petit groupe », I, 68.

*Katir*, voyez *kutisnē*.

*Karata*, « temps », I, 6, 34.

## KI

*Kik*, « après », III, 7.

*Kiti*, « avoir, posséder ».

*kitinti*, III, 76, 89, seconde personne du futur, « tu auras ».

*Kidu*, « crever (les yeux) ».

*kiduva*, première personne, II, 56, 65, au passé défini, « je crevai ».

*Kir*, passim, « un », s'emploie comme article indéfini après le mot ; p. ex. : *Parsarkir*, « un Perse ».

## GI

*Gin (gi-in)*, « être ».

*gini* (écrit avec le signe *gi-ni*), VI, 29, « je fus ».

*git* (écrit avec le signe *git*), III, 80, « je fus ».

*Gizza*, « creuser ».

*gizzavana*, XVI, 23, infinitif « creuser ».

*Giya*, « dommage ».

*giyap*, pluriel, « dommages » (lu faussement *giyada*), XVIII, 5.

## KU

*Kukkannakan (ku-uk-gan-na-ka-an)*, II, 5, nom propre d'une ville de Perse ; en perse *Kuganakā*.

*Kukta, Kukti*, « protéger, favoriser ».

*kukti*, I, 17 ; III, 81, première personne, « je protégeai ».

*kuktainta*, III, 86, seconde personne du futur, « tu protégeras ».

*kuktinti (ku-uk-tan-ti*, au lieu de la fausse lecture *ku-uk-ir-ti)*, III, 88, idem.

*kuktis (ku-uk-tas)*, III, 85, 94 ; impératif, « protége ».

*kuktak*, I, 19, passif, « favoriser, protéger ».

*kuktikra*, inscription détachée de Nakch-i-Roustam, « gardien ».

*Kuti*, « porter, apporter », peut-être allié au précédent ; le perse les traduit tous les deux par *bar*.

*kutis*, I, 16 ; VI, 15, troisième personne du pluriel, « ils apportaient ».

*kutvampi* (pour *kutivampi)*, VI, 34, « ils portent, ils supportent ».

*kutikra*, ins. dét. de Nakch-i-Roustam, « porteur ».

*katin* pour *kutisnē*, « qu'ils partent », XVIII, s. f.

*Kutkatorra (kutkatoirra)*, « enlever », verbe composé.

*kutkatoirraki*, troisième personne très-irrégulière, I, 47, 52.

*kutkatoirrasta*, mot mutilé, « il avait enlevé », I, 55.

*Kutta*, passim, conjonction, « et, ainsi que ».

*Kundurrus (Ku-un-dur-ru-is)*, II, 50 ; n. p. d'une

ville de Médie; en perse *Kuñduru;* en assyrien *Kundur.*

*Kuras, Ku-ras,* nom propre de Cyrus, I, 39; III, 50, 58, 83; inscription détachée et légende de Mourghab.

*Kus,* passim, « jusqu'à ce que, pendant que ».

*Kusi,* « fonder », ne se trouve que dans l'inscription K, qui est sans traduction; le mot a la même signification qu'en susien.

*kusiya,* « j'ai fondé ».

*kusika,* passif, « il fut fondé ».

## KO, GO
### ( L'assyrien *KAM, KAV* ).

*Gobarva,* III, 90, nom propre de *Gabryas;* perse *Gaubruva;* assyrien *Kubarra.*

*Gomatta,* passim, nom du mage Gomatès, perse *Gaumäta.*

## KIP

*Kippoka,* postposition, signifiant « au milieu d'eux », II, 58; K, 23.

## KAR, GAR
### ( L'assyrien *KAR* ).

*Garmapaddas (kar-ma-bad-das),* nom propre du nom *Garmapada,* I, 32; II, 76, 3, 16.

## KUR, KAR, KOR
### ( L'assyrien *KUR* ).

*KUR (M),* idéogramme de « montagne », I, 28; III, 14 (?).

*Karka*, au pluriel *Karkap*, nom propre du peuple *Karka*, VI, 25.

*Kartas*, I, 48, précédé du clou vertical, le perse *mā-niya*, de signification douteuse, peut-être « religion » ou « langue officielle ».

*Karpi*, III, 62, « la main ».


## KAN, GAN

### ( L'assyrien *G A N* ).

*Gandumava*, nom propre d'une région, *Gandumava*, III, 28.

## KIN, GIN

### ( L'assyrien *KIN, KI* ).

*Gin*, verbe substantif d'une conjugaison particulière.
    *git*, « je fus ».
    *gini* (quod vide), sous *gi*.
    *ginri*, « il fut », I, 37 ; II, 13, 59 ; L, 4.
    *ginrir*, idem, II, 69.
    *ginnigit*, II, 1, 7 ; « je fus ».
    *ginrip*, *ginripi*, I, 37 ; III, 78 ; « ils furent ».
    *ginpep*, « ils furent », III, 72.

*Ginrit*, précédé du clou horizontal, « bord de rivière », I, 67.


## GIT

### ( L'assyrien *GUT* ).

*Git*, III, 73, première personne de *gin*, « j'étais ». La prononciation de cette lettre, rendue *am* par Norris, qui y voyait une transcription du perse *āham*, est prouvée par les formes en *gi–it* qui suivent.

*Gittinni* ( *gut – din – nu* assyrien ), I, 34 ; L, 8, « antérieur ».

## AK

*Agmatana*, II, 56, 57, nom propre d'Ecbatane.

*Akka*, relatif et interrogatif, « qui », employé quelquefois pour *l'article défini,* souvent précédé du clou vertical.

    *akkapē*, souvent précédé du clou vertical, I, 39.

*Akkari,* précédé du clou vertical, I, 40 ; III, 82, « chacun », avec la négation « personne », « quelqu'un ».

## IK

*Ikka, ikki,* terminaison du datif.

*Iksersa,* XII, 1, et :

*Ikserissa (ik-se-ir-is-sa),* XV, 10, 17, nom propre de Xerxès, perse *Khsayārsā.*

## UK

*Ukku,* III, 80 ; L, 5, « loi », perse *ābastā,* d'où vient le mot d'*Avesta.*

*Ukku,* le perse *dūraiy āpaiy,* « l'univers ».

    *ukkuva,* locatif, « dans l'univers », V, 17.

*Ukkura,* évidemment dérivé du précédent, « grand ».

    *ukkurarra,* génitif, K, 4 ; VI, 9, « de la grande (terre) ».

*Uggi,* III, 82, « homme, guerrier », peut-être le sumérien *uk.*

## TA, DA

### ( L'assyrien  *DA* ).

*Ta*, article indéfini.

*Da, ta,* racine du verbe substantif « être, avoir ».
Voyez *das, dasta* et d'autres.

*Dayiē*, « autre ».

    *dayiē*, « autre », I, 27, 31, 37, 51.

    *dayiē ativa*, « dans d'autres ».

    *dayippē*, III, 71, « autres ».

    *dayieikki*, datif, avec le sens « ailleurs », L, 3.

    *dayikita*, III, 69, « ailleurs, autrement ».

    *dayietē*, XV, 12.

*Dayiyaus*, passim, « pays », transcrit du perse *da-hyāus*, II, 50, 11, 77 ; III, 68.

*Dayiyaos*, forme ordinaire du même mot. Ces formes sont toujours précédées du clou horizontal.

*Dayiyus, da-yi-u-is*, K, 3 ; VI, 8.

Ces formes sont employées à Bisoutoun pour indiquer le pluriel sans la terminaison du pluriel. Dans les autres inscriptions on trouve le pluriel formé avec *pē*.

*Dahu, dau*, « aider, accompagner, aller avec quelqu'un », conjugué par la forme intransitive.

    *dahup*, III, 92 ; troisième personne du pluriel.

    *dahuvanlup*, III, 93 ; formes dérivées du même
verbe, « ils voulurent m'aider ».

*Dah*, première personne du verbe « faire, je fis, j'étais », II, 13, 38, 61 ; III, 6, 40, souvent avec la signification « d'envoyer ».

*Ta*, au passif *tak*, « vivre ».

*taka-taktinē*, seconde personne du précatif, « que tu vives », III, 75, 87.

*Taka*, « temps, vie », III, 75, 87.

*Takabarrapē*, VI, 24; transcrit du perse *takabarā*, « qui portent des queues de cheveux ».

*Dadarsis ( Da-tur-si-is )*, passim, nom propre de *Dadarsis,* nom de deux généraux de Darius.

*Datam (Da-at-am)*, VI, 16, « la loi », transcription du perse *dātam.*

*Daddu-ya (da-ad-du'-ya)*, III, 91, nom propre de Dadyès (Eschyle), le perse *Dāduhya ;* il n'est pas le Zopyre des Grecs. (Voyez Remarques à la page 185.)

*Dana*, « donner, conférer ».

 *danas*, troisième personne. Inscription de Suez,  « il a conféré ».

*Danas*, probablement une transcription du perse *zana*, « langue », *zanam*, aujourd'hui *zebān.*

*Dani*, « obéir », au passif.

 *danip*, VI, 14, « ils obéirent », avec l'ablatif.  Probablement il faut ranger ici les deux formes  lues *ipsis* et *ipsip ;* cela sera *danis* et *danip.*

*Davatak*, voyez *satavatak.*

*Tavini*, II, 78, semble être, comme le croit Norris, une faute pour *nitavi*, « sont, à lui ».

*Dariyavaos*, nom propre de Darius.

*Das ,* écrit *ta-is, da-as,* provient de la racine *da.* (Voir Grammaire, p. 98.)

*Das ,* troisième personne de *da ,* « avoir, être et faire ».

 *dasta*, VI, 2, « il a fait », plus-que-parfait, « il avait fait », peut être abrégé de *huttasta.*

*Taċċaram (da-iz-za-ra-am)*, B, 6, transcription du perse *taċaram*, « maison, palais ».

## TI, DI

*Tigra*, I, 67, 70, nom propre du fleuve le Tigre, perse *Tigrā*. En susien le fleuve se dit *Tiglat*, ce qui prouve encore que la langue dont nous nous occupons, n'est pas celle des Susiens, mais d'un peuple plus éloigné du fleuve.

*Tigra*, II, 29, nom propre d'un fort *Tigra* en Arménie.

*Tigrakaodap*, transcription VI, 20 ; transcription du perse *tigrakhaudā*, « qui portent des bonnets pointus ». Voyez mes *Mélanges perses*, p. 17.

*Tit*, avec la particule *mas*, II, 55, « langue ».

*Titē, titi, tita*, « mentir ».

    *titeinra*, troisième personne du futur, III, 64, « il mentira » ; il manque le relatif « qui ».

    *titakra (ti-tuk-ka)*, a la forme adjective « menteur », III, 83.

    *titakka (ti-tuk-ka)*, dans les inscriptions détachées, même signification.

    *titakkarragit (ti-tuk-kar-ra-gi-t)*, « je fus menteur », III, 79.

    *titkimas*, III, 61, 71, et :

    *titkimmas* pour *titēkimmas*, I, 26 ; III, 67, 68, « mensonge ».

*Tippē, tippē daḥ*, II, 12, etc., « j'envoyai ».

*Tippa pepraka*, même sens, L, 7. L'explication de ces deux expressions est difficile.

*Tiri*, « dire, appeler, s'appeler ».

    *tiri*, II, 39, « je dis », présent, passé.

*tiriya*, I, 16 ; II, 14, 23, 62 ; III, 41, le même.

*tiris*, II, 6, 59 ; III, 2, 22, 37, « il dit ».

*tirissa*, II, 10, le même avec le *sa* religatif.

*tiriyas*, II, 69, troisième personne du pluriel, « ils s'appelaient ».

*tirira*, « je disais », VI, 30.

*tirivan*, troisième personne du présent.

*tirivanpi*, II, 15, 23, 39, 62, 81 ; III, 23, 41, « ils s'appellent ».

*tirivaniun*, I, 5 ; texte détaché A, 9, « nous nous appelons ».

*tiristi*, plus-que-parfait, I, 9, 15 ; II, 8, « ils s'étaient appelés ».

*tirikka*, I, 19, participe passif, « il fut dit ».

*tirikka*, VI, 15, écrit *tur-ri-ka*, le même.


## TU, DU

### (L'assyrien *DU*).

*Du*, « être ».

*duva*, I, 22, « je fus ».

*duvan-e*, I, 38, « il fut ».

*Duin*, III, 64, mot mal lu ; il y a *ap-in*.

*Dukkarra (du-uk-kur-ra)*, III, 90, nom propre de *Thukhra* (« brillant », rouge), père d'Otanès.

*Dubalu*, nom propre de la contrée babylonienne de *Dubāla*, aujourd'hui *Dibleh*.

*Duni*, « donner », apparenté à *Dana*.

*dunis*, I, 9, 20, 46, troisième personne, « il donna », avec U, *U-dunis*, « il me donna ».

*dunisnē*, VI, 45 « qu'ils donnent ».

## TE, DE

(L'assyrien *TE*, idéogramme de « feu »).

*Dēnim*, VI, 6, transcription du perse *daini*, « loi ».
*Dēnē* (?), « loi », inscrip. détachée de Nakch-i-Rustam.
*Dēnimdattira*, VI, 6, transcription du perse *daini-dātāram*, « législateur ». Ces deux mots perses ne sont conservés que par la traduction médique.
*Telnip*, I, 79 ; II, 54 ; III, 31, pluriel « cavaliers ».

## TO, DO

( L'assyrien *T U* ).

*Tori*, I, 6, 33, « depuis », postposition.

## TAR, DAR

( L'assyrien *T A R* ).

*Tarti*, « contredire, mépriser ».
 *tartinti*, III, 74, écrit *tar-tan-ti*, seconde personne du futur.
 *tartinta*, III, 75, seconde personne du futur.
*Tarto*, « parfaire ».
 *tartoka*, I, 18 ; III, 64, 81, « parfaitement, bien ».
 *tartoak*, K, 17 (texte médique), « parfait ».
Cette forme est le passif-présent, pour *tartovak*.
*Tarva*, « entier, tout ».
 *tarva*, VI, 41 ; K, 16, « entier, tout ».
 *tarvak*, dans *vanir tarvak*, « en tout, total (23 provinces) ».

17

*Darvas (dar-vas-as-tu)*, phrase perse transcrite dans le texte de Bisoutoun *duruvā ahatiy*, « qu'elle soit forte ». Le médique transcrit la phrase perse *duruva açtuv*, « qu'elle soit forte » ; le persan moderne *durust*, qui s'en approche, provient du perse *druvaçta*, « fort », III, 65 ; on pourrait y trouver le mot précédent *tarva*, « tout entier ».

## TUR, DUR

( L'assyrien *TUR*, quelquefois employé pour
*TAR* et *DAR* ).

*Tur*, I, 61 ; III, 38, 50, 52, 58, 59, 93, « fils », précède le nom propre mis au génitif. Ce signe est peut-être un *idéogramme* qui a la prononciation de *sak*.

*Turna*, « connaître, savoir » ; en susien, *durna*.
    *turnas*, I, 25, « il sut ».
    *turnasti*, I, 39, plus-que-parfait, « il avait su ».
    *turmampi*, I, 39, « ils savent, ils sauront ».
    *turnainti*, VI, 34, 37, seconde personne du futur, « tu sauras ».

*Turrauva*, III, 1 ; nom propre de la ville de *Tāravā*, aujourd'hui *Tāroun*, ville de Carmanie.

*Turrika* (voir *Tiri*).

*Turvasnē*, XVI, 23, mot mal lu.

## TIR, DIR

( Peut être *ÇI* ).

*Tirra*, « suspendre, pendre ».
    *tirra*, II, 58, « je pendis ».

*Tirri*, III, 68, « vrai ».

*Tirri* (écrit de la même manière), II, 55, 65, « oreille ».


## TAK, DAK

### ( L'assyrien *TAK* ).

*Takti* (voyez *takataktinē*).

*Takmaspada* (écrit *Tak-mas-ba-da*), nom propre d'un Mède, appelé en perse *Takhmaçpāda*, II, 76.


## TUK

### (L'assyrien *TUK*, en médique semblable à *RAS*).

*Tukvintukvan*, « vouloir, décider ». Cependant le sens de ce mot est très-douteux.

> *tukvinēna*, K, 13, « il voulut, ou volonté ».
> *tukvanna*, K, 18, « je voulais, c'était mon bon plaisir ».

## TIP, DIP

### ( L'assyrien *DIP = LU* ).

*DIP (M),* avec le signe du monogramme, XVI, 22, 24, « table »; le perse *dipi*.

*Dippi*, III, 66, 67, 70, 84, 85, 88, « le même ».

> *Dippimas*, précédé du clou horizontal, L, 2, 8, « collection de tables, livre ».


## TIN, DIN

### ( L'assyrien *TIN* ).

*Tingitto,* I, 23, « le même ».

## TAS, DAS

### ( L'assyrien *TAS = UR* ).

*Tas*, I, 33, et passim, vient de *ta*, « il fut ».

*Das*, proposition, « à cause de ».

*Dassumun*, toujours précédé du clou vertical, *peuple, état*, souvent employé. En L, 10, on trouve le pluriel *Dassumunpē*. La troisième lettre du mot ne se trouve que dans ce terme. La lecture du signe est douteuse ; j'hésitais entre *Dassumun, Dassumap* et *Dassuka*. Le désir, peut-être justifiable de trouver dans ce mot celui de *Dasim* (voyez *Expédition en Mésopotamie*, t. I, p. 77), me suggéra les transcriptions *Dassumir, Dassumun* et *Dassumap*, pour lequel milite le susien *Tussumap*. Mais il est possible de lire *Dassuka* ; peut-être l'origine des *Tadjik* d'aujourd'hui.

## AT

*Atta*, « père » (voir *hate*).

    *attata*, I, 3; XV, 19; XVI, 18; « mon père »

    *atteri*, I, 3, 4, « son père ».

## BA, PA

### ( L'assyrien *B A* ).

*Bagabigna*, III, 91, nom propre de *Megabignès*, en perse *Bagābigna*.

*Bagabuksa*, III, 91, nom propre de *Megabyze*, en perse *Bagabukhsa*.

*Bagayadis*, I, 41, nom propre du mois perse *Bāga-yādis*.

*Baikturris*, VI, 17, nom propre de la *Bactriane*.

*Baksis* (*ba-ak-si-is*), I, 13 ; II, 85, idem.

*Batin*, II, 45 ; III, 28, « demeure, district ».

*Batur*, I, 73 ; III, 80, « au-dessous, selon », préposition ; en perse *apariy*.

*Babilu*, nom propre de Babylone.

*Babilurra*, passim, I, 60, *Babilurkir*, III, 51, « babylonien ».

*Babilup*, *Bapiluppē*, « les Babyloniens, Babylone ».

*Paruzanam*, XI, 16 ; transcription du perse *Paruzananam*.

*Parsa*, « Perse », XV, 13, *Persépolis*.

*Parsarra* « un Perse ».

*Parsarkir* « un Perse ».

*Balu*, « travailler ».

*Baluikmas*, abstrait formé de *baluik*, « travailleur, peine, travail », 1, 53, 54, pour *baluikkimus*.

## PI, BI

### ( L'assyrien *PI* ).

*Pikti*, II, 17, et passim, en XVIII, 4, *pikta*, « secours ».

*Pirka*, postposition, mise après le nom des mois, quand ces mois ont une indication du quantième ; l'explication est aussi difficile que celle du mot correspondant en perse, *thakatā*.

*Pinti*, I, 80, mot obscur s'il est bien lu ; en perse et en assyrien, il y a « il prit » ; peut-être faut-il lire *marriti*.

## BU, PU

### (L'assyrien *BU*).

*Putta*, « aller, s'en aller, fuir ».

    *puttakka (pu-ut-tak-ka)*, I, 79 ; II, 54 ; III, 13, troisième personne du passé intransitif avec l'allongement *ka*, « il fuit ».

    *puttana*, I, 78, causatif, première personne, « je fis fuir, je poussai ».

*Puinkitē*, II, 47, avec la postposition *va*, « fin, dernier » : se dit de la fin du mois.

*Putiyap* (à lire *Pu-u-ti-ya-ap*), VI, 24, les *Phut;* les Phut d'Afrique.

## BE, PE

### (L'assyrien *BE, BAT*).

*Pe*, verbe primitif, « faire ».

    *pesta*, troisième personne du plus-que-parfait, « il a fait », V, 3, 4, 5, 6.

*Perra, pera*, « parcourir, examiner, lire ». Le mot est mal lu *pe-u-ra* ; il y a un *ir*, et non un *u*.

    *perranra*, III, 67, 71 (dans ce dernier passage on lit *peranra*, « il lira »).

*Pepta, pepti*, « révolutionner, pousser à la rébellion ».

    *peptas*, III, 53, 54, 59, 61, troisième personne, « il révolutionna ».

    *peptassa*, même forme, avec l'allongement religatif, III, 50.

    *peptis*, III, 52, même forme de *pepti*.

*peptakka (pe-ip-tuk-ka)*, troisième personne
du passif, « ils s'insurgèrent ».

*peptip*, II, 2, 70 ; III, 3, 5, 61, 62, troisième
personne du pluriel du passif, « ils s'insurgèrent ».

*peptippa*, II, 68, 79 ; III, 38, même forme avec
l'allongement religatif.

**Petip**, généralement employé avec le trait vertical,
pour exprimer « les rebelles », peut-être changé de *peptip* ;
mais le mot peut avoir une origine indépendante.

**Pepto**, « faire, créer ».

*peptosta*, VI, 3, « il a fait, il a créé ».

**Pepraka**, L, 8. (Voyez Grammaire, p. 100.)

**Peplu**, « mettre, poser ».

*peplup*, III, 46, passif pluriel, « ils furent mis
(en croix) ». Probablement il faut lire *peplupnē*
au précatif.

*pepluppa*, I, 68, idem, avec l'allongement
religatif.

**Peça**, « être debout ».

*peçapti*, I, 67, troisième personne du pluriel,
au plus-que-parfait, « ils s'étaient postés ».

**Pet**, III, 48, 60, « bataille », le mot est précédé du clou
horizontal, mais il n'est pas sûrement lu.

**Pevas**, VI, 38, idem, « guerre ».

**Pelki**, « année, temps écoulé ».

*pelkiva*, III, 47, 66, 69, 77, locatif, « dans
tout le temps, toujours ».

## BAT, PAT

(Cette lettre est identique pour la forme au *PE*).

*Pattigrappana (pat-ti-ik-rab-ba-na)*, nom propre de la ville de *Patigrupana*, en Parthie, II, 72.

*Pattisvarris*, petite inscription de Nakch-i-Roustam ; Patischorien, nom propre d'une tribu perse.

*Pattiyavanyi*, transcription du perse *patiyāvahaiy*, « j'implorais, je faisais la prière », I, 41.

*Batto (pēto)*, « poser, prendre ».

      *batto (pēto)*, I, 21, 69 ; II, 57, 67, « je posai ».

*Pattip*, « rebelles ». Voyez *Petip*.

## PAR, BAR

### ( L'assyrien *BAR* ).

*Barbi*, « prendre ».

      *barbis*, III, 43, « il prit » (peut-être *birbi*).

*Parçuva*, VI, 17, nom propre de la Parthie.

*Parçuvap*, I, 12 ; II, 3, les Parthes, la Parthie.

*Parçuvas (bar-çu-vas)*, II, 68, 69, 71, 75, 78.

*Parraka*, III, 14 (la première lettre n'est pas claire ; elle pourrait être *Parraka* ou *Pirraka*), nom propre de la montagne et de la ville de *Paraga*. Le médique la qualifie de *ville* et le perse de *montagne*. C'est la ville de *Forg* de nos jours, en Carmanie.

*Parru*, « travailler ». Voyez *Naparru*.

*Parsan (bar-sin)*, I, 1, 5, 10, 31, 35 ; II, 2, 5, 12 ; III, 2, 7, 8, 19, 35 ; nom propre de la « Perse ». La terminaison *an* est spécialement médique, et indique que la dénomination a été naturalisée chez les Mèdes.

*Parsar (bar-sir),* suivi de *kir,* « un Perse » ; II, 14, 38, 80 ; III, 6, 52 ; *Parsarra,* « un Perse » ; I, 37 ; III, 21, 57, 90, 91, 92.

## PIR, BIR

### ( L'assyrien *PIR* ).

*Birdiya,* I, 23, et passim, nom propre de Smerdis ; perse *Bardiya.*

*Birbi.* Voyez *Barbi.*

*Pirvana* (?) mot mutilé, I, 16, « nuit ».

*Pirrada,* II, 79, nom propre de *Frāda* (mieux *Fra-āda*) ; le persan moderne *Ferhād.*

*Pirramataram,* V, 11 ; XVI, transcrit du perse *framātāram,* « empereur ».

*Pirramattaram,* XV, idem.

*Pirruvartis,* nom propre du mède *Phraortes,* en perse *Fravartis.*

*Pirra,* VI, 27, « bataille, querelle », perse *yaudanam.*

*Pirru, pirrur,* II, 24, 28, 32, 40, 44 ; III, 27, « ensemble », toujours suivi de *sarrappa (sa-ir-ra-ip-ba),* en II, 28, *sa-ir-ra-ap-ba.*

*Pirsatanēka,* V, 18 ; VI, 9.

*Pirsatinēka,* XI, 18 ; XV, 9 ; XVI, 14.

*Pirsattinēka,* XVII, 7 *(pir-sa-ut-ti-ne-ka).*

*Pirsattinēka,* XIII, 8 *(pir-sa-at-ti-ne-ka).* Ces quatre formes traduisent le perse *duraiy āpaiy,* « au loin » et « dans l'univers » ([1]) ; elles semblent être com-

---

([1]) La traduction « au loin et auprès » doit être définitivement abandonnée.

posées d'une particule *pir*, et du mot *satanēka*, « loin ».
Voyez ce dernier. La forme de cette expression polysyl-
labique est difficile à expliquer.

### AP.

*Ap*, pronom prépositif de la troisième personne du
pluriel, « les, leur ». Voyez *Apin*.

*Appi*, III, 61, peut-être « mauvais génie ».

*Appi*, troisième personne du pluriel.

> *appi*, « eux » ou « ils ».

> *appin*, « eux », accusatif *ap-in*; lu a tort *du-in*,
III, 64.

> *appir*, I, 60 ; III, 94, « à eux ».

> *apin*, le même qu'*appin*.

> *ap-ir*, I, 28, précédé du trait vertical, difficile
à expliquer.

> *appinē*, pronom possessif de la troisième per-
sonne du pluriel, « leurs », I, 10 ; II, 8, 14, 58,
61, 80 ; III, 21, 30, 40, se place généralement
après le substantif.

> *ap-va-tas*, « ils leur fut », II, 25, 71, 82.

*Appaniyakka*, XVIII, 3, « trisaïeul », transcrit du
perse *apaniyāka*.

*Appuka*, « auparavant », I, 7.

> *appukatē*, I, 48, 52, 53, « auparavant ».

*Appanto*, *Appanta*, « faire de la violence, pécher ».

> *appantainti*, VI, 48, seconde personne, « tu
pèches » (mal lu *anturtainti*).

> *appantoikkarragit*, III, 80 (forme restituée),
« je fus tyrannique ».

*appantoikkimmas,* III, 81, 82, 83, « iniquité, violence ».

*Abbo, Appo,* « qui, que », relatif et conjonctif.

## IP

*Ibba,* « faire juste, agir justement ».

*Ibbakra,* III, 82, « justice, coutume, us, juge », précédé du clou vertical.

*Ipsi,* I, 39, mot mutilé. Voir le mot suivant.

*Ipni,* peut-être *dani,* « craindre ».

*ipnip,* II, 7, pluriel de l'intransitif; mais le mot est probablement à lire *danip.*

## PO, BO
### ( L'assyrien *PA* ).

*Pori,* « aller, marcher », conjugué dans les formes transitive et intransitive; celle-ci toujours précédée de *ir.*

*poriya,* I, 66, 72; II, 29; « je vins ».

*poris,* I, 25, 29, 30, 39, 59, 63; II, 12; III, 29; « il alla, il vint ».

*porik, ir-porik,* II, 16; III, 8; personne du neutre, « il vint ».

*porikka, ir-porrikka,* II, 24, 40; avec l'allongement religatif, « il vint ».

*porip, ir-porip,* II, 74; III, 7; « ils allèrent arriver ».

*inporugit,* II, 50, « j'arrivai »; peut-être le même mot. Voyez *inporu.*

## NA

*Naparru,* ..... « travailler », dérivatif.

*naparusla,* III, 81, « il avait travaillé ».

*Nabunēda,* III, 52, nom propre de Nabonid. Voyez *Nabbunēda;* perse *Nabunaita;* assyrien *Nabunahid.*

*Nabkudurrasar,* nom propre de Nabuchodonosor.

*Na,* « dire », verbe irrégulier.

*nangi,* II, 81, « je dis », première personne de l'indicatif présent.

*nainta,* VI, 33, seconde personne, « tu dis ».

*nanri,* passim, « il dit ».

*Nahit-Tanata,* ..... XVIII, 5, la déesse Anahita ou Anaïtis; perse *Anāhitā.*

## NI

### ( L'assyrien *NU* ).

*Ni,* « tu, toi », avec le clou vertical.

*Ni,* III, 63, 66, 73, 75, 84, 94, nominatif « tu ».

*Nin,* III, 76, 88, accusatif « toi ».

*nē,* II, 82 ; III, 76, 86, 88, 89, pronom enclitique indiquant le cas oblique et la postposition.

*Nibbak,* III, 72, égal « à », postposition.

*Niku,* I, 5, 8, pronom de la première personne du pluriel « nous », précédé du clou vertical.

*nikavi,* « nôtre », I, 6, 34, 38, 53, mis après le substantif.

*Nitavi,* I, 44; II, 57; III, 17, 18, 33, 44, 46, pronom de la troisième personne.

*Niditbel (Ni-di-ut-be-ul),* I, 60, 66, 70, 74, 77, 79, 80, 81; III, 51, inscription détachée, nom propre de Nidintabel, perse *Nadiñtabaira.*

*Nisgi,* « protéger ».

*nisgis,* impératif « protége », III, 64.

*nisgisnē,* K, 20; VI, 42; XV, 18, 20; XVII, 11, 14; XVIII, 5; 3ᵉ pers. du précatif, « qu'il protége ».

Cette racine semble être alliée au susien *nigas.*

*Nissaya,* I, 44, nom propre du district médique de Nisæa, célèbre par ses chevaux ; en perse *Niçāya.*

*Niyakka,* XVIII, 4, « grand-père », transcrit du perse *niyāka.* La deuxième lettre du mot médique est défectueuse.

## NU.

(Valeur incertaine, mais probablement l'assyrien *NAM*).

*Nutas,* I, 48, « en faveur de », postposition ; le perse *avāćaris.*

## NĒ.

### (L'assyrien *NI*).

*Nē.* Voir *Ni,* « toi ».

*Nēkti,* III, 83, « tu es ».

*Nēman,* II, 60, « sortant de, appartenant à » (une race).

*Nēmanki,* II, 10, idem.

## NAP.

*Nabbunēda,* nom propre de Nabonide.

*Nabkudurrusir,* I, 61, et passim, nom de Nabuchodonosor.

## AN.

*An,* précède les noms divins, les noms de mois et les expressions qui sont réputées sacrées dans la religion des Mèdes.

Voici les monogrammes composés avec cette lettre :

*AN PUL (M),* expression du mot « mois », dont nous ne connaissons pas la prononciation.

*AN GO (M),* idéogramme de « mer », prononciation inconnue. Il se pourrait que le prototype de cette lettre dans l'idéogramme médique ne fût pas *KA M*, mais le signe qui, avec *A,* « eau », constitue l'idéogramme assyrien de fleuve.

*An-omaspirmana,* I, 10 ; I, 16, « nuit et jour ». Le mot est très-difficile ; peut-être faudrait-il lire *an-si-pir-va na-an-va.*

*Anka,* « si », conjonction, passim.

*An-kik,* VI, 2 ; XIII, 2 ; XV, 2 ; XVI, 4 ; XVII, 2 ; « ciel ».

*An-kikka,* V, 3, idem.

*An-kika,* idem.

*Ankiri,* « mourir, aller dans l'autre monde ».

    *ankirinē,* III, 60, première personne du précatif, « que j'aille dans l'autre monde »; perse *atiyaiy.*

*Anto,* « passer, traverser ».

    *antogiyutta,* I, 69, première personne du pluriel de la conjugaison neutre, « nous passâmes ».

*Annap* (peut-être *nap* seulement), « Dieu ».

    *annap,* III, 77, 79 ; V, 1 ; VI, 1 ; XVI, 1, nominatif « Dieu » ; III, 79 ; K, 13, « le dieu ».

    *annappi,* pluriel, XIII, 1 (employé comme singulier) ; XVI, 26, « les dieux ».

    *annappipē,* XVII, 12, 14 ; « les dieux ».

    *annappipena,* XI, 3 ; XVI, 2, génitif du pluriel.

*annappanna ( an-na-ap-pan-na )*, I, 48, génitif du pluriel.

*Annan* (peut-être *nan* seulement), « jour », passim, toujours usité après le chiffre indiquant le jour du mois.

*Anċiyan*, I, 48, composé de l'idéogramme divin et du mot *ċiyan*, « temple » (des dieux). Ce mot se retrouve dans le susien *śiyan*.

*Anzadis*, III, 3, précédé du clou horizontal, est composé de l'idéogramme divin et du mot *zadis*, qui peut-être est une transcription du perse *yadā*, « sacrifice, consécration royale ». Mais le mot est mutilé et incertain ; il se pourrait qu'il y eût *anzan* « plaine ».

## IN

*Inkanē, Inkannē*, « être ami, aimer ». La racine se compose peut-être de la préposition *in*, « non », et de *kani*, « haïr, nuire ».

inkanesnē, III, 75, 86, précédé les deux fois de l'objectif de la seconde personne *Ni*. C'est le précatif de la troisième personne, « qu'il aime ».

*inkannëinti*, III, 83, deuxième personne du futur, « tu aimeras » ; *yini inkannëinti*, « n'aime pas » ; perse : *avaiy mā daustā azdiy*.

*inkanna (in-kan-na)*, II, 7, « amicalement » ; perse *asaniya*.

*Inporu*, « marcher ». Voir *pori*.

*inporugit*, première personne du prétérit, « je marchai », II, 50.

*Intukkimmas*, adverbe, « à cause de », toujours ajouté à un radical pronominal.

*Innakkaniva,* III, 85, 86, « images » ; mot difficile.

*Innaggi,* précédé du trait vertical, XVIII, 3, mot et signification obscurs. Norris l'explique par une transcription du perse *iman.* Il est bien plus probable que ce groupe est à scinder en *inna aggi,* et que *inna* appartient au mot précédent, *Akkama assa inna.*

*Innippē,* « pouvoir », verbe irrégulier.

> *innippēta,* seconde personne, « tu peux, tu pourras » ; perse *tautā ahatiy.*

*Innē,* passim, « non, ne pas ».


### MA, VA

*Va,* postposition indiquant « dans ».

*Vaokka (va-o-uk-ka),* III, 92, nom propre d'Ochus ; perse *Vahukha.*

*Vaomissa (va-o-mi-is-sa),* II, 37, 40, nom propre d'Omisès ; perse *Vaumiça.*

*Maori.* Voyez *Marri,* « prendre ».

*Magus,* I, 34, 38, 41, 50, 57 ; III, 49, « Mage » ; perse *Magus.*

*Makka (ma-ak-ka),* I, 14, nom propre des Maces ; perse *Maka.*

*Vak-istarra (ma-ak-is-tar-ra),* II, 10, 60 ; III, 54, 55 ; inscription détachée ; nom propre de Cyaxares ; perse *Uvakhsatara.* Ce mot médique signifie « porteur de lance » ; en perse *Arstibara,* d'où s'est formé le nom d'*Astibaras,* de Ctésias, identique au *Cyaxares* d'Hérodote, voir p. 22 et suiv.

*Mada,* nom propre de la Médie ; perse *Māda.*

> *Mada,* II, 61 ; III, 53, « un Mède ». C'est le

seul nom propre qui ne prend pas la terminaison *irra* pour désigner le dérivé du pays.

*Madapē*, littéralement « les pays », désigne ou « le pays des Mèdes », I, 12, 31, 51, ou « le peuple Mède », II, 11.

*Vara*, « maintenant », usité après le présent ; III, 23, pour renforcer le sens.

*Marus*, II, 16, nom propre de la ville de Marus ; en perse *Marus*.

*Varasmiyap (va-ras-mi-ya-ip)*, I, 13, « les Chorasmiens, la Chorasmie ».

*Varasmis (va-rais-mi-is)*, VI, 18, nom propre de la Chorasmie ; en perse *Uvārazmiya* et *Uvārazmis*.

## MI, VI.

*Mi*, II, 54 ; III, 66 ; VI, 43 ; XV, 18 ; XVI, 26 ; suffixe possessif de la première personne.

*Vita, Vitē*, « aller ».

    *vita*, II, 23, « va ».

    *vitē*, II, 39, « va ».

    *vites (vi-te-is)*, II, 14, 62 ; III, 22, « aller ».

    *vitkinē (vi-ut-ki-nē)*, II, 81, précatif de la seconde personne « vas, que tu ailles ».

*Vitluvanna (vi-ut-du (?) van-na)*, VI, 23, mot un peu effacé, « au delà ».

*Vidarna*, II, 13, 15 ; III, 91, nom propre d'Hydarnès ; perse *Vidarna*.

*Vivana*, III, 21, 22, 24, 27, nom propre de Vivanès ; perse *Vivana*.

*Vindaparna (vi-in-da-bar-na)*, III, 89, nom propre

d'Intaphernès; perse *Viñdafranā*. Le même nom rend dans les passages III, 41 et 42 le nom propre du Mède lu ordinairement *Viñdafrā*.

*Virkaniyap*, II, 68, nom propre « les Hyrcaniens, l'Hyrcanie »; perse *Varkāna*, « pays des loups », aujourd'hui *Gurdjan*.

*Vil*, « beaucoup ».

> *vil (vi–ul)*, I, 18, « beaucoup ».
> *villu*, III, 65, 87, « beaucoup, grand nombre ».
> *villuk (vi–ul–lu–ik)*, III, 75, « beaucoup, longtemps ».

*Vispazananam*, transcription du perse *viçpazanā–nām*, « dans les pays ou se parle toutes les langues ».

*Vispaozatis*, II, 70, nom propre d'une ville parthe dans le texte perse *Viçpauzatis*.

*Visparra (vi–is–bar–ra)*, III, 90, nom propre d'Œosparès; perse *Vayaçpāra*.

*Visdatta*, III, 1, 20, et passim, nom propre d'Œosdatès, nom du second Pseudo-Smerdis; perse *Vahyazdāta*.

*Vistaspa (vi–is–daas–ba)*, passif, nom propre d'Hystaspe.

*Missa*, XVIII, 4, nom propre du dieu Mithra.

*Vissadayihus*, XV, 11, transcription du perse *Viça–dahyāus* « (escalier où sont représentés) tous les pays ».

*Viyakannas (vi–ya–kan–na–is)*, II, 72; III, 29; I, 28 *(Vikannas)*, nom propre du mois perse *Viyakhna* (Mars-Avril). Le mot signifie probablement « sans glace », c'est le mois où la glace disparaît.

## MU, VU.

*Musarraya*, VI, 21, nom propre de l'Égypte; perse *Mudrāya*.

*Muzzariyap (mu-iz-za-ri-ya-ip)*, I, 12 ; II, 2,
« les Égyptiens, l'Égypte ».

*Murun*, passif, « terre, globe », même mot en susien.


## MAN, VAN.

(Cette lettre est, pour la forme, identique au signe qui
exprime le hiatus et au caractère qui indique une
addition des chiffres.)

*Mannatmas*, VI, 14, probablement une transcription
de l'assyrien *Mandatta*, « tribut ».

*Van-ir-tarvak (tar-vak)*, I, 14, « somme totale, en
totalité » (23 provinces). La lettre n'est pas *van*, mais
le signe qui indique que le chiffre de la somme va suivre.


## MAR, VAR.

*VAR (M)*, VI, 47, idéogramme de l'idée de « chemin »,
peut-être *pi*. Mais le caractère sert aussi en assyrien pour
désigner un chemin.

*VAR, SAK (M)*, II, 58, « tête ? »

*Mar*, postposition indiquant l'éloignement « de ».

*Varkazanas*, III, 43, nom propre d'un mois perse qui
est ou le perse *Margazana*, « naissance des oiseaux »,
ou *Varkazana*, « mort aux loups ». L'original perse est
perdu ; il est ou *Sebat* ou *Marhesvan*. Pour le quantième, le perse a le chiffre 2, le médique donne 22. Sur
un contrat babylonien, on lit le 12 Sebat an 7.

*Margus*, nom propre de la Margiane ; en perse *Margus*.

 *Margus*, II, 79, « Margien ».

 *Marguspē*, II, 3, 82 ; III, 56, 57.

 *Margus-irra*, II, 79 ; III, 56, « un Margien ».

*Martiya,* II, 4, 7; III, 52; inscription détachée, nom propre d'un usurpateur susien.

*Marta,* « être droit, en droite ligne, ligne directe, chemin droit ».

> *martarrakka (mar-tur-rak-ka),* VI, 47, « droit, juste, équitable », adjectif dérivé de *martarra.*

*Marduniya,* III, 91, nom propre du perse *Mardonius.*

*Varpē,* « tout ».

*Varpi,* « tout ».

> *varpita,* « tout », XVIII, 5.

> *varpepta,* II, 56, « tout » ; K, 1, 13, 21, probablement une contraction de *varripepta.*

> *varpipomar,* VI, 27, « de tous les côtés », ou « l'un vers l'autre ».

*Varri,* « tout », allié au mot précédent.

> *varrita,* « tout », I, 30, 62 ; VI, 39 ; XV, 15.

> *varripepta,* II, 66, « tout ».

*Marri, Maori,* « prendre, posséder, tenir, s'approprier ».

> *marriya,* I, 21, 80, première personne « je tins, je pris ».

> *maoriya,* III, 49, 60, « je pris ».

> *marris,* I, 7, 68 ; II, 65 ; III, 17 ; VI, 16, « ils prirent », troisième personne du pluriel.

> *marrissa,* II, 8, le même avec l'allongement religatif.

> *maorissa,* III, 33, la même forme de *maori.*

> *marrira,* VI, 13, première personne du parfait, « j'ai possédé ».

> *marrista,* VI, 33, troisième personne du plus-que-parfait, « il avait possédé ».

*marrik,* II, 56, 66 ; III, 44, troisième personne du défini du passif, « il fut pris ».

*marrika,* I, 65 ; II, 55, le même.


## MAS, VAS.

### ( Dérivé de l'assyrien *MAS* ).

*Mas,* syllabe formative des abstraits dérivés.

*Vas,* radical indiquant « après ».

*vasnē,* passif, « alors ».

*vasri,* III, 32, lecture incertaine.

*vas–issin,* III, 64, 66, 70, 84, « après cela, à l'avenir ». Ce mot doit peut-être être transcrit par *vessin.*

*Vassa,* « après, postérieur, futur ».

*vassaka,* I, 23 ; XVIII, 3, « après, plus tard ».

*vassavasraka,* VI, 13, « en dehors de », mot formé de la répétition d'une racine *vas.*

Cette lettre peut aussi avoir le son de *me.*


## MIS, VIS

### ( L'assyrien *MUS, VUS* ).

*Visnika,* VI, 42, 47, « mal, mauvais, malheur », écrit *vi–is–ni–ka* dans l'inscription d'Artaxerxès II.


## MAĆ, MAZ, VAĆ, VAZ.

### ( L'assyrien *MAZ* ).

*Vazdē,* « abandonner, abandon, abandonnement ».

*vazdēvassa,* II, 69, troisième personne du pluriel,

avec l'allongement religatif « ils abandonnèrent ».

*vazdëinti*, **VI**, 48, « tu abandonnes », prise impérativement.

*Vaćći*, « couper, trancher ».

*vaćći*, II, 65, « je coupai, je tranchai ».

*vaććiya*, II, 56, idem.

*Maććiyara*, VI, 25, nom propre, un homme de la peuplade du *Maćiya;* avec le *ra* dérivatif.

## MAK, VAK

### ( L'assyrien *MUK* ).

*Vaggi*, « porter, envoyer, lancer, faire parvenir, atteindre un but, restaurer ».

*vaggiya*, I, 47, 52, 64 ; II, 74, 81 ; L, 10, « je portai, je restituai (I, 47), j'envoyai (L, 10) ».

*vaggis*, II, 65, « ils portèrent ».

*vaggik*, I, 65 ; II, 55, passif, « il fut amené ».

## IM

### ( L'assyrien *IM* ).

*Immannis (im-man-ni-is),* II, 6 ; III, 53 ; inscription détachée, nom propre susien *Immanis*.

*Immas*, forme, comme *mas,* les substantifs abstraits et les nombres ordinaires.

## UM.

( Il n'est pas certain que ce caractère n'ait pas la valeur de *ur*.)

*Umtë. (Urdë),* II, 56, 65, « œil ». En susien *undas*, « il vit ».

*Umma (Urma),* « penser, dire ».

    *ummanti,* III, 67 ; VI, 47 ; « tu penses ».

    *ummanta,* VI, 31, idem.

    *ummanri,* III, 71, troisième personne du futur, « il pensera ».

    *ummavanra,* K, 24, troisième personne du présent, « il pense ».

*Ummanni (u–um–man–ni),* précédé du clou horizontal, II, 11 ; III, 3, « maison », le susien *umman.*

*Umma,* III, 5, mot mutilé, peut-être le même mot que celui qui précède, écrit *u–um–ma–nē.*


## RA.

*Ra,* terminaison formant des adjectifs dérivés.


## RI.

*Rilu,* « écrire ».

    *riluva,* XVI, 24, « j'écrivis ».

    *rilus,* XVI, 23, « il écrivit ».

    *rilura,* III, 84, parfait, « j'ai écrit ».

    *riluik,* III, 67, 70 ; L, 7, passif, « il fut écrit. »

    *riluvana,* inscr. de Van, 24, infinitif « écrire. »

*Rippi,* « maudire ».

    *rippisnē,* III, 89, « qu'il maudisse ».


## RU.

*Ruh,* « homme », passim.

    *Ruh-irra,* I, 59 ; II, 58, « un homme ».

*Ruhhusakri (ru–h–hu–sa–ak–ri),* I, 2, « petit-fils ».

*Rutas (ru–tas),* I, 74, « contre », postposition.

## RA͑P.

*Rabba,* « lier ».

    *rabbaka,* I, 65 ; II, 56, 66 ; III, 45, participe « lié, enchaîné ».

## RAK.

*Rakkan (rak-ka-an),* II, 54, 73, n. pr. de la capitale de la Médie Rhages, en perse *Ragā.* (Voyez p. 12.)

    *Rakkan,* III, 8, n. pr. de la ville perse de *Rakha.*

## AR.

(Voyez la lettre *Har.*)

## IR (Er, Ar).

### (L'assyrien *IR*).

La prononciation de la lettre en médique pourrait avoir été *ar.*

*Ir,* préfixe-objectif de la 3e pers. composée.

*Ertaksassa (ir-tak-sa-as-sa),* XVIII, 1, 2, 4, n. pr. d'Artaxerxès, roi de Perse.

*Ertak-iksassa,* XVIII, idem, perse *Artakhsathra.*

*Erbē,* « être, auparavant ».

    *erbēppi,* III, 72, « ils précédèrent ».

*Irvali,* III, 31, mot sans équivalent perse, probablement *satrapié* (préfecture) ; il faut traduire, l'*Arachosie,* « satrapie de Vivana ».

*Ersada,* III, 30, n. pr. d'Arsada (forteresse en Arachosie).

*Ersama,* I, 2, et :

*Ersamma,* I, 3, nom propre d'Arsamès, grand-père de Darius.

*Ersē,* « beaucoup, nombreux ».

   *erseikki* (rien ne prouve que la coïncidence du perse *arsa* ne soit pas fortuite), I, 39 ; II, 18, 27 ; III, 26, 70, « beaucoup ».

   *ersēki,* XVI, 19, idem.

   *ersēkip,* VI, 5, 6 ; XVII, 6, et passim, « nombreux ».

*Ersa,* « grand », probablement de la même origine que le mot précédent.

   *ersara,* I, 1 ; XI, 2 ; XVI, 2 ; II, 8, 14, 17, 61 ; III, 21, 30, 33, avec le clou vertical et la signification de « chef ».

   *ersanna,* VI, 9, « grand ».


## LA.

( La valeur de la lettre n'est pas certaine.)

*Lani,* « subir, supporter, vivre pour voir quelque chose ».

   *laninē,* K, 23, « que je subisse », 1$^{re}$ pers. du précatif.


## LU.

(Formé soit de l'assyrien *LA* soit de *LA V (LAM)*.

*Lu,* « se retirer, rétrograder, arriver. »
   *lugilla,* I, 80, 1$^{re}$ pers. prét. « j'étais arrivé. »
   *luppa,* I, 79 ; III, 32, 3$^{e}$ pers. du plur., avec

l'allongement religatif, « ils se retirèrent en bon ordre ».

*Luba,* « sujet, esclave ».

    *lubamas,* I, 15, « servitude, esclavage ».

    *lubaruri,* II, 14, 22, 38, 61, 80 ; III, 6, 22, « serviteur ».

*Lu-i* (mot mutilé), « restaurer ».

    *lu-iya,* I, 49, « je restaurai ».

*Lulma,* verbe neutre, « oser ».

    *lulmak,* I, 41, « il osa ».

*Lultin (lu-ul-tin),* III, 74, 75, « inscription »; le perse *hadugā.*

*Lunu,* « se retirer ».

    *lunugitta,* II, 49, « je me retirais », $1^{re}$ pers. du pl.-q.-parf.

*Lupu* (mot lu avec incertitude), « arriver ».

    *lupugitta,* I, 73, « j'étais arrivé ».

*Luva,* « brûler ».

    *luvaikka,* XVIII, 4, « il fut brûlé ».


## UL.

*UL HI (M),* idéog. comp., signifiant « maison », prononcé *ummanni,* I, 53, 54 ; III, 81 ; VI, 43 ; X, 1 ; XIII, 10 ; XVII, 10, généralement précédé du trait horizontal ; — *ummanipē,* I, 49, « les familles ».


## SA.

*Sak,* « fils », généralement précédé du clou vertical.

    *Sakri,* pass., « fils ».

    *sakarri (sa-kar-ri),* XVIII, 1, « fils ».

*Saka,* n. pr. des Saces.

    *Sakka,* VI, 20, 23; inscription détachée, le Sace.

    *Sakkapē,* I, 14, « les Saces ».

*Saksapavana,* « satrape », transcription du perse *Khsathrapāvan,* « se trouvait », III, 22.

*Saksapavanamas,* II, 80, « Satrapie ».

*Satavatak,* I, 73, adverbe postpositif, « le long de » (de l'Euphrate).

*Satanēka,* VI, 9, 47, « au loin ». Voyez l'article *pirsatanēka.*

*Sattarrita (sa-at-tar-ri-ta),* II, 10, et :

*Sattarritta (sa-ut-tar-ri-ut-ta),* inscrip. détachée, n. pr. de l'imposteur mède, *Khsathrita.*

*Saduvan-ē,* I, 35. Voyez *ēvidu.*

*Sabarrakimmas ( sa-bar-rak-im-mas ),* pass., « bataille », abstrait de *sabarrak,* « guerre ».

*Sanu,* « être puissant ».

    *Sanuyut,* I, 6, précédé du trait vertical, « nous sommes puissants ».

*Sara,* verbe difficile à comprendre et à expliquer, vu le manque d'un équivalent en perse, « couper ».

    *sara,* II, 58, « je coupai ».

*Sarak,* II, 28, 32, 44 ; III, 13, 36 ; « fois, temps » (pour la 2e et la 3e fois).

*Sarak,* adv. généralisant « quoique, quelque, ainsi que ».

    *ankasarak,* III, 75 ; VI, 31, « si quelquefois ».

    *apposarak,* XV, 14, « quoi que ».

    *kuttasarak,* III, 22, « et aussi ».

*Savak,* « deux ».

*savakmar*, I, 7, « deux fois », ou « à deux re-reprises, en deux fois ».

*Sarra*, verbe neutre.

*sarrappa*, toujours après *pirrur*, II, 24, 32, 40, 44 ; III, 27, 3ᵉ pers. avec l'allongement relig. « ils s'assemblèrent ».

*Sassa*, « auparavant, le premier », I, 39 ; L, 4.

*sassata*, I, 6, « antérieur ».

*Saça*, « noyer quelqu'un ».

*saçak*, I, 78, passif, « il fut noyé ».

## SI.

*Sikkihuvatis*, I, 44, mot mutilé, n. pr. de la forteresse médique *Çikhyuvatis* (mal lu *Çikhthauvatis*).

*Sinni*, v. neutre, « venir ».

*sinnigit*, I, 41 ; II, 21, 37, 48, 1ʳᵉ pers., « je vins ».

*sinnik*, I, 74 ; II, 50, 3ᵉ pers., « il vint ».

*sinnip*, II, 24, 29, 33, 41, 45, 3ᵉ pers. du pluriel, « ils vinrent ».

*Sisnē*, K, 16, « beau ».

*sisnēna*, XV, 12, 15.

*sisnēni*, XVI, 20, « beaux ».

*Siyatis*, V, 6.

*Siyatim*, « le bon principe », transcription du perse *siyātis*. VI, 3, passim.

## SĒ.

*Sēra*, « ordonner ».

*sēra*, III, 45 ; XVI, 23 ; inscription de Suez, 1ʳᵉ pers., « j'ordonnai ».

*sēras*, XVI, 21, 3ᵉ pers., « il ordonna ».

— 285 —

## SU.

*Sugda,* VI, 18, et :

*Sugdaspē (su-uk-das-pē),* I, 13, n. pr. de la Sogdiane.

## AS.

*As,* I, 48, mot d'une interprétation incertaine, traduisant le perse *gaithā*.

*Aski,* I, 40 ; II, 20, 36, « quoi que ce soit ».

*Astu,* III, 65. Voyez *Tarvastu*.

*Assagartiya,* n. pr. de la Sagartie.

    *Assagartiyara,* II, 59, « un Sagartien ».

    *Assagartiyap,* III, 56.

    *Assargartiyappē,* inscription détachée, « les
Sagartiens ».

*Assura,* n. pr. de l'Assyrie, VI, 21 ; II, 9.

*Assurap,* I, 10, « les Assyriens », idem.

*Assuran,* II, 41, idem.

## IS

### (L'assyrien *IS*).

*Iskudra (is-ku-ut-ra),* VI, 24, nom propre du perse
*Çkudra,* un pays.

*Iskuinka,* inscription détachée, nom propre du Sace
*Çkuñkha*.

*Istana,* XVI, 21, « œuvre d'art », perse *çtāna*.

*Istu,* « être juste, équitable ».

    *Istukra,* III, 80, précédé du clou vertical,
« bienfaisant ».

*Isparda,* VI, 22, n. pr. du pays de *Çparda*.

*Issainzakri,* II, 4, n. pr. susien, changé par les Perses en *Ciñčikhris.*

## ÇA.

### ( L'assyrien *ŚA* ).

*Ça,* v. n. « marcher ».

çak, II, 16, 24, 40, 54, 63, 70, 75, 82 ; III, 8, 31, 3ᵉ pers., « il marcha ».

çap, « ils marchèrent ».

*Çayikarričis,* II, 35, n. pr. du mois perse *Thäigarcis,* le sémitique Sivan ; littéralement « raccourcissement de l'ombre ».

*Çattagus (ça-at-ta-ku-is),* I, 14 ; VI, 19, écrit *(ça-ut-tu-ku-is),* II, 3, n. pr. des Sattagydes ; en perse *Thatagus.*

*Çap,* pass., « lorsque, quand ».

çap-appo, III, 79, « aussi vrai que ».

*Çapi,* « connaître » ou « obéir ».

çapis, L, 10, « ils connurent » ou « ils obéirent ».

*Çari,* « détruire ».

çarista, I, 49, 3ᵉ pers. du pl.-q.-parf., « il avait déduit ».

çarinti, III, 85, 86, 88, 2ᵉ pers., « tu détruiras ».

## ÇU.

### ( L'assyrien *SU* ).

*Çubaka,* I, 41, postposition, signifiant « au sujet de ».

*Çurvar (çu-ir-va-ir)*, n. pr. du mois perse *Thura-vāhara (Iyar)*, II, 27, 31.

## ZA, ĊA.

### ( L'assyrien *ZA* ).

*Zaomin*, passim, « par la grâce de » (Ormazd).

*Zati*, « attendre ».

 *zatis*, II, 20, 36, 48, 3ᵉ pers., « il attendit ».

*Zatointa*, mot mal lu, peut-être pour *zatosta*, ce qui serait le pl.-q.-parf. d'un verbe *zato*, « éloigner » ; ou pour *zatoinra*, 3ᵉ personne du futur.

*Zadu* « faire », verbe douteux.

 *zaduva* « je fis, j'accomplis », I, 53, 54.

*Zazzana (za-iz-za-na)*, I, 73, n. pr. de la ville de Zazana sur les bords de l'Euphrate.

*Zal, M (za ul (M)*, idéogramme provenant du nom assyrien *şalam*, « image », VI, 33.

## ZI, ĊI.

### ( L'assyrien *ŞI* ).

*Ċip*, II, 56, 65, « palais, cour ».

*Ċito*, III, 86, « ainsi » ; *hiċito*, idem, passim.

*Ċiya*, « voir ».

 *ċiyas*, II, 56, 66, « il vit », 3ᵉ pers. de l'in-dicatif.

 *ċiyasa*, VI, 27, idem.

 *ċiyainti*, III, 84, 85, 2ᵉ pers. du futur, « tu verras ».

 *ċis*, VI, 34, impératif, « vois ».

*ċiyavak,* XV, 15, passif, « il est vu ».

*Ċiyan,* « palais, temple ». Voyez *Anċiyan.*

*Ċispis,* I, 4, n. pr. de Téispès.

*Ċissa,* VI, 11, le perse *ċithra,* « la race ».

*Cissantakma,* II, 59, n. pr. de Cithratakhma, inscription détachée.

*Cissaintakma,* idem.


## ZU, ĊU.

(Cette lettre a la forme de l'assyrien *śu.*)

*ZU (M),* L, 5, idéog. indiquant le mot de « commentaire ».

*Zuzza,* II, 25, n. pr. de la ville de Zuza.

*Ċunkuk,* XV, 18, « empire ».

*Ċunukmas,* XIII, 12 *(ċu-un-uk-mas),* « empire ».


## ZIK.

(L'assyrien *ZIK*).

*Zikki,* « restaurer ».

*zikkita,* I, 46, 49, 52, 1re pers. du prétérit, à la forme intensive « j'ai restauré ».


## ZIR.

(L'assyrien *ṢIR*).

*Zirrankas,* VI, 18, n. pr. de la Zarangie.

*Zirrainkas,* I, 12, idem.

## AZ.

*Azzaka,* XI, 17 ; XIII, 7 ; XV, 8, « grand ». Voyez *Hazzaka.* C'est le seul mot où la lettre identique à l'assyrien *az* a été conservée en médique.


## IZ, IĊ.

*Izkat,* VI, 24 ; K, 7, 22, « trône ».

*Izkatē,* I, 52, « place ». Ces deux mots semblent être le perse *gāthu.* Ce mot, comme le persan *gāh,* qui en dérive, a les deux acceptions de « place » et de « trône », que la traduction assyrienne met un grand soin à distinguer l'une de l'autre.

*Izkatēva,* locatif, I, 52, précédé du clou horizontal.

*Izrur (iz-ru-ir),* II, 56, 66, « pal, croix ».

*izruirva,* au locatif.

*Izdirrum* (ou *iç-çi-ru-m*), VI, 36 ; inscription détachée de Nakch-i Roustam, « lance ». En assyrien, la lance se dit dans ces passages *is-aṣ-ma-ru,* et dans la petite inscription d'Asurbanhabal au Louvre, nous la trouvons sous la forme de *iṣ-aṣ-mar-e.* (Voir à ce sujet *Études assyriennes,* p. 108 ; *Expédition en Mésopotamie,* t. II, pp. 184, 358.) Nous avions lu alors (en 1858) le mot médique *izmarru,* et nous y avions vu une transcription du terme assyrien. (Voir note à la page 184.) Mais, à dire vrai, dans ces deux passages, le signe *mar* ne se trouve pas, quoiqu'il ressemble fort au signe *dir.* Ce qui surtout nous a décidé à ne pas maintenir notre ancienne assimilation, c'est l'adjonction constante du signe *m,* qui n'aurait de raison d'être que si le mot médique était

purement une transcription de l'assyrien *asmar*. Au surplus, on ne saurait expliquer, dans ce cas, le redoublement
de la lettre *r*. Il est possible aussi que, dans le groupe si
mal dessiné, au lieu de *kuiktikra* (p. 203), il faille lire
*vaiggikra,* quoique le premier donne un sens plus conforme à la dignité de Gobryas. Pour le mot *vaiggikra*
parlerait la traduction assyrienne, qui donne *nasū*.

*Izzito,* II, 41, n. pr. d'un district de l'Assyrie.

*IZ MAK (M),* I, 67, idéogramme imité de l'assyrien *IZ MAK*. La prononciation de ce groupe, qui traduit le perse *nāviya* « vaisseau », nous est inconnue.

*IZ MAS (M),* XVIII, 4, idéogramme pour « feu »,
imité de l'assyrien *AN-IZ-MAS,* mais la lecture du texte
d'Artaxerxès n'est pas sûre.

Nous n'avons pas admis dans le glossaire la liste des
idéogrammes exprimés par des signes purement idéographiques ; on les trouvera, avec leur forme médique, dans
le catalogue des signes cunéiformes. Au surplus, ils n'ont
pas de place dans le glossaire, où nous ne fournissons que
des mots appartenant à l'idiome ; la prononciation de ces
groupes idéographiques est en grande majorité inconnue,
et ne peut, par cela même, enrichir notre connaissance de
la langue.

# ERRATA ET ADDITIONS

Malgré l'attention apportée à la correction des épreuves, composées au dehors de Paris, quelques fautes se sont glissées dans les textes ; la plupart sera aisément corrigée par le lecteur ; j'en note quelques-unes qu'il me paraît plus nécessaires de relever.

P. 22, note, lisez : Ὀξάθρας.

P. 24, l. 18, lisez : *Uçhăda*.

P. 11, lisez : *Mah et Maï.* — L'article intéressant sur la Médie, de M. Olshausen, dans les Rapports mensuels de l'Académie de Berlin, ne m'est parvenu que lorsque cette feuille était imprimée.

P. 34, l. 22, lisez : *Dadduhya*.

P. 64, l. 9, rayez F avant Numéraux.

P. 81, l. 16, lisez : *turnavanlugitnē*.

P. 104, l. 17, lisez : *nibbak*.

P. 145, ajoutez en note : *adamsām ažanam* en perse veut dire : j'y ai vaincu (dans ces batailles, et non pas : les ennemis).

P. 145, l. 19, lisez : j'y suis resté vainqueur.

P. 150, l. 1, lisez : *nibbak*.

P. 152, l. 12, lisez : *villu*.

P. 158, note, l. 1, lisez : douzième.

P. 184, l. 23, lisez : *vazrakam*.

P. 192, l. 25, lisez : signe du monogramme.

P. 199, l. 24, lisez : *duvaisañtam siyātis.*

P. 212, l. 4, lisez : *framānā.*

P. 212, l. 6, lisez : il les nomme.

P. 212, l. 25, lisez : obscur.

P. 217, l. 29, lisez : *hya* (au lieu de *hyā*).

P. 224, l. 6, 9, 10, lisez : *Pārça.*

P. 231, l. 7, lisez : destruction du palais.

P. 231, l. 21, lisez : les auteurs Ctésias, etc.

P. 238, l. 24, effacez les guillemets.

P. 241, l. 3, ajoutez : je vainquis.

P. 286, l. 13, lisez : *(ça-ut-ta-ku-is).*

# TABLE DES MATIÈRES

## § III. Inscriptions en Langue médique.

## § IV. Glossaire.

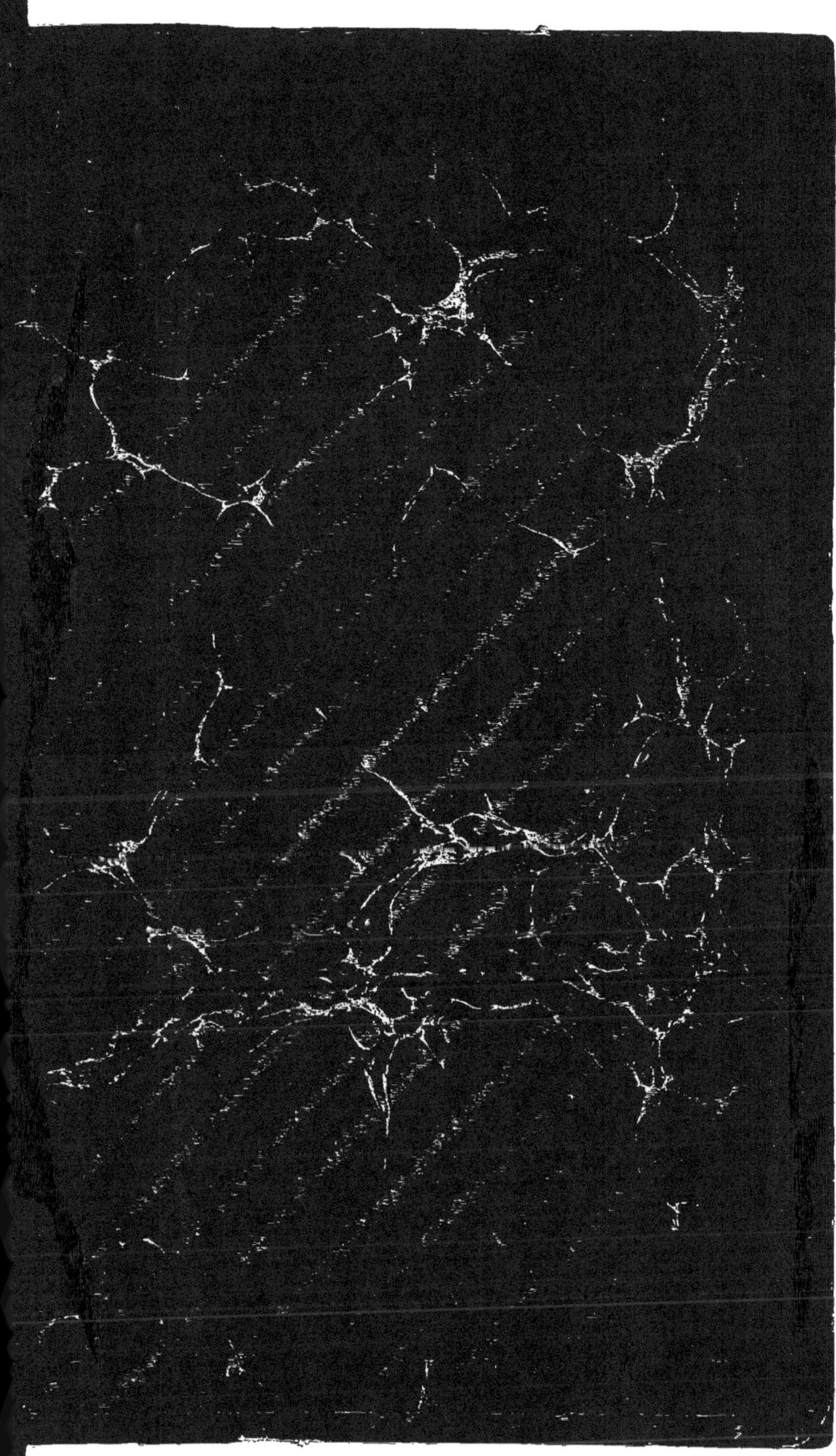

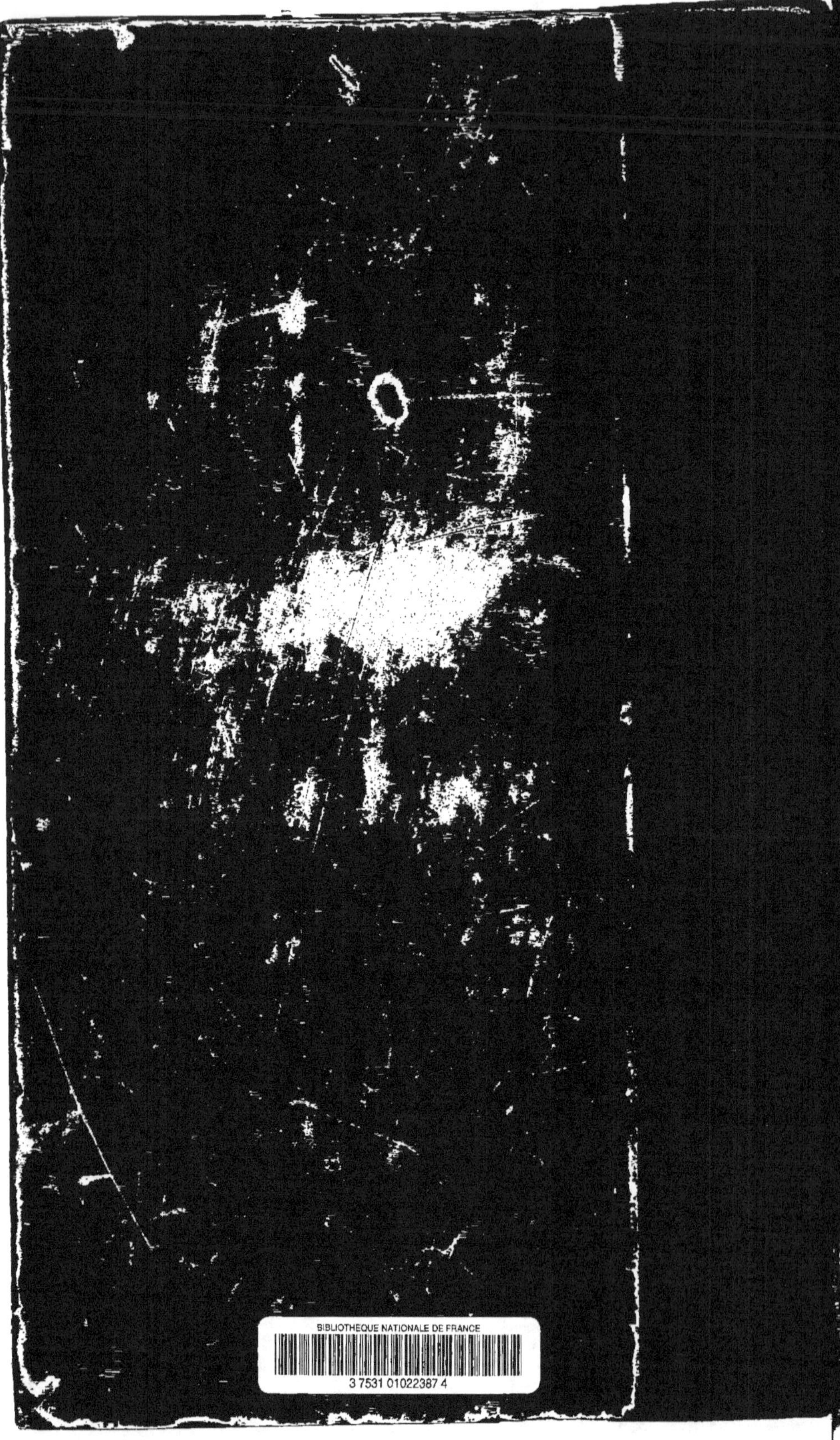
BIBLIOTHEQUE NATIONALE DE FRANCE
3 7531 01022387 4

www.ingramcontent.com/pod-product-compliance
Lightning Source LLC
Chambersburg PA
CBHW061309030726
47595CB00001B/280